法史论丛

明代
中央司法
审判制度

那思陆 著

北京大学出版社
PEKING UNIVERSITY PRESS

图书在版编目(CIP)数据

明代中央司法审判制度/那思陆著.—北京:北京大学出版社,2004.8
(法史论丛·4)
ISBN 7-301-07708-4

Ⅰ.明…　Ⅱ.那…　Ⅲ.审判-司法制度-中国-明代　Ⅳ.D929.48

中国版本图书馆 CIP 数据核字(2004)第 078273 号

书　　　　名:明代中央司法审判制度
著作责任者:那思陆　著
责 任 编 辑:李　力　李　霞
标 准 书 号:ISBN 7-301-07708-4/D·0949
出 版 发 行:北京大学出版社
地　　　　址:北京市海淀区中关村北京大学校内　100871
网　　　　址:http://cbs.pku.edu.cn　　电子信箱:pl@pup.pku.edu.cn
电　　　　话:邮购部 62752015　发行部 62750672　编辑部 62752027
排 版 者:北京军峰公司
印 刷 者:河北三河新世纪印刷厂
经 销 者:新华书店
　　　　　　650mm×980mm　16 开本　16.5 印张　300 千字
　　　　　　2004 年 8 月第 1 版　2006 年 1 月第 2 次印刷
定　　　　价:26.00 元

目 录

自　序

十年前笔者出版《清代中央司法审判制度》后,个人学术研究兴趣由清代转向明代,笔者起意撰写《明代中央司法审判制度》。十年来,笔者虽曾陆续发表数篇有关明代司法审判制度的论文,但因校务缠身,始终未能得暇撰写全书,笔者对此实耿耿于怀。去年八月起,笔者休假研究一年,休假研究之课题即为《明代中央司法审判制度》。既有此机会,笔者乃努力以赴,撰写完成,一偿夙愿。

海峡两岸虽有研究明代法制之学者,但有关明代司法审判制度的研究,则尚罕见学者从事。近年来,有关明代司法审判制度的重要史料陆续整理编印出版。如刘海年、杨一凡主编点校的《中国珍稀法律典籍集成》乙编(第一册至第六册),即收录了很多有关明代司法审判制度的重要史料,这便利了本书的撰写。笔者认为,中国法制史的研究宜有学术上的分工。部分学者侧重史料校注的上游工作,部分学者侧重史料分析的下游工作,相辅相成,法史学才能进步成长,有利于中国法制史的学术研究。

本书分为六章,除第一章(绪论)及第六章(结论)外,第二章论述明代中央司法审判机关,第三章至第五章论述明代中央司法审判程序(又分为:直隶及各省案件复核程序、京师案件审理程序及特别案件审理程序)。本书体例格式虽与笔者前著《清代中央司法审判制度》相类似,但明代与清代司法审判制度差异颇大,故两书内容迥然不同,阅览比较,即可得知。

有明一代,长达二百七十六年。其中央司法审判制度曾经多次变革,惟因相关史料浩繁,千头万绪,爬梳不易,颇难尽述其详。疏漏之处,在所难免,尚祈学者方家有以正之。又本书撰写过程中,承政大法律系陈郁如同学及历史系李典蓉同学协助本人口述抄录,十分辛劳,一并在此致谢。

那思陆识
2002 年 1 月 22 日
于台北市新生南路寓所

第一章 绪 论

第一节 明代司法审判制度的研究价值

一

历史是人类过去已发生事实的记录。理论上，人类可以把时间之流划分为三个段落，也就是"过去"、"现在"、"未来"，但在实际上，"抽刀断水水更流"，把时间之流划分为"过去"、"现在"、"未来"只是便利叙述而已，没有什么绝对的必要性。"现在"很快就会成为"过去"，"未来"很快也会成为"现在"。更令人浩叹的是，"现在"和"未来"都会变成"过去"。唐代诗人陈子昂登幽州台歌说道："念天地之悠悠，独怆然而涕下。"古今一体，密不可分。

研究历史的价值，学者看法不一，但大体上也有一些共通的看法。无疑的，发现历史事实的真相是研究历史的主要价值。但是由于人类的思想观念和意识形态差异太大，想要找出历史事实的真相并不容易。

发现历史事实的真相有助于：

1. 认识这个世界。
2. 认识自己所属的民族与国家。
3. 认识自己居住的这个社会。
4. 认识自我。

每一个民族(或国家)必须要面对该民族(或国家)的过去，每一个个人也必须面对他自己的过去。无法面对过去的民族、国家和个人，就无法面对现在及未来。历史的重要性即在于此，认识并解决了一个民族(或国家)的历史问题，一个民族(或国家)才有可能认识并解决现在和未来的问题。

二

明代司法审判制度的研究价值，主要有三：

(一) 重塑明代的司法审判制度

所谓重塑明代的司法审判制度，是指描述出明代司法审判制度的历史真相。明代司法审判制度受古代、政治、经济及社会的影响,有它未尽合理的一面,值得检讨反省。但从历史发展的大方向来看,明代司法审判制度逐渐地由粗糙到细致。它有递嬗,也有创新。中国古代司法制度并非是停滞不前的。中国古代司法制度并非"万古如长夜",而是"苟日新,日日新,又日新",它的优点与缺点都值得我们重视及检讨。

(二)解释明代的司法审判制度

历史的解释常受主观价值判断的影响,甚至会受到意识形态的影响,所以它很难绝对客观。唯有尽量摆脱价值判断及意识形态,历史的解释才有可能趋近客观,达到"相对客观"的境界。

中国自古以来,自认位居世界之中心,故号称为"中国"。中国自认是衣冠上国,蛮夷之邦是不能与中国相提并论的。明末,西方列强渐次入侵,大明帝国的虚弱情况渐为西方列强所知。一百多年后,鸦片战争发生,中国战败,中国人民的民族自信心崩溃,造成中国人民一百多年来的民族自卑心理。中国人需要对中国的失败找出历史的解释,中国人需要对中国固有的政治、经济及社会做出全面的解释,找出挫败的原因,找到复兴的方法。解释明代的司法审判制度,是全面解释中国历史的一部份,它有助于正确认识我们的民族与国家。透过对明代司法审判制度的解释,我们可以理性地面对过去,面对历史。既不自大,也不自卑。我们可以不卑不亢地面对现在与未来。

(三)借鉴明代的司法审判制度

历史经验是否能够借鉴于现代社会? 绝大多数史学家的看法是肯定的。又历史经验能够借鉴于现代社会的,究竟是成功的历史经验(好的历史经验)或失败的历史经验(坏的历史经验)? 笔者认为成功的以及失败的历史经验都可以做为现代社会的借鉴。

就明代司法审判制度而言,由于清末民初中国继受欧陆法制,大幅度变革了中国传统司法制度,所以明代司法审判制度上可以借鉴的成功的历史经验并不多,但是明代司法审判制度上可以借鉴的失败的历史经验仍然不少。

明代司法审判制度是中国人独自创制发展出来的一套司法制度,它忠实的反映了中国人的政治、经济与社会生活,它具有浓厚的民族色彩。从事法学的研究,必须进行历史的考察。"知古所以鉴今",从事中国传统司法制度的研究,目的即在于此。中国传统司法制度虽然已经失去实际效力,而且是在中国特定政治、经济、社会环境下的产物,已无法适用于 21 世纪的社会。但是它是中国人独自创制的一套司法制度,它的兴起发达与没落消亡,都可作为历史的借鉴。

人类的历史显示出一个颠扑不破的真理,那就是古人曾犯下的错误,今人仍然会继续犯下类似的错误。今人似乎没有从古人失败的历史经验中得到教训,类似的错误不断上演着。笔者认为,中国在古代所犯下的错误,仍然会在现代继续犯下类似的错误。

第二节 明代司法审判制度的历史分期

明太祖崛起布衣,扫平群雄,驱逐蒙元,建立大明帝国。明太祖推翻的大元帝国是一个由蒙古族为主体所建立的少数民族政权,这个少数民族政权统治中国达九十八年。在这九十年当中,元代的统治者建立起一种兼有蒙、汉特色的政治制度(含司法审判制度)。元代的统治者就唐宋以来的三法司制度作了重大的取舍,有继受汉制的部分,也有维持蒙制的部分。

关于继受汉制的部分,元代的统治者继受了刑部与御史台的设置。关于维持蒙制的部分,元代的统治者依其民族习惯法,仍然设置札鲁忽赤(断事官)。元世祖中统元年(1260),忽必烈即大汗位。自是年起,元世祖大规模采行汉制,仿效金代,行一省制,以中书省取代尚书省,成为唯一的丞相机关,是皇帝以外的最高权力机关。元世祖至元八年(1271),忽必烈改蒙古汗国国号为"大元"。

元世祖中统元年,以兵、刑、工为右三部。至元七年(1270),始别置刑部,这是刑部首次单独设部。元世祖至元五年(1268),始立御史台。大约在至元九年(1272),设立大宗正府。大宗正府置札鲁忽赤四十二员,职司蒙古案件的司法审判,有时亦兼理汉人案件。唐宋的三法司中,大元帝国仅设置刑部及御史台等二法司,不设大理寺。就元代的统治者看来,大理寺与刑部的职掌重叠,应无单独设置的必要。

明太祖建立大明帝国后,亟欲恢复唐宋旧制。甲辰年(1364),"太祖承前制,设中书省"[①]。"设四部于中书省,分掌钱谷、礼仪、刑名、营造之务。"[②] 吴元年(1367)设御史台及大理司。洪武元年(1368)"始置吏、户、礼、兵、刑、工六部"[③]。但在同一年,革大理司。洪武十四年(1381),复置大理寺。从洪武元年到洪武十三年(1380),明代中央采行的是二法司制度,与元代中央的

① 《明史》,卷七十二,《职官一》。
② 同上。
③ 同上。

制度类似。元代制度之影响明代制度,于此可见一斑。

洪武二十九年(1396),又罢大理寺。建文初复置,永乐初仍置大理寺。大理寺的置而罢,罢而复置,复置而复罢,复罢而再复置。这段过程说明了明代大理寺应否设置及其职掌与定位,一直是明太祖与明成祖难以取舍决定的事。

明代司法审判制度的历史分期应以三法司的职掌与定位的演变为依据。笔者认为,明代司法审判制度的历史分期可以分为:

一、前期:洪武元年(1368)—永乐十八年(1420),共 53 年。

二、中期:永乐十九年(1421)—弘治十二年(1499),共 79 年。

三、后期:弘治十三年(1500)—崇祯十六年(1643),共 143 年。

兹将明代司法审判制度三个历史时期的重要发展,分别简述如下:

一　前期:洪武元年(1368)—永乐十八年(1420),共 53 年。

元顺帝至正二十四年(1364),朱元璋称吴王,初定官制。"设四部于中书省,分掌钱谷、礼仪、刑名、营造之务。"[①] 掌理刑名之务的部应即系刑部。至正二十七年(1367),明太祖以是年为吴元年。吴元年十月置御史台及大理司。[②] 至此,明代三法司初步完成设置,惟当时国家政务总于三大府。明太祖即曰:"国家立三大府,中书总政事,都督掌军旅,御史掌纠察。"[③] 是年并同时颁行《大明律》及《大明令》。

洪武元年之后,明太祖逐步创制明代的政治制度(含司法审判制度)。大明帝国是经由农民革命而创建起来的以汉族为核心的政权,在少数民族政权大元帝国统治的九十年当中,唐宋旧制(含司法审判制度)的内容逐渐模糊不清,明初的君臣对于唐宋的旧制似已无法正确掌握。在明太祖在位的三十一年期间,明太祖设置了三法司,表面上是恢复了唐宋旧制,事实上是创制了一套明代新制。在司法审判上,唐宋的三法司制度与明代的三法司制度差异颇大,其中尤以大理寺的职掌与定位,唐宋旧制与明代新制几乎是截然不同。

在明代司法审判制度的前期,明太祖建立了明代司法审判制度的基本架构,为明代司法审判制度奠定基础。事实上,是明太祖创制了明代的司法审判制度。在明代司法审判制度的前期,明初诸帝先后施行下列政令:

---

① 《明史》,卷七十二,《职官一》。

② 参见《明史》,卷七十三,《职官二》。

③ 《明史》,卷七十三,《职官二》。

（一）洪武元年(1368)，始置刑部。^①正月十八日颁行《大明律》及《大明令》，律共 285 条，令共 145 条。

（二）洪武元年，革大理司。

（三）洪武六年(1373)六月辛未朔，刑部设总部、比部、都官、司门四部。（即于刑部之下设四子部）^②同年十一月，修订《大明律》，共三十卷，606 条，命颁行天下。^③

（四）洪武八年(1375)十一月丁丑，更定官制，刑部四子部改为四科。^④

（五）洪武十年(1377)秋七月乙巳，诏监察御史巡按州县。^⑤

（六）洪武十三年(1380)正月癸卯，罢中书省，废丞相。^⑥

（七）洪武十三年三月戊申，更定六部官制，刑部下设总部、都官、比部、司门四部。^⑦

（八）洪武十三年五月己未，罢御史台及各道按察司。^⑧

（九）洪武十四年(1381)十一月己亥，复置大理寺及置审刑司，以平庶狱。^⑨

（十）洪武十五年(1382)冬十月丙子朔，更置都察院。……设十二道监察御史。^⑩

（十一）洪武十七年(1384)三月丙寅，改建刑部、都察院、大理寺、审刑司、五军断事官公署于太平门之外，……名其所曰贯城。^⑪

（十二）洪武十九年(1386)，罢审刑司。^⑫

（十三）洪武二十二年(1389)八月，修定《大明律》，共三十卷，460 条，上命颁行之。^⑬

（十四）洪武二十三年(1390)九月乙巳，分刑部四部为十二部。^⑭

---

① 《明史》，卷七十二，《职官一》。

② 《明太祖实录》，卷八十三，洪武六年六月辛未朔。

③ 同上书，卷八十六，洪武六年十一月庚寅。

④ 同上书，卷一〇二，洪武八年十一月丁丑。

⑤ 同上书，卷一一三，洪武十年秋七月乙巳。

⑥ 同上书，卷一二九，洪武十三年正月癸卯。

⑦ 参见《明太祖实录》，卷一三〇，洪武十三年三月戊申。

⑧ 《明太祖实录》，卷一三一，洪武十三年五月己未。

⑨ 同上书，卷一四〇，洪武十四年十一月己亥。

⑩ 参见《明太祖实录》，卷一四九，洪武十五年冬十月丙子朔。

⑪ 《明太祖实录》，卷一六〇，洪武十七年三月丙寅。

⑫ 《明史》，卷七十三，《职官二》。

⑬ 参见《明太祖实录》，卷一九七，洪武二十二年八月。

⑭ 《明太祖实录》，卷二〇四，洪武二十三年九月乙巳。

（十五）洪武二十六年(1393)，颁行《诸司职掌》。① 初步确立明代中央司法审判制度。

（十六）洪武二十九年(1396)，刑部十二部改为十二清吏司。②

（十七）洪武二十九年，又罢大理寺。③

（十八）洪武三十年，颁行《大明律诰》。

（十九）建文初，复置大理寺。④

（二十）建文二年(1400)，"户、刑二部属，旧十二司改为四司。……罢都察院，改为御史府，旧设十二道，改为左右两院。"

（二一）建文四年(1402)秋七月甲申，明成祖令改复旧制。⑤（即刑部恢复为十二司，都察院恢复为十二道。）

洪武元年，革大理司，是时大明帝国仅有刑部及都察院二法司，明代中央司法审判自以二法司为核心。洪武十四年，复置大理寺及置审刑司，大明帝国由二法司增至四法司。洪武十九年，罢审刑司，大明帝国又由四法司变成为三法司。洪武二十六年，明太祖颁行《诸司职掌》，《诸司职掌》乙书所建构的明代中央司法审判制度是以三法司制度为核心的。

洪武二十六年《诸司职掌》所建构的三法司制度施行未久，明代中央司法审判制度又有变革。洪武二十九年，又罢大理寺，大明帝国又从三法司变成为二法司。后至建文初，复置大理寺。永乐初，仍置大理寺。大明帝国又恢复为三法司。

洪武二十九年又罢大理寺后，至建文初复置大理寺前，明太祖于京师案件采行"多官会审"方式，以替代大理寺的复审。洪武三十年六月辛巳朔，置政平、讼理二旛，审谕罪囚。上谕刑部官曰：⑥

> 自今论囚，惟武臣死罪，朕亲审之。其余不必亲至朕前，但以所犯来奏，然后引至承天门外，命行人持讼理旛，传旨谕之。其无罪应释者，持政平旛，宣德意遣之。继令五军都督府、六部、都察院、六科给事中、通政司、詹事府详加审录。

---

① 《诸司职掌》定于洪武二十六年，见孙承泽：《春明梦余录》，卷十二。
② 参见《明史》，卷七十二，《职官一》。
③ 同上。
④ 《明史》，卷七十三，《职官二》。
⑤ 《明太宗实录》，卷十上，洪武三十五年秋七月甲申。
⑥ 《明太祖实录》，卷二五三，洪武三十年六月辛巳朔。

建文四年秋七月甲申,明成祖令改复旧制,但明成祖并未再度罢大理寺。明成祖的这项决定对于明代三法司制度的确立具有决定性的作用。《诸司职掌》所建构的三法司制度得以继续施行,《诸司职掌》成为真正有效施行的一部典章,而且成为弘治年间订定《大明会典》的基础。

永乐年间的大理寺的职掌与定位,与《诸司职掌》所定并不完全相同,大理寺并不单独掌理京师案件之复审。自永乐七年至永乐十八年,京师案件的复审仍采行"多官会审"方式,大理寺得会同各衙门复审刑部及都察院移送的京师案件。《大明会典》定曰:①

> 凡两法司囚犯,永乐七年以后,令大理寺官,每月引赴承天门外。行人司持节传旨,会同五府、六部、通政司、六科等官审录。输情服罪者,如原拟发遣。其或称冤有词,则仍令有司照勘推鞫。

大理寺的单独进行京师案件复审工作,是在永乐十九年。从这一年开始,明代中央司法审判制度进入中期。

二 中期:永乐十九年(1422)—弘治十二年(1499),共 79 年。

关于京师案件的复审工作,永乐十九年(1421)奏准:"刑部、都察院问拟囚犯,仍照洪武年间定制,送本寺审录发遣。"② 依本项敕令,二法司初审京师案件完结后,应依洪武二十六《诸司职掌》所定,送大理寺审录(即复审)。由于明成祖的这项敕令,《诸司职掌》所建构的三法司制度得以恢复。就京师案件而言,二法司(刑部及都察院)职司初审,大理寺职司复审。

在明代司法审判制度的中期,明代的恤刑制度(热审、五年审录及五年大审)及慎刑制度(应秋后处决死罪人犯之遣官审决及朝审),均逐渐形成定制。在这段期间,明代诸帝先后施行下列政令:

(一)永乐十九年(1421)奏准:"刑部、都察院问拟囚犯,仍照洪武年间定制,送本寺审录发遣。"③

(二)洪熙元年(1425),"令公、侯、伯、五府、六部堂上官、内阁学士及给事中会审重囚。可疑者,仍令再问。"④

---

① 《大明会典》,卷二一四,《大理寺》。
② 《大明会典》,卷二一四,《大理寺》。
③ 《大明会典》,卷二一四,《大理寺》。
④ 同上书,卷一七七,《刑部十九》。

（三）正统四年（1439）十月二十六日，颁行《宪纲》。① 命都察院官及在外按察司官遵行。

（四）正统七年（1442）十一月壬戌，"建刑部、都察院、大理寺于宣武街西。"②

（五）天顺二年（1458）令，"每岁霜降后，该决重囚，三法司会多官审录，著为令。"③ （此系京师朝审定制之始）

（六）成化八年（1472）奏准，"今后五年一次，请敕差官往两直隶、各布政司录囚。"④ （此系在外五年审录定制之始）

（七）成化十七年（1481），"命司礼监太监一员，会同三法司堂上官于大理寺审录。以后每五年一次，著为令。"⑤ （此系在京五年大审定制之始）

（八）成化二十一年（1485）夏，"命两京法司、锦衣卫会审见监罪囚，徒流以下，减等发落。重囚有可矜疑及枷号者，具奏定夺。"⑥ （此系京师热审及于重罪之始）

（九）弘治元年（1488）夏，"命两法司、锦衣卫将见监罪囚，情可矜疑者，俱开写来看。（自后岁以为常）"⑦ （此系京师热审定制之始）

三 后期：弘治十三年（1500）—崇祯十六年（1643），共 144 年。

关于京师重大案件由三法司会审一事，定制于弘治十三年。弘治十三年《问刑条例》定曰："法司遇有重囚称冤，原问官员辄难辩理者，许该衙门移文会同三法司、锦衣卫堂上官，就于京畿道会同辩理。果有冤枉，及情可矜疑者，奏请定夺。"⑧ 依本项条例，遇有京师重大案件，原问官员（指刑部或都察院原问刑官员）难以审理时，原问衙门（指刑部或都察院）得会同三法司、锦衣卫堂上官，于京畿道会审。

依《诸司职掌》规定，京师案件应由刑部或都察院初审，再由大理寺复审。明人称刑部及都察院为"问刑衙门"，称大理寺为"审录衙门"。问刑与审录系京师案件司法审判的两阶段，两者所司不同，各有所重。弘治十三年

---

① 《皇明诏令》，卷之十，载《中国珍稀法律典籍集成》，乙编，第三册。
② 《明英宗实录》，卷九十八，正统七年十一月壬戌。
③ 《大明会典》，卷一七七，《刑部十九》。
④ 同上。
⑤ 同上。
⑥ 同上。
⑦ 同上。
⑧ 见弘治十三年《问刑条例》，载《中国珍稀法律典籍集成》，乙编，第二册。

《问刑条例》变更《诸司职掌》的规定,即遇有京师重大案件时,得施行三法司会审。如此一来,京师案件即无初审与复审的区别。

《明史·职官志》虽曰:"三法司会审,初审,刑部、都察院为主,复审,本寺为主。"从字面看来,三法司会审仍有初审与复审的区别。但据笔者考察,明代的三法司会审并无初审与复审的区别,《明史·职官志》所言,似乎有误。

笔者认为,京师重大案件得由三法司会审一事,由特例变成为定制,始于弘治十三年《问刑条例》。这项变革是明代司法审判制度上的重大变革,它在"平行的两组司法审判系统"(详后)之外,增加了另一组司法审判系统。弘治十三年以后,三法司会审逐渐成为京师重大案件的重要审判方式。基于上述理由,笔者认为,明代司法审判制度的后期,应以弘治十三年三法司会审定制为始。

在明代司法审判制度的后期,明代的《问刑条例》及《大明会典》陆续制定,《诸司职掌》有关大理寺的规定渐被修正,三法司会审成为定制。在这段期间,明代诸帝先后施行下列政令:

(一)弘治十三年(1500),颁行《问刑条例》,共 279 条。[①]《问刑条例》首度明文规定:"法司遇有重囚称冤,原问官员辄难辩理者,许该衙门移文会同三法司、锦衣卫堂上官,就于京畿道会同辩理。果有冤枉,及情可矜疑者,奏请定夺。"[②]

(二)弘治十五年(1502),《大明会典》纂成,共 180 卷,未及颁行。

(三)正德初年,"近例,凡奉旨送法司问者,由本寺详审具题。送刑部拟罪者,则该部径题。"[③]

(四)正德四年(1509),颁行《大明会典》。

(五)嘉靖二十八年(1549),修订《问刑条例》,共 376 条。[④]

(六)万历十三年(1585),修订《问刑条例》,共 382 条。[⑤]

(七)万历十五年(1587),修订《大明会典》,共 228 卷。

---

① 据黄彰健考证,《弘治问刑条例》应系 279 条。见黄彰健:《明代律例汇编》,上册,序,第 26 页。

② 见弘治十三年《问刑条例》,载《中国珍稀法律典籍集成》,乙编,第二册。

③ 《大明会典》,卷二一四,《大理寺》。

④ 据黄彰健考证,《嘉靖问刑条例》应系 376 条。见黄彰健:《明代律例汇编》,上册,序,第 32 页。

⑤ 参见《明神宗实录》,卷一六〇,万历十三年四月辛亥。

第三节　明代立法沿革

　　明代的立法活动主要集中于洪武年间,《大明律》、《大明令》、《诸司职掌》及《大诰》等,都是在此一期间制定的。后因《大明律》有所不足,明孝宗弘治年间又制定《问刑条例》,加以补充。又弘治年间编修完成《大明会典》,成为有明一代最重要之典章,《大明会典》是明代司法制度史上的一大成就。兹将上述律例典章之立法沿革及内容分述如下:

　　(一)《大明律》

　　朱元璋命令群臣制定《大明律》的时间长达三十年,过程极为慎重,力求完美。吴元年(1367)十月,命李善长等人制定律令,洪武元年正月颁行《大明律》。《大明律》共 285 条,分为吏律 18 条、户律 63 条、礼律 14 条、兵律 32 条、刑律 150 条、工律 8 条。洪武元年(1368)的《大明律》现已佚失。洪武年间,《大明律》曾经过两次修订,兹分述如下:

　　1. 洪武六年(1373)十一月,刑部尚书刘惟谦奉命详定《大明律》。洪武七年(1374)二月书成,篇目与《唐律》相同。《明史·刑法志》曰:"(大明律)篇目一准于唐:曰卫禁,曰职制,曰户婚,曰厩库,曰擅兴,曰贼盗,曰斗讼,曰诈伪,曰杂律,曰捕亡,曰断狱,曰名例。采用旧律二百八十八条,续律百二十八条,旧令改律三十六条,因事制律三十一条,掇《唐律》以补遗百二十三条,合六百有六条,分为三十卷。或损或益,或仍其旧,务合轻重之宜。"① 该律也已亡佚。

　　2. 洪武二十二年(1389),朱元璋命翰林院同刑部官再次修定《大明律》。改按六部次序编次,以名例律冠于篇首,分为:(1)名例律,(2)吏律,(3)户律,(4)礼律,(5)兵律,(6)刑律,(7)工律等七篇,共 30 卷,460 条,洪武三十年(1397)颁行天下。《明史·刑法志》曰:②

　　　　(大明律)为卷凡三十,为条四百有六十。名例一卷,四十七条。吏律二卷,曰职制十五条,曰公式十八条。户律七卷,曰户役十五条,曰田宅十一条,曰婚姻十八条,曰仓库二十四条,曰课程十九条,曰钱债三条,曰市廛五条。礼律二卷,曰祭祀六条,曰仪制二十条。兵律五卷,曰宫卫十九条,曰军政二十条,曰关津七条,曰厩牧十一条,曰邮驿十八

―――――――――

① 《明史》,卷九十三,《刑法一》。
② 同上。

条。刑律十一卷,曰盗贼二十八条,曰人命二十条,曰斗殴二十二条,曰骂詈八条,曰诉讼十二条,曰受赃十一条,曰诈伪十二条,曰犯奸十条,曰杂犯十一条,曰捕亡八条,曰断狱二十九条。工律二卷,曰营造九条,曰河防四条。

这次修律改以六部次序编次,是中国法制史上的一大变革。此次修律以后,《大明律》基本上定型,沿用到明亡为止,均未再修定。由上述修定过程可知,朱元璋对于这部《大明律》极为重视,命"子孙守之",永世不得更改。《明史·刑法志》即曰:"盖太祖之于律令也,草创于吴元年,更定于洪武六年,整齐于二十二年,至三十年始颁示天下。日久而虑精,一代法始定。中外决狱,一准三十年所颁。"[①]

（二）《大明令》

吴元年(1367)十月,朱元璋命李善长等人制定律令,洪武元年正月颁行《大明令》。《明史·刑法志》曰:"吴元年冬十月命左丞相李善长为律令总裁官,参知政事杨宪、傅瓛,御史中丞刘基,翰林学士陶安等二十人为议律官,……十二月,书成,凡为令一百四十五条,律二百八十五条。"[②]

《大明令》全书一卷,共145条。分为吏令20条、户令24条、礼令17条、兵令11条、刑令71条、工令2条。《大明令》仅145条,条文简约。（唐永徽令,条文有1546条）这可以看出大明帝国立国之初,律令典章力求简朴,不事繁冗。《大明令》按照吏、户、礼、兵、刑、工六部顺序分门别类,它与《大明律》是相辅相成的。

（三）《御制大诰》

《御制大诰》四编是明太祖朱元璋敕定的。前三编先后颁布于洪武十八年(1385)至洪武二十年(1387)。前三编名称为《御制大诰》、《御制大诰续编》和《御制大诰三编》。洪武二十年(1387)十二月颁布第四编《大诰武臣》。朱元璋颁布《御制大诰》的目的是为了要对臣民"明刑弼教"、"惩戒奸顽"。

《御制大诰》四编共236个条目,其中《初编》74条,《续编》87条,《三编》43条,《武臣》32条。全书内容包括三个部分,即:1. 案例,2. 刑令,3. 训诫。兹简述如下:

1. 案例:《御制大诰》四编中所列案例范围极广,几乎包括《大明律》所规定的各种罪名。对于同一犯罪,《御制大诰》于当时有效的《大明律》之上

---

① 《明史》,卷九十三,《刑法一》。

② 同上。

加重其刑。《御制大诰》可以说是《大明律》的特别法。

2．刑令：《御制大诰》对于《大明律》所未规定的罪名，具体地加以补充。从这个角度来看，《御制大诰》又可以说是《大明律》的补充法。

3．训诫：《御制大诰》许多条目中，含有朱元璋对臣民的"训诫"，向臣民讲述其"治乱世用重典"的法律思想及主张，以及劝谕臣民"趋吉避凶"之道。

《御制大诰》是研究明代洪武年间法制（含司法制度）的珍贵史料，明代官书极少提到。《明史·刑法志》有关《御制大诰》之记载亦极简略并有错误。但《御制大诰》于洪熙以后，即不再适用。《御制大诰》系严刑峻法，为有明一代之秕政也。

（四）《诸司职掌》

《诸司职掌》一书，据《明史·艺文志》载："《诸司职掌》十卷，洪武中，翟善等编。"① 又据《春明梦余录》载："洪武二十六年，上以诸司职有崇卑，政有大小，无方册著成法，恐后之涖官者罔知职任政事施设之详，命吏部同翰林官仿《六典》之制，自府部以下诸司，凡其设官分职之类，汇编为书，名曰《诸司职掌》。行之。"②

沈家本曰："（《诸司职掌》）分吏、户、礼、兵、刑、工、都察院、通政司、大理寺、五军都督府断事官十门，而不言卷数。前后无序跋，亦不题撰人姓名，□系□□奉敕所编，翟善乃领衔之人，一门为一帙，故志言十卷也。"惟《明史·陈修传》曰："仿《唐六典》，自五府、六部、都察院以下诸司设官分职，编集为书曰《诸司职掌》，……自泰兴翟善始。"③ 依《明史·七卿年表》，洪武二十六年四月，翟善以主事署吏部尚书。④ 笔者认为，翟善不但是将《诸司职掌》一书呈进明太祖的领衔之人，也是该书的主要作者。

《诸司职掌》所定有关三法司职掌及其司法审判程序的规定，是明代中央司法审判制度的重要依据。《诸司职掌》虽非律令条例，仍应视为与律令条例有同等效力的成文典制。《诸司职掌》所定有关三法司的规定，基本上沿用至明末。

（五）《问刑条例》

明代洪武年间制定《大明律》后，百余年间未曾修律，《大明律》之适用渐生问题，弘治年间为适应司法上之需要，制定《问刑条例》。嘉靖及万历年间

① 《明史》，卷九十七，《艺文二》。
② 孙承泽：《春明梦余录》，卷十二。
③ 《明史》，卷一三八，《陈修传》。
④ 参考《明史》，卷一一一，《七卿年表一》。

曾两度修订。《问刑条例》与《大明律》并行,它是明代中期以后《大明律》的特别法。兹述其修订沿革如下:

1. 弘治五年(1492),刑部尚书彭韶等以鸿胪少卿李镂请,删定《问刑条例》。弘治十三年(1500),"刑官复上言:'洪武末,定《大明律》,后又申明《大诰》,有罪减等,累朝遵用。其法外遗奸,列圣因时推广之而有例,例以辅律,非以破律也。乃中外巧法吏或借便己私,律浸格不用。'于是下(刑部)尚书白昂等会九卿议,增历年《问刑条例》经久可行者二百九十七条。"①

2. 嘉靖二十八年(1549),"刑部尚书喻茂坚言:'自弘治间定例,垂五十年。乞敕臣等会同三法司,申明《问刑条例》及嘉靖元年后钦定事例,永为遵守。……'会(喻)茂坚去官,诏(刑部)尚书顾应祥等定议,增至二百四十九条。"②

3. 万历十三年(1585),"刑部尚书舒化等乃辑嘉靖三十四年以后诏令及宗藩军政条例、捕盗条格、漕运议单与刑名相关者,律为正文,例为附注,共三百八十二条。"③

(六)《大明会典》

明孝宗弘治十年(1497),敕徐溥编撰。弘治十五年(1502)纂成,名为《大明会典》,共 180 卷。但未及颁行,明孝宗去世,明武宗即位。经李东阳等重行校订《大明会典》后,于正德四年(1509)颁布,这部会典,一般称为《正德会典》。明世宗嘉靖八年(1529),命霍韬等续纂,这部会典称为《嘉靖会典》,并未颁行。明神宗万历四年(1576),命申时行重修。万历十五年(1587)修成颁行,共 228 卷,一般通行的《大明会典》即系此一《万历会典》。

《大明会典》,系依明初《诸司职掌》一书发展而成,以六部职官为纲,分述各机关的职掌及历年事例。在刑部条目下,不但规定了刑部的组织及职掌,也收录了整部《大明律》及《问刑条例》。在都察院及大理寺条目下,也清楚地规定了上述机关的组织及职掌。《大明会典》收录大量的律令、条例、诏敕。事实上它是明代国家机关典章制度的汇编。不但完整地规定了明代政治制度,也完整地规定明代的司法制度,是研究明代司法制度的重要史料。

---

① 《明史》,卷九十三,《刑法一》。据黄彰健考证,《弘治问刑条例》应系二七九条。见黄彰健:《明代律例汇编》,上册,序,第 26 页。

② 《明史》,卷九十三,《刑法一》。据黄彰健考证,《嘉靖问刑条例》应系三七六条。见黄彰健:《明代律例汇编》,上册,序,第 32 页。

③ 《明史》,卷九十三,《刑法一》。

第二章 明代中央司法审判机关

第一节 三法司

一 序 言

洪武元年(1368),朱元璋即帝位,建立明帝国,定都金陵(今南京市)。朱元璋对于国家机关(含司法审判机关)之建立颇多变革,他希望明的典章制度(含司法审判制度)能够远追唐宋,可大可久。洪武元年至洪武十三年,中央设中书省。中书省的首长是左、右丞相,中书省之下设吏、户、礼、兵、刑、工等六部,由左、右丞相指挥监督。此一制度系元代旧制,丞相之权力极大,易与皇帝之权力冲突,中国历史上"皇权"与"相权"之冲突遂再度发生。

洪武十三年(1380),胡惟庸案件之后,朱元璋罢中书省,废丞相,直接统领六部,成为中国历史上最集权的君主。这种政治制度上的变革,直接影响到司法审判制度上的变革。

明代中央司法审判机关以三法司(刑部、都察院、大理寺)为主,绝大多数案件均由三法司审理。除三法司外,也有其他中央机关得兼理司法审判。这些中央机关包括内阁、吏部、户部、礼部、兵部、工部、宗人府、五城御史、司礼监、锦衣卫等机关。三法司是狭义的中央司法审判机关,三法司之外的其他兼理司法审判的机关则属于广义的司法审判机关。

三法司制度创始于唐代,惟唐代仅有"三司受事"(即由三衙门会同接受官民呈控案件)及"三司推事"(即由刑部、御史台、大理寺等三法司审理特别案件)。由"三司受事"演变到"三司推事",这是三法司制度的重大发展,在唐代,"三司推事"并非常态,而仅适用于少数特别案件。宋代以后,"三司推事"逐渐成为常态。明代则进一步将其制度化,"三司推事"转变为"三法司会审"。经过五六百年的发展,三法司制度终于确立。

三法司制度是中国司法制度史上的重要制度,它的利弊得失,值得我们深入探讨。中国自秦代以来,君主专制政体确立,历代帝王的权力与日俱增。至明代朱元璋,君主专制权力达到颠峰,几乎没有任何政治力量可以制衡君主,连带地,司法审判制度也受到影响。地方的审判权愈形缩小,中央的审判权愈形扩大。徒流罪案件须由刑部核定,死罪案件则须由三法司复审,奏闻皇帝,俟皇帝裁决。

《明史·刑法志》曰:"三法司曰刑部、都察院、大理寺。刑部受天下刑名,都察院纠察,大理寺驳正。"① 依《明史·刑法志》所述,明代中央三法司的职掌划分是,刑部司天下刑名,都察院司纠察,大理寺司驳正。大体言之,《明史·刑法志》所述刑部及大理寺的职掌是正确的。但《明史·刑法志》所述都察院的职掌未尽周全,都察院的职掌除纠察官员外,另司文武官员犯罪案件(或称职官案件)的司法审判。明代的都察院不但是监察机关,也是司法审判机关。

明代三法司职掌划分的基本原则,早在洪武年间即已初步确定。洪武十七年(1384)闰十月癸丑,明太祖"命天下诸司刑狱皆属刑部、都察院详议平允,又送大理寺审复,然后决之。其直隶府、州、县州狱,自今亦准此令,庶几民无冤抑。"② 这项敕令的意思是所有京师、直隶及各省衙门刑名案件,均应移文刑部或都察院详议平允。刑部详议平允后,应送大理寺审复。都察院详议平允后,亦应送大理寺审复。刑部和都察院均系中央的初审机关,大理寺是中央的复审机关。洪武二十六年制定《诸司职掌》,确定了上述原则。

自洪武十七年至明末,明代三法司的职掌划分基本上没有变动。嘉靖二年(1523)六月乙卯,都察院左都御史金献民奏:"祖宗稽古,建设刑部、都察院,专以理刑为职,不得参与他务,所以明法守也。"③ 金献民将刑部与都察院并列,而未论及大理寺,这突显了刑部与都察院的重要性。

嘉靖二年(1523)十二月辛卯,刑科都给事中刘济等又曰:"国家置三法司,专理刑狱,或主鞫问,或主评审,权奸不得以恩怨出入,天子不得以喜怒重轻。其后乃有锦衣卫镇抚司,专理诏狱,而三法司几于虚设。"④ 刘济所言"鞫问",系由刑部及都察院掌理。所言"评审",系由大理寺掌理。

明太祖原建都金陵(即南京),三法司衙门即在金陵。洪武十七年(1384)三月丙寅,诏改建刑部、都察院、大理寺、审刑司,五军断事官署于太平门之外。太平门在京城之北,以刑主阴肃,故建于此。敕曰:

① 《明史》,卷九十四,《刑法二》。
② 《明太祖实录》,卷一六七,洪武十七年闰十月癸丑。
③ 《明世宗实录》,卷三十三,嘉靖二年六月乙卯。
④ 同上书,卷三十三,嘉靖二年十一月辛卯。

肇建法司于玄武之左,钟山之阴,名其所曰"贯城",贯,法天之贯索也。是星七宿,如贯珠环而成象,乃天牢也。若中虚而无凡星于内,则刑官无邪私,政平讼理,狱无囚人,若凡星处贯内者,刑官非人,若中有星而明者,贵人无罪而狱。今法司已法天道建置,尔诸职事各励乃事,当以身心法天道而行之。如贯之中虚,则狱清而无事,心静而神安。鉴玄武之澄波,睇钟山之苍翠,以快其情,庶不负朕肇建法司之意也。尔其敬哉![①]

明成祖永乐元年(1403)正月,建北京于顺天府,称为"行在"。二月罢北平布政使司及按察使司,以所领直隶北京行部。[②] 北京行部置尚书二人、侍郎四人,以吏、户、礼、兵、刑、工六曹清吏司为官属,各司设郎中、员外郎、主事等官。[③] 秩同六部,而职掌仍如原布、按二司。永乐十九年(1421)正月,改北京为京师,罢北京行部,直隶六部。并以金陵为南京,称留都。明仁宗即位后,有意复都南京,洪熙元年(1425)三月戊戌,"命诸司在北京者,悉加行在二字。复建北京行部及后军都督府"[④]。明英宗"正统六年(1441)十一月罢称行在,定为京师"[⑤]。正统七年(1442)十一月壬戌,建三法司于宣武街西。

永乐元年至永乐十八年(共 18 年),以及洪熙元年至正统六年(共 17 年)两个年代,明代在北京的三法司,均加"行在"二字,即行在刑部、行在都察院及行在大理寺。而在南京的三法司,则称南京刑部、南京都察院及南京大理寺。

二 刑部(南京刑部附)

(一)刑部设置沿革及组织

洪武元年(1368)始置刑部。洪武六年(1373)六月辛未朔,"定六部及诸司设官之数。部设尚书二人、侍郎二人,……刑部设总部、比部、都官、司门四部,每部设郎中、员外郎各二人。惟都官一人。主事,总部、比部各六人,都官、司门各四人,通三十四人"[⑥]。亦即在刑部之下设四子部,四子部之名

---

① 《明太祖实录》,卷一六〇,洪武十七年三月丙寅。

② 参考《明史》,卷四十,《地理一》。

③ 《明史》,卷七十二,《职官一》。

④ 《明仁宗实录》,卷八下,洪熙元年三月戊戌。

⑤ 《明史》,卷四十,《地理一》。

⑥ 《明太祖实录》,卷八十三,洪武六年六月辛未朔。

称与唐宋刑部四司之名称相同。

洪武八年(1375)十一月丁丑,"命增设六部官员。中书省议奏户、刑、工三部,庶事浩繁,今定……刑部为四科,每科设尚书、侍郎、郎中各一人,员外郎二人,主事五人。"① 刑部官员总额增至四十人,刑部四子部改成四科。洪武十三年(1380)春正月甲辰,"定六部、御史台等官品秩。六部尚书正二品,侍郎正三品,郎中正五品,员外郎从五品。"②

洪武十三年定六部等官品秩后不久,当年三月戊申,明太祖即更定六部官制。刑部尚书、侍郎各一人。其属有四部焉,曰总部,郎中、员外郎各一人,主事四人。曰都官,郎中、员外郎各一人,主事二人。曰比部,郎中、员外郎各一人,主事四人。曰司门,郎中、员外郎各一人,主事二人。③ 洪武二十二年(1389),改总部为宪部,仍为四部。

洪武二十三年(1390)九月乙巳,"分刑部四部为十二部,其部各设官,如户部之制。"④ 即分四部为河南、北平、山东、山西、陕西、浙江、江西、湖广、广东、广西、四川、福建十二部,每部置郎中、员外郎各一人,主事二人。每部仍分四科,十二部共四十八科。洪武二十九年(1396),改为十二清吏司,以首领官主事为司官,司各一员。建文中,曾将刑部十三司改为四司。明成祖登极后,恢复旧制。"永乐元年(1403)以北平为北京。十八年革北京司,增置云南、贵州、交阯三司。宣德十年(1435)革交阯司,遂定为十三清吏司。"⑤

至于刑部之设官,正统、成化及万历年间,均有所添设及裁革。依万历十五年(1587)领行之《大明会典》所载:"刑部正官,尚书一员,左右侍郎各一员。"至于刑部十三清吏司之属官,其员额如下:⑥

1. 浙江清吏司:郎中一员、员外郎一员、主事三员。

2. 江西清吏司:郎中一员、员外郎一员、主事三员。

3. 湖广清吏司:郎中一员、员外郎一员、主事二员。

4. 陕西清吏司:郎中一员、员外郎一员、主事二员。

5. 广东清吏司:郎中一员、员外郎一员、主事三员。

6. 山东清吏司:郎中一员、员外郎一员、主事二员。

7. 福建清吏司:郎中一员、员外郎一员、主事二员。

---

① 《明太祖实录》,卷一〇二,洪武八年十一月丁丑。
② 同上书,卷一二九,洪武十三年春正甲辰。
③ 参考《明太祖实录》,卷一三〇,洪武十三年三月戊申。
④ 《明太祖实录》,卷二〇四,洪武二十三年九月乙巳。
⑤ 《明史》,卷七十二,《职官一》。
⑥ 《大明会典》,卷二,《吏部一》。

8. 河南清吏司：郎中一员、员外郎一员、主事三员。

9. 山西清吏司：郎中一员、员外郎一员、主事三员。

10. 四川清吏司：郎中一员、员外郎一员、主事三员。

11. 广西清吏司：郎中一员、员外郎一员、主事三员。

12. 云南清吏司：郎中一员、员外郎一员、主事三员。

13. 贵州清吏司：郎中一员、员外郎一员、主事三员。

至于南京刑部之设官，依《大明会典》所载，南京刑部设尚书一员、右侍郎一员。至于南京刑部之属官，其员额如下：①

1. 浙江清吏司：郎中一员、主事一员。

2. 江西清吏司：郎中一员、主事一员。

3. 福建清吏司：郎中一员、主事一员。

4. 湖广清吏司：郎中一员、主事一员。

5. 广东清吏司：郎中一员、员外郎一员、主事一员。

6. 广西清吏司：郎中一员、主事一员。

7. 河南清吏司：郎中一员、主事一员。

8. 山东清吏司：郎中一员、主事一员。

9. 山西清吏司：郎中一员、主事一员。

10. 陕西清吏司：郎中一员、主事一员。

11. 四川清吏司：郎中一员。

12. 云南清吏司：郎中一员。

13. 贵州清吏司：郎中一员。

（二）刑部职掌

明初，沿用元代旧制，并未明定刑部职掌。迟至洪武十三年三月戊申，定六部官制时，始明定刑部职掌。《明太祖实录》载："刑部尚书、侍郎各一人，总掌天下之刑法及徒隶、勾复、关禁之政令。"② 惟洪武末年（约洪武二十五、六年间）订定之《诸司职掌》则曰："尚书侍郎之职，掌天下刑名及徒隶、勾复、关禁之政令。"③ 两书记载之差异在于，一为"刑法"，一为"刑名"。至于《大明会典》则曰："刑部尚书、左右侍郎，掌天下刑名及徒隶、勾复、关禁之政令。"④《大明会典》之记载与《诸司职掌》完全相同。

① 《大明会典》，卷二，《吏部二》。

② 《明太祖实录》，卷一三〇，洪武十三年三月戊申。

③ 《诸司职掌》，《刑部》。

④ 《大明会典》，卷一五九，《刑部一》。

刑部所掌四事,其具体内容主要如下:

1. 刑名:指直隶及各省徒罪以上案件之复审。

2. 徒隶:指徒刑、流刑、充军等之执行及监督。

3. 勾复:指死罪重囚之处决。

4. 关禁:指监狱之管理及监督。

关于刑部之职掌,《大明会典》所定与《唐六典》所定几乎完全一致,但事实上唐代刑部之职掌与明代刑部有所不同。《唐六典》定曰:"刑部尚书、侍郎之职,掌天下刑法、徒隶、勾复、关禁之政令。"唐代刑部四项职掌中,仅有刑法及徒隶两项与司法有关。所谓"勾复"是指中央及地方机关财务之勾检(即财务稽核),所谓"关禁"是指关津与门禁之管理,唐代的"勾复"与"关禁"均与司法无关。《大明会典》所定刑部四项职掌,其文字虽与《唐六典》刑部四项职掌几乎完全一致,但其实质内容大不相同。

刑部司法审判上之职掌,主要有四,兹分述如下:

1. 复核直隶及各省徒罪以上案件

明代中央直辖地区有北直隶及南直隶,两直隶均未设提刑按察司,两直隶刑名案件由刑部直接复核。原则上,两直隶徒流罪案件,各府州审理完结后,申刑部及大理寺复核,刑部及大理寺复核后,奏闻皇帝裁决。徒流罪人犯即可于各府州县断遣决配。至于两直隶死罪案件,各府州审理完结后,应送巡按御史复核。(此项复核亦称为审录)巡按御史再转达刑部及大理寺复核,奏闻皇帝裁决。至于各省徒流罪及死罪案件,各府州审理完结后,均应送提刑按察司复核,提刑按察司再转达刑部及大理复核,奏闻皇帝裁决。惟直隶及各省职官犯罪案件,系由都察院复核,其详俟后再述。

2. 审理京师笞罪以上案件

明代京师为北京,南京则为留都,又所谓京师系指内城、外城及顺天府而言。《明史·刑法志》曰:"京师自笞以上罪,悉由部议。"[1] 原则上,京师笞罪以上案件,由刑部初审,大理寺复审。大理寺复审后,刑部具本奏闻皇帝裁决。惟明代京师职官犯罪案件,常由都察院审理,其详俟后再述。至于南京刑部,仅有权初审南京城及应天府之笞罪以上案件。

3. 委官复核直隶斩绞监候案件

《大明律》第 435 条定曰:"至死罪者,……直隶去处,从刑部委官,与监察御史,……公司审决。"按此处所谓监察御史,系指巡按监察御史(简称巡按御史)。但依弘治二年(1489)之敕令,南北直隶死罪人犯之审决,由刑部

---

[1] 《明史》,卷九十四,《刑法二》。

主事、巡按御史及都司府卫公同为之。所谓"审决"兼含"审理"与"处决"两部分,且系于立秋以后为之,实质上系直隶死罪人犯之"秋审"与"秋决",惟无"秋审"之名而已。

元代,斩绞死罪原无监候、立决之别,洪武初年始区分二者。洪武初定的真犯死罪,洪武三十年改为决不待时。洪武初年定的杂项死罪,洪武三十年改为秋后处决。《大明律》上并无"决不待时"与"秋后处决"的区分,此种区分来自明太祖的敕令。几经变迁,弘治十年(1497)又将两者之名称定为"真犯死罪决不待时"与"真犯死罪秋后处决"。前者即立决之意,后者即监候(监禁候决)。差官审决是对直隶斩绞监候案件的复核程序。其详细内容留俟论述差官审决制度时再为申论。

4. 复核京师斩绞监候案件(即朝审案件)

明初对于京师斩绞监候人犯(重囚)即常由多官加以审录。天顺二年(1458)定制,每年霜降后,将已结案之斩绞监候人犯,由三法司会同五府九卿衙门,并锦衣卫各堂上官及科道官,逐一审录。名曰:"朝审"。朝审是对京师斩绞监候案件的复核程序。其详细内容留俟论述朝审制度时再为申论。

明代刑部之权较都察院及大理寺为重。洪武十五年(1382)十二月丙戌,"诏吏、礼、兵、户、工部,凡有逮系罪人,不许自理,俱付刑部鞫问。"① 换言之,京师一切民人案件均应由刑部审理。至于南京刑部,其审判权远小于北京刑部。宣德二年(1427)九月庚子,"命南京法司不得理在外诉讼……,命行在刑部、都察院移文禁止,凡有告讦者,俱送北京。惟京城军民词讼许其鞫问。"② 正统年间更明确规定南京法司的管辖地区,正统十二年(1447)五月甲辰,"南京刑部奏:'南直隶及附近都司、布政司有诉冤者,请受理之。'事下刑部,谓:'旧例南京法司第令收问在京并应天所属囚犯,余俱程递如京。'上命从旧例。"③

(三) 刑部各机构及其职掌

刑部下设十三清吏司。"十三司各掌其分省及兼领所分京府、直隶之刑名。"④《大明会典》定曰:"浙江等十三司,各设郎中、员外郎、主事,令各清理所隶布政司刑名,仍量其繁简,带管直隶府州,并在京衙门。凡遇刑名,各

---

① 《明太祖实录》,卷一五○,洪武十五年十二月丙戌。
② 《明宣宗实录》,卷三三,宣德二年九月庚子。
③ 《明英宗实录》,卷一五四,正统十二年五月甲辰。
④ 《明史》,卷七十二,《职官一》。

照部分送问发落。"① 兹将十三司职掌分述如下：②

　　1. 浙江清吏司：专管浙江布政司、按察司及都指挥司，带管南直隶和州刑名案件。

　　2. 江西清吏司：专管江西布政司、按察司及都指挥司，带管南直隶庐州府刑名案件。

　　3. 福建清吏司：专管福建布政司、按察司及都指挥司，带管南直隶常州府、广德州刑名案件。

　　4. 山东清吏司：专管山东布政司、按察司及都指挥司，带管南直隶凤阳府、滁州刑名案件。

　　5. 四川清吏司：专管四川布政司、按察司及都指挥司，带管南直隶松江府、北直隶大名府刑名案件。

　　6. 山西清吏司：专管山西布政司、按察司及都指挥司，带管南直隶镇江府、徐州刑名案件。

　　7. 湖广清吏司：专管湖广布政司、按察司及都指挥司，带管南直隶池州府、宁国府刑名案件。

　　8. 广东清吏司：专管广东布政司、按察司及都指挥司，带管南直隶应天府、北直隶延庆州刑名案件。

　　9. 广西清吏司：专管广西布政司、按察司及都指挥司，带管南直隶安庆府、徽州府刑名案件。

　　10. 河南清吏司：专管河南布政司、按察司及都指挥司，带管南直隶淮安府、扬州府刑名案件。

　　11. 陕西清吏司：专管陕西布政司、按察司及都指挥司，带管南直隶太平府刑名案件。

　　12. 云南清吏司：专管云南布政司、按察司及都指挥司，带管北直隶顺天府、永平府、广平府刑名案件。

　　13. 贵州清吏司：专管贵州布政司、按察司及都指挥司，带管南直隶苏州府、北直隶保定府、河间府、真定府、顺德府刑名案件。

　　又刑部所属衙门有司狱司，设司狱六员，管理监狱。

---

① 《大明会典》，卷一五九，《刑部一》。
② 《大明会典》，卷二〇九，《都察院一》。

三 都察院(南京都察院附)

(一)都察院设置沿革及组织

吴元年(1364)冬十月壬子,置御史台。"设左、右御史大夫,从一品,御史中丞,正二品,侍御史,从二品,治书侍御史,正三品,殿中侍御史,正五品,……察院监察御史,正七品。"① 洪武元年(1376),闰九月癸巳,"汰侍御史及治书、殿中侍御史。"② 洪武十三年(1380)春正月甲辰,专设"左、右中丞,正二品,左、右侍御史,正四品。"③ 寻罢御史台。

洪武十五年(1382)冬十月丙子朔,"更置都察院,设监察都御史八人,正七品。……设浙江、河南、山东、北平、山西、陕西、湖广、福建、江西、广东、广西、四川十二道监察御史,正九品。"④ 洪武十六年(1383)六月戊子,"设左、右都御史各一人,正三品,左、右副都御史各一人,正四品,左、右金都御史各二人,正五品。"⑤ 洪武十七年(1384),升都御史正二品,副都御史正三品,金都御史正四品,十二道监察御史正七品。"⑥

"建文元年(1399)改设都御史一人,革金都御史。二年改为御史府,设御史大夫,改十二道为左、右两院,止设御史二十八人。成祖复旧制。永乐元年(1403)改北平道为北京道。十八年罢北京道,增设贵州、云南、交阯三道。……宣德十年(1435)罢交阯道,始定为十三道。"⑦

至于都察院之设官,依万历十五年(1587)颁行之《大明会典》所载,都察院设正官左、右都御史二员,左、右副都御史二员,左、右金都御史四员。至于都察院十三道之属官,其员额如下:⑧

1. 浙江道:监察御史十员。

2. 江西道:监察御史十员。

3. 湖广道:监察御史八员。

4. 陕西道:监察御史八员。

5. 广东道:监察御史七员。

---

① 《明太祖实录》,卷二十六,吴元年冬十月壬子。
② 同上书,卷一〇九,洪武九年闰九月癸巳。
③ 同上书,卷一二九,洪武十三年春正月甲辰。
④ 同上书,卷一四九,洪武十五年冬十月丙子朔。
⑤ 同上书,卷一五五,洪武十六年六月戊子。
⑥ 《明史》,卷七十三,《职官二》。
⑦ 同上。
⑧ 《大明会典》,卷二,《吏部一》。

　　6. 山东道：监察御史十员。

　　7. 福建道：监察御史七员。

　　8. 河南道：监察御史十员。

　　9. 山西道：监察御史八员。

　　10. 四川道：监察御史七员。

　　11. 广西道：监察御史七员。

　　12. 云南道：监察御史十一员。

　　13. 贵州道：监察御史七员。

　　至于南京都察院之设官，依《大明会典》所载，南京都察院设右都御史一员，右副都御史一员，右佥都御史一员。至于南京都察院之属官，其员额如下：①

　　1. 浙江道：监察御史二员。

　　2. 江西道：监察御史二员。

　　3. 湖广道：监察御史二员。

　　4. 陕西道：监察御史二员。

　　5. 广东道：监察御史二员。

　　6. 山东道：监察御史二员。

　　7. 福建道：监察御史二员。

　　8. 河南道：监察御史二员。

　　9. 山西道：监察御史二员。

　　10. 四川道：监察御史三员。

　　11. 广西道：监察御史三员。

　　12. 云南道：监察御史三员。

　　13. 贵州道：监察御史三员。

　　（二）都察院职掌

　　都察院“称风宪衙门，以肃政饬法为职。”②《诸司职掌》曰：“左右都御史、副都御史、佥都御史，职专纠劾百司、辩明冤枉、提督各道及一应不公不法等事。”③《明史·职官志》则曰：“都御史职专纠劾百司，辩明冤枉，提督各道，为天子耳目风纪之司。……大狱重囚会鞫于外朝，偕刑部、大理谳平

---

　　① 《大明会典》，卷三，《吏部二》。

　　② 同上书，卷二〇九，《都察院一》。

　　③ 《诸司职掌》，《都察院》。

之。"① 后段会鞫重囚一事即"三法司会审"。

明代都察院是职官犯罪案件的司法审判机关。京师、直隶及各省的职官犯罪案件,经由一定程序后,绝大多数均由都察院初审或复审。除职官犯罪案件外,都察院亦得审理其他案件。刑部与都察院均设有监狱,监禁待审人犯。两法司各自审理案件完结后,均应将案件移送大理寺复核。有明一代,刑部与都察院是两个平行的司法审判系统。原则上,刑部审理完结的案件无须送都察院复核,都察院审理完结的案件亦无须送刑部复核,但三法司会审案件则属例外。

都察院司法审判上之职掌,主要有五,兹分述如下:

1. 复核或审理直隶及各省职官犯罪案件

直隶及各省巡按御史、各省提刑按察司均得奉旨审理直隶及各省职官犯罪案件。巡按御史及提刑按察司审理完结后,应转达都察院及大理寺复核,奏闻皇帝裁决,直隶及各省职官犯罪案件,其案情轻微者,多由巡按御史或提刑按察司审理。其案情重大者,则可能逮系北京,下都察院狱,由都察院直接审理,大理寺复核,都察院奏闻皇帝裁决。

2. 审理京师职官犯罪案件

都察院职专纠劾百司、辩明冤枉。自都御史至监察御史均得参劾在京在外文武官员,御史参劾文武官员后,都察院或刑部常奉旨审理该案件。此外,都察院又常奉旨审理登闻鼓案件。民人击鼓鸣冤案件,常涉及在京在外职官犯罪,都察院多奉旨审理。原则上,京师职官犯罪案件,由都察院初审,大理寺复审。大理寺复审后,都察院奏闻皇帝裁决。至于南京都察院,仅有权奏旨初审南京城及应天府之职官犯罪案件。

3. 委官复核直隶及各省斩绞监候案件

洪武三十年(1397),都察院即得委巡按监察御史与刑部官员公司审决直隶斩绞监候人犯。弘治二年(1489),各省巡按御史与都布按三司公同审决各省斩绞监候人犯。综而言之,都察院差遣至直隶及各省之巡按监察御史,得复核直隶及各省斩绞监候案件。

4. 复核京师斩绞监候案件(即朝审案件)

明初,常由多官审录重囚(斩绞监候人犯),至天顺二年(1458),形成朝审制度。每年霜降后,将已结案之斩绞监候人犯,由三法司会同五府九卿衙门,并锦衣卫各堂上官及科道官,逐一审录。都察院为三法司之一,亦参与复核朝审案件。其详细内容俟论述朝审制度时再为申论。

---

① 《明史》,卷七十三,《职官二》。

5．奉旨派遣监察御史巡按直隶及各省

所谓"巡按"是指"分巡按治"而言。明代派遣监察御史巡按地方,始于洪武十年(1377)。洪武十年秋七月乙巳,"诏遣监察御史巡按州县。"① 《明史·职官志》曰:"巡按则代天子巡狩,所按藩服大臣、府州县官诸考察,举劾尤专,大事奏裁,小事立断。按临所至,必先审录罪囚,吊刷案卷,有故出入者理辩之。"②

直隶及各省职官犯罪,如涉五品以上官,须奏闻皇帝裁决,俟皇帝决定是否逮问。如涉六品以下官,巡按御史得直接逮问,审理完结后,申都察院及大理寺复核,奏闻皇帝裁决。至于民人案件,或亲自审录,或交由提刑按察司、承宣布政司等衙门审理。"大事奏裁,小事立断。"

(三) 都察院各机构及其职掌

都察院下设十三道,十三道监察御史虽属于都察院系统,却具有相当大的独立性。明代十三道监察御史,"虽与都御史相涉,而非其属官,直名某道,不系之都察院,事得专达,都御史不得预知。"③ 都御史、副都御史、佥都御史及监察御史间,得相互参劾。十三道"各理本布政司(指本省)及带管内府、监、局、在京各衙门、直隶府、州、卫所刑名等事。"④ 兹将十三道职掌分述如下:⑤

1．浙江道:掌理浙江布政司、按察司及都指挥司,带管南直隶庐州府刑名案件。

2．江西道:掌理江西布政司、按察司及都指挥司,带管南直隶淮安府刑名案件。

3．福建道:掌理福建布政司、按察司及都指挥司,带管南直隶常州府、池州府刑名案件。

4．四川道:掌理四川布政司、按察司及都指挥司,带管南直隶松江府、广德州刑名案件。

5．陕西道:掌理陕西布政司、按察司及都指挥司,带管南直隶和州刑名案件。

6．云南道:掌理云南布政司、按察司及都指挥司,带管北直隶顺天府、永平府、广平府刑名案件。

---

① 《明太祖实录》,卷一一三,洪武十年秋七月乙巳。
② 《明史》,卷七十三,《职官二》。
③ 张萱:《西园闻见录》,外编,卷九十三。
④ 《大明会典》,卷二〇九,《都察院一》。
⑤ 同上。

7. 河南道:掌理河南布政司、按察司及都指挥司,带管南直隶扬州府、北直隶大名府刑名案件。

8. 广西道:掌理广西布政司、按察司及都指挥司,带管南直隶安庆府、徽州府、北直隶保定府、真定府刑名案件。

9. 广东道:掌理广东布政司、按察司及都指挥司,带管北直隶延庆州、南直隶应天府刑名案件。

10. 山西道:掌理山西布政司、按察司及都指挥司,带管南直隶镇江府、太平府刑名案件。

11. 山东道:掌理山东布政司、按察司及都指挥司,带管南直隶凤阳府、徐州、滁州刑名案件。

12. 湖广道:掌理湖广布政司、按察司及都指挥司,带管南直隶宁国府刑名案件。

13. 贵州道:掌理贵州布政司、按察司及都指挥司,带管南直隶苏州府、北直隶河间府、顺德府刑名案件。

又都察院所属衙门有司狱司,设司狱一员,管理监狱。(旧六员,嘉靖以后革去五员。)

四 大理寺(南京大理寺附)

(一)大理寺设置沿革及组织

"吴元年(1364),置大理寺卿,秩正三品,洪武元年(1368)革。"① 洪武三年(1370),置磨勘司,凡诸司刑名、钱粮,有冤滥隐匿者,稽其功过以闻。洪武十年(1377)革,洪武十四年(1381),复置磨勘司。② 洪武十四年十一月己亥,"复置大理寺及审刑司,以平庶狱。大理寺,卿一人,正五品,左右少卿各一人,从五品,左右寺丞各一人,正五品。其属左右寺正各一人,正六品。……审刑司,左右审刑各一人,正六品。左右详议各三人,正七品。……凡大理寺所理之刑,审刑司复详谳之。"③

洪武十九年(1386),罢审刑司。洪武二十年(1387),复罢磨勘司。洪武二十二年(1389),升卿秩正三品。洪武二十九年(1396),复罢大理寺,尽移案牍于后湖,建文初(洪武三十一年九月)复置。成祖初(洪武三十五年秋七

---

① 《明史》,卷七十三,《职官二》。
② 参考《明史》,卷七十三,《职官二》。
③ 《明太祖实录》,卷一四〇,洪武十四年十一月己亥。

月），仍置大理寺。其左右寺设官，复如洪武时。① 大理寺之设置，永乐初年方行确定，以迄于明末。

至于明代大理寺之设官，依《大明会典》所载："大理寺正官，卿一员，左右少卿二员，左右寺丞二员。"至于大理寺左右二寺之属官，其员额如下：②

1. 左寺：左寺正一员，左寺副二员，左评事四员。

2. 右寺：右寺正一员，右寺副二员，右评事四员。

至于南京大理寺之设官，依《大明会典》所载，南京大理寺设卿一员，右寺丞一员。至于南京大理寺之属官，其员额如下：③

1. 左寺：左寺正一员，左评事二员。

2. 右寺：右寺正一员，右评事二员。

（二）大理寺职掌

《诸司职掌》曰："本寺官其所属左右寺官，职专审录天下刑名。凡罪有出入者，依律照驳。事有冤枉者，推情辨明。务必刑归有罪，不陷无辜。"④《大明会典》之规定大致相同。《明史·职官志》则曰："（大理寺）卿掌审谳平反刑狱之政令。少卿、寺丞赞之。左右寺分理京畿、十三布政司刑名之事。凡刑部、都察院、五军断事官所推问狱讼，皆移案牍，引囚徒，诣寺详谳。左右寺寺正，各随其所辖而复审之。"⑤ 由《诸司职掌》及《明史·职官志》的规定可知，明代大理寺的主要职掌是平反冤狱。明初，大理寺对属京师刑名案件系直接审理。弘治以后，原则上，大理寺对于京师刑名案件，只为间接审理，不为直接审理。故《明史·职官志》曰："弘治以后，（大理寺）止阅案卷，囚徒俱不到寺。"⑥

三法司之中，大理寺是慎刑机关，其功能与刑部、都察院不同。弘治以后，明代京师刑名案件"三法司会审"制度逐渐确立，依《明史·职官志》，明代三法司会审分为初审与复审二级。按《明史·职官志》曰："大理寺之设，为慎刑也。三法司会审，初审，刑部、都察院为主，复审，本寺为主。"⑦ 惟本项记载似乎有误。

大理寺司法审判上职掌，主要有三，兹分述如下：

---

① 参考《明史》，卷七十三，《职官二》。

② 《大明会典》，卷二，《吏部一》。

③ 同上。

④ 《诸司职掌》，《大理寺》。

⑤ 《明史》，卷七十三，《职官二》。

⑥ 同上。

⑦ 同上。

1. 复核刑部及都察院移送之直隶及各省案件

刑部及都察院复核完结之直隶及各省案件,均须送大理寺复核。刑部复核之案件以民人案件为主,都察院复核之案件以职官案件为主。两衙门复核完结之直隶及各省案件,均应送大理寺复核。此项原则早于洪武二十六年(1393)即已确定。"凡各问刑衙门转详,洪武二十六年定,在外都司、布政司、按察司,并直隶卫所府州。一应刑名问拟完备,将犯人就彼监收。具由申达合干上司、都司并卫所,申都督府。布政司、并直隶府州,申呈刑部。按察司,呈都察院。其各衙门备开招罪,转行到寺详拟。凡罪名合律者,回报如拟施行。内有犯该重刑,本寺奏闻回报。不合律者,驳回再拟。中间或有招词事情、含糊不明者,驳回再问。"① 上述大理寺对于各省及直隶案件之复核,称为"详拟罪名"。

2. 复审或复核刑部及大理寺移送之京师案件

刑部及都察院直接审理完结之京师案件,均须送大理寺复审或复核。刑部直接审理之案件以民人案件为主,都察院直接审理之案件以职官案件为主。两衙门直接审理完结之京师案件,均应送大理寺复审或复核。此项原则早已于洪武二十六年即已确立。"凡刑部十二部、都察院十二道、五军都督府断事官五司,问拟一应囚人,犯该死罪徒流者,具写奏本发审。俱由通政司挂号,另行入递,预先差人连案同囚,送发到寺。照依该管地方,先从左右寺审录。……如罪名合律者,准拟。……。如罪名不合律者,依律照驳……驳回原衙门再拟。"② 上述大理寺对于京师案件之复审称为"审录参详"。

3. 复核京师斩绞监候案件(即朝审案件)

天顺二年(1458),多官审录重囚(斩绞监候人犯)一事,形成朝审制度。每年霜降后,将已结案之斩绞监候人犯,由三法司会同五府九卿衙门,并锦衣卫各堂上官及科道官,逐一审录。大理寺为三法司之一,亦参与复核朝审案件。其详细内容俟论述朝审制度时再为申论。至于南京大理寺,仅有权复核南京城及应天府之斩绞监候案件。

(三) 大理寺各机构及其职掌

大理寺下设左、右寺。左、右寺之职掌数度变易,变化颇大。兹将左、右寺职掌分述如下:③

---

① 《大明会典》,卷二一四,《大理寺》。
② 同上。
③ 参考《明史》,卷七十三,《职官二》。

1．明太祖洪武年间：

（1）左寺：分管在京诸司及直隶卫所、府州县刑名案件。

（2）右寺：分管在外十三布政司、都司、卫所、府州县刑名案件。

2．明成祖永乐年间至明神宗万历八年(1580)：

（1）左寺：分管两京、五府、六部、京卫等衙门刑名案件。

（2）右寺：分管顺天、应天二府，南、北直隶卫所、府州县并在外浙江等布政司、都司、卫所刑名案件。

3．明神宗万历九年(1581)以后：

（1）左寺：分管刑部及都察院浙江、福建、山东、广东、四川、贵州六司道刑名案件。

（2）右寺：分管刑部及都察院江西、陕西、河南、山西、湖广、广西、云南七司道刑名案件。

明初，大理寺原设监狱，弘治年间罢革。

附表一：明代刑部及大理寺复核京师、直隶、各省案件职掌分配表

二　法　司 京师、直隶、各省	刑　部	大理寺
1．京师	各司带管	左寺右寺分管
2．北直隶	各司带管	右寺
3．南直隶	各司带管	右寺
4．浙江	浙江司	左寺
5．江西	江西司	右寺
6．福建	福建司	左寺
7．山东	山东司	左寺
8．四川	四川司	左寺
9．山西	山西司	右寺
10．湖广	湖广司	右寺
11．广东	广东司	左寺
12．广西	广西司	右寺
13．河南	河南司	右寺
14．陕西	陕西司	右寺
15．云南	云南司	右寺
16．贵州	贵州司	左寺

说明：一、本表制作资料参见《大明会典》，卷一五九，《刑部一》，及同书，卷二一四，《大理寺》。

二、大理寺左右二寺职掌数度变异，本表以万历九年以后左右二寺职掌分配为准。

附表二：明代都察院及大理寺复核京师、直隶、各省职官案件职掌分配表

二法司 京师、直隶、各省	都察院	大理寺
1. 京师	各道带管	左寺右寺分管
2. 北直隶	各道带管	右寺
3. 南直隶	各道带管	右寺
4. 浙江	浙江道	左寺
5. 江西	江西道	右寺
6. 福建	福建道	左寺
7. 四川	四川道	左寺
8. 陕西	陕西道	右寺
9. 云南	云南道	右寺
10. 河南	河南道	右寺
11. 广西	广西道	右寺
12. 广东	广东道	左寺
13. 山西	山西道	右寺
14. 山东	山东道	左寺
15. 湖广	湖广道	右寺
16. 贵州	贵州道	左寺

说明：一、本表制作资料参见《大明会典》，卷二〇九，《都察院》，及同书，卷二一四，
　　　　《大理寺》。

　　　　二、大理寺左右二寺职掌数度变异，本表以万历九年以后左右二寺职掌分配
　　　　为准。

第二节　内　阁

一　序　言

　　明代内阁是明代创制的政治制度，它对于明代的政治制度有巨大影响，也对于明代的司法审判制度有所影响。明代的三法司是刑部、都察院及大理寺，三法司是法定的司法审判机关，"刑部受天下刑名，都察院纠察，大理寺驳正。"[①] 但在三法司之外，明代中央许多衙门均兼理司法审判，这些衙门包括内阁等机关。三法司是狭义的中央司法审判机关，三法司之外的其他兼理司法审判的机关则属于广义的司法审判机关，内阁即属于广义的司法审判机关。

　　明代的内阁并非典制下的丞相机关，故明代官书均未单独论述内阁。如弘治以后编纂的历朝《大明会典》，仅附述内阁于翰林院条目下。明代官

---

① 《明史》，卷九十四，《刑法三》。

书漏未单独论述内阁,并非偶然,实系因内阁并非典制下的丞相机关,不便单独论述。清人修《明史》,于《职官志》中列有"内阁"条目,系清人论述明代政治制度实事求是的作法。

中国秦汉两代均设丞相,西汉末年设尚书台,渐分丞相之权,魏晋南北朝因之。唐代行三省制(尚书省、中书省及门下省),尚书省为最重要的政务机关,尚书令等三省长官即丞相。唐高宗龙朔三年(663)废尚书令一官,左右仆射等三省长官为丞相。宋沿唐制,亦设尚书省,左右仆射等三省长官仍为丞相。元代不设尚书省,六部改置中书省之下,以左右丞相领之。

吴元年(元顺帝至正二十四年,1364)甲辰正月,朱元璋"即吴王位,建百司官属,置中书省。"① 中书省设左右相国(正一品)等官,同年"命百官礼仪俱向左,改右相国为左相国,左相国为右相国。"② 洪武元年(1368),明太祖承元制,"设中书省,置左右丞相(正一品),平章政事(从一品),左右丞(正二品),参加政事(从二品),以统领众职。"③

洪武十三年(1380),左丞相胡惟庸谋反,是年"正月,(御史中丞)涂节遂上变,告惟庸。御史中丞商暠时谪为中书省吏,亦以惟庸阴事告。帝大怒,下廷臣更讯,词连(陈)宁、(涂)节。廷臣言:'(涂)节本预谋,见事不成,始上变告,不可不诛。'乃诛惟庸、(陈)宁,并及(涂)节。"④ 洪武"十三年正月,诛丞相胡惟庸,遂罢中书省。其官属尽革,惟存中书舍人。"⑤ 自秦汉以来,长达一千五百余年的丞相制度至此终结。

明太祖罢中书省,废丞相,国家政务统归六部,凡事皆亲自裁决。明太祖为恐后代子孙复置丞相,洪武二十八年(1395)敕谕群臣曰:"自古三公论道,六卿分职,自秦始置丞相,不旋踵而亡。汉唐宋因之,虽有贤相,然其间所用者,多有小人,专权乱政。我朝罢相,设五府、六部、都察院、通政司、大理寺等衙门,分理天下庶务,彼此颉颃,不敢相压,事皆朝廷总之,所以稳当。以后嗣君并不许立丞相,臣下敢有奏请设立者,文武群臣即时劾奏,处以重刑。"⑥

明太祖由于胡惟庸谋反案件的影响,决心废除丞相制度,但丞相制度有其客观上的必要性,即便是一时废除了,日久之后,又以另一种名义出现。

---

① 《明太祖实录》,卷十四,吴元年甲辰春正月丙寅朔。

② 《明史》,卷七十二,《职官一》。

③ 同上。

④ 《明史》,卷三〇八,《胡惟庸传》。

⑤ 《明史》,卷七十二,《职官一》。

⑥ 《明太祖实录》,卷二三九,洪武二十八年六月己丑。

明宣宗以后,中书省改以内阁名义出现,左右丞相改以内阁大学士名义出现。

所谓丞相制度有其客观上的必要性,是指国家政务(含司法审判)繁钜,皇帝无法一一处理,需要有人协助处理政务。明太祖洪武年间政务繁钜之情形,《明太祖实录》载:

> (洪武十七年九月)己末,给事中张文辅言:"自九月十四日至二十一日,八日之间,内外诸司奏劄,凡一千六百六十,计三千三百九十一事。"上谕廷臣曰:"朕代天理物,日总万机,安敢惮劳?但朕一人处此多务,岂能一一周偏,苟致举有失宜,岂惟一民之害,将为天下之害,岂惟一人之忧,将为四海之忧。卿等能各勤厥职,则庶事未有不理。"①

明太祖本人精力过人,尚可亲自裁决国家政务。各部院衙门题奏本章,均系亲自处理,不假手他人,国家重大政务亦经由"御门听政"加以裁决。万历年间大学士高拱即曰:"祖宗旧规,御门听政,凡各衙门奏事,俱是玉音亲答,以见政令出自主上,臣下不敢预也。"② 但明成祖以后,历朝皇帝均不得不借重内阁,由内阁大学士等官协助处理政务。笔者认为,"明代内阁大学士之性质有类于皇帝之秘书,内阁大学士并非宰相,但就事实言之,内阁大学士如获得皇帝之信任与授权,则不啻真宰相。"③

二 内阁的设置沿革与组织

洪武十三年,明太祖罢中书省、废宰相。同年九月置四辅官,以儒士为之。此一四辅官制度运作不良,洪武十七年(1384)即被废弃。洪武十四年十二月丁巳,明太祖为处理题奏本章,曾命翰林院及春坊等官"考驳诸司奏启以闻"④。惟当时并无内阁之名,翰林院官及春坊官亦非内阁成员。

洪武十五年(1382)"仿宋制,置华盖殿、武英殿、文渊阁、东阁诸大学士,又置文华殿大学士,以辅导太子。秩皆正五品"⑤。上述诸大学士"皆侍左右,备顾问,然不得平章军国事"⑥。

---

① 《明太祖实录》,卷一六五,洪武十七年九月己末。
② 孙承泽:《春明梦余录》,卷二十三,《内阁一》。
③ 那思陆:《中国司法制度史》,第289页。
④ 《明太祖实录》,卷一四〇,洪武十四年十一月丁巳。
⑤ 《明史》,卷七十二,《职官一》。
⑥ 孙承泽:《春明梦余录》,卷二十三,《内阁一》。

明惠帝建文四年(1402)七月,燕王朱棣即帝位,始设内阁。《明史·职官志》曰:"成祖即位,特简解缙、胡广、杨荣等直文渊阁,参预机务。阁臣之预务自此始。然其时,入内阁者皆编、检、讲读之官,不置官属,不得专制诸司。诸司奏事,亦不得相关白。"①

明宣宗宣德年间,置内阁官属。《明史·职官志》曰:"宣德间,内阁置诰敕、制敕两房,皆设中书舍人。"② 宣德年间,内阁建立条旨制度(即票拟制度)。明英宗正统以后,票拟之权专属于内阁。《翰林记》即曰:"自正统后,始专命内阁条旨。"③

明英宗复辟后,天顺年间逐渐形成首辅制度。首辅有"独票"之权。明孝宗弘治年间,内阁阁臣已班列六部尚书之上。明武宗正德年间,内阁阁臣得兼掌部院政务,得直接处理部院工作。明世宗嘉靖中叶,出现权相,"遂赫然为真宰相,压制六卿矣"④。明神宗万历初年,张居正当国,内阁首辅的权力达于颠峰,此后即由盛而衰。

关于内阁的组织,可分为:(一)内阁大学士,(二)诰敕房及制敕房来说明。兹分述如后:

(一)内阁大学士

内阁大学士系内阁之主体,《大明会典》曰:"华盖殿大学士、武英殿大学士、文华殿大学士、文渊阁大学士、东阁大学士,俱洪武中设,职正五品,班在学士上。"⑤ 可知洪武年间原系四殿一阁。"洪熙中,又添设谨身殿大学士。"⑥ 四殿二阁从此定制。《春明梦余录》曰:"其内阁诸殿次第,自正统间始定。"⑦ 即依次为华盖殿、谨身殿、文华殿、武英殿、文渊阁与东阁。嘉靖四十一年九月,三殿改建完成,华盖殿易名中极殿,谨身殿易名建极殿。⑧四殿二阁之次序即变更为中极殿、建极殿、文华殿、武英殿、文渊阁、东阁。四殿二阁未必均有大学士,每一殿阁亦未必系大学士一人。

明代内阁阁臣之权力(含司法审判权),历朝均不断扩张,阁臣之地位亦不断提高。提高地位之方式主要有二:

---

① 《明史》,卷七十二,《职官一》。
② 同上书,卷七十四,《职官五》。
③ 黄佐:《翰林记》,卷二,《传旨条旨》。
④ 《明史》,卷七十二,《职官一》。
⑤ 《大明会典》,卷二二一,《翰林院》。
⑥ 同上。
⑦ 孙承泽:《春明梦余录》,卷二十三,《内阁一》。
⑧ 参见《明史》,卷七十二,《职官一》。

1. 阁臣本职为内阁大学士,而以品秩较高之他官(如尚书、三孤等)加之。

2. 阁臣本职为品秩较高之他官(如尚书、都御史等),而兼任内阁大学士。

(二)诰敕房与制敕房

《大明会典》曰:"国初,中书省设直省舍人,从八品。洪武九年,改中书舍人,正七品。后中书省革,更定为从七品,职专书写诰敕、册符、铁券等事,共额设二十员,无正副,例推年深者一人掌印。"① 明初,内阁与中书舍人(或称中书科)并无隶属关系,后内阁地位不断提升,中书舍人遂成为内阁之属下。"宣德间,内阁置诰敕、制敕两房,皆设中书舍人。"② 惟内阁大学士仍掌诰敕。"正统后,学士不能视诰敕,内阁悉委于中书、序班、译字等官。"③ 正统以后,诰敕房及制敕房隶属于内阁一事即已确定。至于内阁二房中书舍人之员额,《大明会典》曰:"内阁,诰敕、制敕二房分直者,无常员。"④

关于内阁诰敕房与制敕房的职掌,《明史·职官志》曰:⑤

1. 诰敕房舍人,掌书办文官诰敕,番译敕书,并外国文书、揭帖,兵部纪功、勘合底簿。

2. 制敕房舍人,掌书办制敕、诏书、诰命、册表、宝文、玉牒、讲章、碑额、题奏、揭帖一应机密文书,各王府敕符底簿。

从内阁二房业务分工的情形来看,制敕房处理"题奏、揭帖一应机密文书",大多数有关司法案件之题本均应经过制敕房处理,其他有关国家政务之题本亦同,故内阁之制敕房颇具重要性。

三 内阁有关司法审判的职掌

有明一代,内阁始终不是典制下的丞相机关,故明代所修官书(如《大明会典》),从未单独论述内阁,内阁职掌自亦无记载。惟明人所著笔记、掌故等书(如《春明梦余录》等书)有不少有关内阁职掌的记载,从这些史料中可以得知内阁职掌的大概情形。清人所修《明史》,大体记述了明代内阁大学士的职掌,是研究明代内阁职掌的重要史料。

---

① 《大明会典》,卷二一二,《中书舍人》。

② 《明史》,卷七十四,《职官三》。

③ 同上。

④ 《大明会典》,卷二一二,《中书舍人》。

⑤ 《明史》,卷七十四,《职官三》。

《明史·职官志》曰：

中极殿大学士(旧名华盖殿)，建极殿大学士(旧名谨身殿)，文华殿大学士，武英殿大学士，文渊阁大学士，东阁大学士(并正五品)，掌献替可否，奉陈规诲，点检题奏，票拟批答，以平允庶政。凡上之达下，曰诏，曰诰，曰制，曰册文，曰谕，曰书，曰符，曰令，曰檄，皆起草进画，以下之诸司。下之达上，曰题，曰奏，曰表，曰讲章，曰书状，曰文册，曰揭帖，曰制对，曰露布，曰译，皆审署申复而修画焉，平允乃行之。……大典礼、大政事，九卿、科道官会议已定，则按典制，相机宜，裁量其可否，斟酌入告。①

从上述《明史·职官志》的记载，可以得知内阁大学士有下列与司法审判有关的职掌：

（一）献替可否

皇帝在处理国家政务(含司法审判)时，内阁大学士得主动针对重大司法案件，向皇帝表示处理意见，皇帝在裁决重大司法案件时，亦常征询内阁大学士的处理意见。内阁大学士的处理意见，常左右皇帝的裁决。就狭义言之，内阁大学士对三法司司法案件题本的处理意见，并非司法审判。但就广义言之，内阁大学士对三法司司法案件题本的处理意见，仍系司法审判的一部分。内阁大学士协助皇帝处理司法案件，是协助皇帝行使最高的司法审判权。

（二）票拟批答

宣德以后，内阁大学士即已取得对各部院衙门题奏本章的票拟权。正统以后，内阁大学士取得票拟权的专属权力。内阁大学士在各部院衙门题奏本章上，以小票墨书处理意见，浮贴其上，呈皇帝裁决。皇帝或御笔亲批，或交司礼监秉笔太监等代为批示，均称为"批红"。票拟权是拟办权，批红权是裁决权。内阁大学士在皇帝与各部院衙门之间，有"承上启下"的关键作用，内阁大学士如能得到皇帝的信任与授权，内阁大学士的票拟权即有类于皇帝的批红权(最高裁决权)。就司法审判而言，内阁大学士的票拟权即有类于皇帝的最高司法审判权。

（三）参与大政事

依明代典制，朝廷遇有大政事(含司法审判)时，皇帝常敕令五府、六部、

---

① 《明史》，卷七十二，《职官一》。

九卿、翰詹科道等官会议,研商如何处理皇帝交议案件(含司法案件),会议已定之后,内阁大学士则按典制(指《大明会典》、《诸司职掌》等),相机宜,裁量九卿会议处理意见之可否,斟酌案情,奏闻于皇帝,俟皇帝裁决。

　　上述内阁大学士的职掌,即系内阁之职掌。其行使通常系以内阁大学士个人之名义行之,换言之,个别行使职权。内阁大学士协助皇帝处理政务,常有不同意见,通常首辅的意见最受皇帝重视。

　　上述内阁大学士的三项职掌,并非截然不同的三项权力。其中"献替可否"与"参与大政事"基本上是类似的权力,而这两项权力通常又需经由"票拟"呈现出来。事实上,票拟权才是内阁大学士最重要的权力。明代内阁大学士的票拟,景泰以前,原为"分票",天顺年间,首辅制度形成后,变成"独票"。明代内阁大学士相互间的斗争,不但是争首辅职位,也是争票拟权的独揽。

　　内阁大学士之主要职掌,系为皇帝处理题本,大多数有关司法审判之题本均经由内阁大学士处理。透过票拟,内阁大学士得以参与司法审判,内阁大学士得以审核三法司所定拟之判决是否允当或合法。内阁有关司法审判题本之处理程序,系明代中央司法审判程序之重要环节。

　　明代公事主要分为题本与奏本。《大明会典》定曰:"凡内外衙门,一应公事,用题本。其虽系公事,而循例奏报奏贺,若乞恩认罪、缴敕谢恩,并军民人等陈请建言申诉等事,俱用奏本。"① 明代在外衙门(指直隶及各省)之题本及奏本,均须经由通政使司,进呈皇帝,在京衙门之奏本亦同,故《明史·职官志》曰:"凡诸司公文(指题本)、勘合辨验允当,编号注写。……凡在外之题本、奏本,在京之奏本,并受之,于早期汇而进之。"②

　　明代在外直隶及各省题本与在京各部院衙门题本,两者之处理程序稍有不同。为便于了解起见,兹列表分述如后:

---

① 《大明会典》,卷二一二,《通政使司》。
② 《明史》,卷七十三,《职官二》。

甲、直隶各省题本处理程序表（依宣德后典章制度应有之程序）

顺序	机　关	工　作　项　目
1.	直隶各省	将题本送通政使司。
2.	通政使司	1. 校阅题本。 2. 将题本送司礼监（文书房）。
3.	司礼监	1. 司礼监（文书房）将题本呈送秉笔太监及掌印太监。 2. 司礼监将题本呈皇帝。
4.	皇帝	亲览题本。（事实上多交由司礼监秉笔太监代为处理）
5.	司礼监	1. 司礼监秉笔太监代为处理（或发交或不发交内阁）。 2. 司礼监（文书房）将题本发交内阁。
6.	内阁	1. 内阁大学士票拟。 2. 内阁大学士将题本及票拟送司礼监（文书房）。
7.	司礼监	1. 司礼监（文书房）将题本及拟呈送秉笔太监及掌印太监。 2. 司礼监将题本及拟呈皇帝。
8.	皇帝	亲批题本（事实上多交司礼监秉笔太监代为批红）。
9.	司礼监	1. 司礼监秉笔太监代为批红。 2. 司礼监（文书房）将已批红之题本（红本）发交内阁。
10.	内阁	内阁将已批红之题本（红本）交六科。
11.	六科	1. 科钞（事属某部者，即由某科钞，交某部）。 2. 六科将已批红之题本（红本）交各部院。
12.	各部院	奉旨该衙门议奏、知道或如何者，依批红办理。

直隶各省题本如奉旨该衙门知道者，大多数即系结案，各部院亦无需再行拟办，各部院衙门无需进行第二阶段处理程序。反之，直隶各省题本如奉旨该衙门议复或如何如何者，则各部院衙门必须进行第二阶段处理程序。直隶各省题本处理程序两阶段的起讫点如下：

第一阶段：通政使司—司礼监—皇帝—司礼监—内阁—司礼监—皇帝—司礼监—内阁—六科—各部院。

第二阶段：各部院—司礼监—皇帝—司礼监—内阁—司礼监—皇帝—司礼监—内阁—六科—各部院。

前述处理程序表系直隶各省题本第一阶段处理程序，直隶各省题本第二阶段处理程序，实即各部院题本处理程序，将并入各部院题本处理程序中讨论。

直隶各省题本第一阶段处理程序中，内阁大学士之票拟极为简单。明代罢中书省，国家政务归于六部，内阁大学士亦不能于各部院衙门处理直隶各省题本前，表示具体处理意见。故内阁大学士在票拟直隶各省题本时，多仅票拟"该部知道"或"该部议奏"等文字。至于有关司法审判的题本,亦即"刑名本",此等题本多奉旨"刑部议奏"、"刑部核拟具奏"或"三法司核拟具奏"。此等题本如奉上述谕旨,则须进行第二阶段处理程序。

乙、各部院题本处理程序表(依宣德后典章制度应有之程序)

顺序	机　关	工　作　项　目
1.	各部院	将题本送司礼监。
2.	司礼监	1.司礼监(文书房)将题本呈送秉笔太监及掌印太监。 2.司礼监将题本呈送皇帝。
3.	皇帝	亲览题本(事实上多交由司礼监秉笔太监代为处理)。
4.	司礼监	1.司礼监秉笔太监代为处理(或发交或不发交内阁)。 2.司礼监(文书房)将题本发交内阁。
5.	内阁	1.内阁大学士票拟。 2.内阁大学士将题本及票拟送司礼监(文书房)。
6.	司礼监	1.司礼监(文书房)将题本及拟呈送秉笔太监及掌印太监。 2.司礼监将题本及票拟呈皇帝。
7.	皇帝	亲批题本(事实上多交由司礼监秉笔太监代为批红)。
8.	司礼监	1.司礼监秉笔太监代为批红。 2.司礼监(文书房)将已批红之题本(红本)发交内阁。
9.	内阁	内阁将已批红之题(红本)本交六科。
10.	六科	1.科钞(事属某部者,即由某科钞,交某部)。 2.封还执奏(凡制敕宣行,大事复奏,小事署而颁之,有失,封还执奏)。 3.驳正(凡内外所上章疏下,分类抄出,参署付部,驳正其违误)。 4.六科将已批红之题本(红本)交各部院。
11.	各部院	遵奉谕旨执行。

　　直隶各省题本与各部院题本处理程序小有差异,但效力不同。前者多仅具程序性,因直隶各省题本批红后,尚有待各部院进一步处理。后者多具实质性,因各部院题本批红后,各部院即应遵奉谕旨执行,批红之谕旨即系皇帝对于国家政务之最终裁决。

　　关于直隶各省题本与各部院题本处理程序相异之处,兹分述如下:

　　1.直隶各省题本须先送通政使司,各部院题本则系迳送司礼监(通政使司及司礼监均系代表皇帝收受题本)。

　　2.直隶各省题本之票拟及批红极为简单,各部院题本之票拟及批红较为复杂。(通常,票拟简单,则批红亦简单,票拟冗长,则批红亦冗长)。

3. 直隶各省题本内阁票拟之处理意见多数仅具程序性,皇帝(或司礼监太监)批红后无需下达谕旨,指示处理方式。各部院题本内阁票拟之处理意见多数具实质性,皇帝(或司礼监太监)于批红后,常下达谕旨,指示处理方式。

4. 直隶各省题本之批红,多仅具程序性,故六科并无"封还执奏"之可能。各部院题本之批红,多具实质性,如有违失,六科得"封还执奏"。

明代题本制度与元代公文制度不同,司礼监、内阁与六科均系明代所创制,为元代所无,故明代题本制度实系明代所自创。明代题本制度缺点有二:

1. 直隶各省题本处理程序迂缓,须经两阶段处理程序,又容易泄密,行政效率低落。各部院题本虽仅有第二阶段处理程序,但其弊病亦同。

2. 直隶各省题本在第一阶段及第二阶段处理程序中,司礼监均有可能不发交内阁票拟,司礼监或"留中"不发,或以"中旨"迳行下达皇帝谕旨。各部院题本在第二阶段处理程序中,司礼监亦可能不发交内阁票拟。很明显的,司礼监太监处理题奏本章的权力大于内阁大学士。换言之,司礼监代表皇帝处理国家政务(含司法审判)的权力大于内阁。

又明代直隶各省题本及各部院题本,数量极为庞大。明太祖罢中书省、废宰相后,政归六部,六部直接向皇帝题奏,皇帝大权独揽。明太祖及明成祖精力旺盛,尚可亲自批览题本,鲜少假手他人。宣德以后,历朝皇帝均需假手司礼监太监处理数量庞大之题本,皇帝大权遂有时旁落于司礼监太监,发生宦官干政的重大弊病。

四 内阁大学士等司法审判上的职权

(一)复核京师、直隶及各省案件

明代内阁之主体系内阁大学士。严格言之,"内阁即系内阁大学士,内阁大学士即系内阁。"内阁大学士人数自二三人至十余人,多寡不一,原则上均系个别行使职权。内阁票拟制度采"独票"时,内阁政务处理意见尚可一致。如采"分票"时,内阁大学士政务处理意见即难免有异有同。在有关司法审判题本之票拟上,也有这种情形。

内阁大学士对有关司法审判之题本,有票拟权。内阁大学士独票时,票拟之意见即系内阁之意见。内阁大学士分票时,票拟之意见仅系该内阁大学士之意见。惟无论独票或分票,内阁大学士对于有关司法审判之题本,得经由票拟,表示其处理意见。这些有关司法审判之题本包括直隶各省有关司法审判之题本,以及各部院有关司法审判之题本,换言之,内阁大学士经由票拟,得复核全国大多数司法案件。故冯元飙曰:"夫中外之责,孰大于票拟？有汉唐宰相之名,而更代天言。有国初顾问之荣,而兼隆位号。地亲势峻,言听志行。"①

内阁大学士对三法司(或各部院)有关司法审判之题本,内阁大学士得依实际情形定拟出不同处理意见,或拟准,或拟驳,或拟以其他方式处理。就司法审判而言,内阁大学士之票拟权,亦系司法审判权,票拟权使内阁大学士有权审核三法司(或各部院)所定拟之判决是否妥当或合法。除依票拟方式参与司法审判外,内阁大学士亦常以其他方式参与司法审判。

(二) 奉旨会审京师死罪案件(即天顺以后之朝审案件)

内阁大学士既有票拟权,原则上即不应亲自审判案件。《万历野获篇》虽曰:"虑囚虽大事,然刑部、大理寺乃专责也。朝审主以冢宰(指吏部),热审主以中官(指司礼监太监),已属侵越,若宰相则不问决狱,自古已然。"② 但事实上,历代宰相均得奉旨会审大狱(重大案件),惟不多见而已,明代内阁大学士亦同。

永乐十七年(1419),"令在外死罪重囚,悉赴京师审录。"③ 此所谓"在外死罪重囚"系指直隶各省死罪人犯,明初常令此类人犯赴京师审录。此类人犯赴京师后,其死罪案件并入京师死罪案件处理。明仁宗洪熙元年(1425)冬十月戊子,"行在刑部尚书金纯、大理寺卿虞谦等奏:'真犯重囚,子殴父母,诈为制书,伪造印信,及谋人杀、造意等罪,请及时决之。'上命会公、侯、伯、五府、六部堂上官、大学士及给事中审复可疑者再谳问,勿令含冤。自今决重囚,悉准此例。"④ 这是明代大学士第一次会审会决京师重囚(指死罪人犯)。

明仁宗又曾"召学士杨士奇、杨荣、金幼孜至榻前,谕曰:'比年法司之滥,朕岂不知？其所拟大逆不道,往往出于文致,先帝数切戒之。故死刑必四五复奏,而法司略不加意,甘为酷吏而不愧。自今审重囚,卿三人必往同谳。有冤抑者,虽细故必以闻。'⑤ 洪熙元年以后,历宣德、正统、景泰及天顺等四朝四十年间,内阁大学士均依例奉旨会审京师死罪案件。至明宪宗"成化元年奏准,内阁不必会同审囚。"始罢此一制度。

上述会审京师重囚制度,天顺二年(1458)以后发展成为朝审制度。《大明会典》曰:"天顺二年,令每岁霜降后,该决重囚,三法司会多官审录,著为令。"①《明史·刑法志》则曰:"天顺三年令每岁霜降后,三法司同公、侯、伯会审重囚,谓之朝审,历朝遂遵行之。"② 笔者认为,朝审制度应始于天顺二年。

明宪宗成化元年(1465)以后,历成化、弘治、正德及嘉靖等四朝一〇二年间,内阁大学士不再会审京师死罪案件。惟嘉靖十六年(1537)四月辛酉,"武定侯郭勋、大学士李时、夏言,奉敕同三法司,会鞫重囚。"③ 按此系特例,并非典章制度。明穆宗隆庆元年(1567),内阁大学士高拱复行会审京师死罪案件(此时会审京师重囚一事已称为朝审)。万历年间,内阁大学士亦曾多次参与朝审。

明代内阁大学士奉旨会审京师死罪案件(即朝审案件),并非典章制度所定,时有时无,全系出自皇帝特旨。宣德、正统、景泰及天顺等四朝四十年间,内阁大学士均依例奉旨会审,天顺二年开始,会审京师死罪案件一事,定制为朝审。七年之后,成化元年,内阁始不必会同囚。按内阁大学士参与朝审,并无必要,因内阁大学士握有票拟权,本即有权审核内外衙门大多数司法案件,参与朝审本系多余。隆庆元年,内阁大学士复行参与朝审,隆庆、万历、泰昌、天启及崇祯五朝七十八年间,内阁大学士亦持续参与朝审。自宣德元年以后,内阁大学士会审京师死罪案件(即朝审案件)的时间长达一百一十八年。

(三) 奉旨会审大狱(即重大案件)

历代均有丞相奉旨会审大狱之事,惟事例较少而已,明初未废丞相之前亦有此类事例。洪武九年(1376),空印案发,明太祖"览书大怒,下丞相、御史杂问,究使者。"④ 洪武十三年罢中书省、废丞相后,内阁大学士奉旨会审大狱的情形并不多。这类大狱都是皇帝交议的重大政治案件,如宗藩谋反案、宦官谋逆案等。兹举例如下:

例一:正德十五年(1520)十二月己丑,"先是,有旨召皇亲、公、侯、驸马、伯、内阁、府部大臣、科道官,俱至通州议宸濠狱,于是列上其罪状,言宸濠大逆不道,宜正典刑。"⑤

例二:崇祯二年(1629)三月,"时大治(魏)忠贤党,(韩)爌与李标、钱龙锡主之。列上二百六十二人,罪分六等,名曰:'钦定逆案',颁行天下。"⑥

---

① 《大明会典》,卷一七七,《问拟刑名》。

② 《明史》,卷九十四,《刑法二》。

③ 《明世宗实录》,卷一九九,嘉靖十六年四月辛酉。

④ 《明通鉴》,卷六,太祖洪武九年。

⑤ 《明武宗实录》,卷一九四,正德十五年十二月己丑。

⑥ 《明史》,卷二四〇,《韩爌传》。

(韩、李、钱三人均系内阁大学士)当时明思宗特就本案下达上谕:"朕鉴察既审,特命内阁部院大臣,将发下祠颂红本,参以先后论劾奏章,胪列拥戴、谄附、建祠、称颂、赞导诸款,据律推情,再三订拟。"①

上述第一例朱宸濠谋反案,系外省案件,内阁系奉旨会审大狱,仅系参与会审衙门之一而已,三法司仍系主要的司法审判机关。上述第二例魏忠贤谋逆案,系京师案件,内阁大学士三人共同主导会审,侵夺三法司的司法审判权,并非良好事例。上述二例均发生在正德以后,可见正德以后内阁大学士司法审判权大为扩张。

(四)皇帝最终裁决时提供有关司法审判之处理意见

有明一代,司法审判之最终裁决权始终掌握在皇帝手中。直隶各省案件或京师案件具题后,三法司定拟判决,奏闻皇帝发交内阁者,由内阁票拟处理意见,再由皇帝(或司礼监太监)批红,此项批红即为皇帝的最终裁决。皇帝为最终裁决时,常向内阁大学士咨询,内阁大学士则适时提供有关司法审判之处理意见。提供处理意见是内阁大学士参与司法审判的重要方式,通常内阁大学士系各自向皇帝提供有关司法审判的处理意见。《典故纪闻》载,隆庆初,礼部尚书高仪等言:

> 伏望皇上每日罢朝,即御文华殿,除内阁辅臣日侍讲读,自宜随朝入供事,其六部、都察院大臣,仍乞皇上不时召见。即将览过题奏,干系大赏罚、大黜陟、大典礼、大刑狱、大军机、大会计,与凡一切大政令,当斟酌详议者,特降清问,许部院官陈述始末,内阁辅臣即拟可否,皇上加以睿断,亲赐裁答。②

《典故纪闻》所述大刑狱一事即系有关司法审判之重大案件。高仪认为国家政务(含司法审判)应由"内阁辅臣拟可否,皇上加以睿断。"内阁大学士得就三法司所拟判决是否合法及妥当,或就其他有关司法审判事项,提供处理意见。兹举例说明如下:

例一:嘉靖六年(1527)九月壬午,明世为因李福达白莲教案疑巡按御史马录审拟不公,拟亲鞫于廷。"大学士杨一清曰:'天子之体与臣下不同,有司之职非人君宜与。今案牍具明,词证咸在,若仍令诸司虚心研审,则真情

---

① 《明通鉴》,卷八十一,《思宗崇祯二年》。
② 余继登:《典故纪闻》,卷十八。

自得,何至上劳黼扆之尊,下亲狱讼之事哉!'上乃已,仍下廷臣会讯。"①

例二:万历二十四年(1596)十月甲戌,"大学士赵自皋等奏:'御史曹学程系狱日久,……伏望皇上扩天地之量,垂父母之慈,俯察臣等所言,赤心无他,将曹学程罪从未减,重加谴罚,庶刑法允当,人情咸安。'不报。"②(先是监察御史曹学程因事上疏,帝大怒,命斩,系狱。)

上述第一例是内阁大学士劝阻皇帝亲鞫大臣,上述第二例是内阁大学士力劝皇帝减轻大臣刑罚,均系有关司法审判事项。上述内阁大学士提供处理意见即系"献替可否"。

第三节 司礼监

一 序 言

中国历史上,宦官干政之事,历代俱有,惟以有明一代为祸最烈。明代宦官干预政事(含司法审判),有皇帝的授权,与汉唐宦官干政情形迥不相同。明代宦官组织二十四衙门中,以司礼监最为尊贵紧要。司礼监与内阁共同协助皇帝处理政务,司礼监主内,内阁主外,两者都是皇帝的秘书机关。

明太祖建国之初,即禁止宦官干政。洪武二年(1369)八月己巳,定内侍官制,谕吏部曰:

> 朕观周礼,阉寺不及百人。后世多至数十,卒为大患。今虽未能复古,亦当为防微之计。此辈所事,不过供洒扫、给使令而已。若求善良,百无一二,用为耳目即耳目蔽,用为心腹则心腹病。驭之之道,但当使之畏法,不可使之有功。有功则骄恣,畏法则检束,自不为非也。③

洪武十年(1377)五月,有内侍以久侍内廷,言及政事。上即日斥遣归里,终身不齿。谕诸臣曰:"此辈曰在左右,其小忠小信,足以固结君心。及其久也,假窃威权,以干政事,遂至于不可抑。自古以此阶乱者多矣。今立法不许寺人干预朝政,决去之所以惩将来也。"旋令内臣不许读书识字。④

---

① 《明世宗实录》,卷九十二,嘉靖六年九月壬午。
② 《明神宗实录》,卷三〇三,万历二十四年十月甲戌。
③ 《明会要》,卷三十九,《职官十一》。
④ 同上。

洪武十七年(1384)铸铁牌,文曰:"内臣不得干预政事,犯者斩",置宫门中。又敕诸司毋得与内官监文移往来。①

明太祖崩殂后,"建文帝嗣位,御内臣益严,诏出外稍不法,许有司械闻。"②"建文三年,燕王因兵屡败,不敢决意南下。无何,有以中官奉使侵暴为言者。帝诏所在有司系治。于是中官密遣人赴燕,具言京师空虚可取状,约为内应。"③"及燕师逼江北,内臣多逃入其军,漏朝廷虚实。文皇以为忠于己,而狗儿辈复以军功得幸,即位后遂多所委任。"④

明成祖虽云:"朕一遵太祖训,无御宝文书,即一军一民,中官不得擅调发。"⑤惟永乐七年(1409)十一月,"令中官刺事。(此刺事之始)"⑥永乐十八年(1420),"立东厂于东安门北,以内监掌之。(东厂始此)"⑦《明史·宦官传》亦曰:"(永乐)十八年置东厂,令刺事。"⑧"盖明世宦官出使、专征、监军、分镇、刺臣民隐事诸大权,皆自永乐间始。"⑨明太祖所定"宦官不得干政"之祖制,已全然被明成祖所破坏。

明太祖为防止宦官干政,曾于洪武十年令内臣不许读书识字。惟此项祖制亦为明宣宗所废。明宣宗宣德元年(1426)七月,"始立内书堂,改刑部主事刘翀为翰林修撰,专授小内使书。其后大学士陈山,修撰朱祚俱专是职。选内使年十岁上下者二三百人,读书其中。后增至四、五百人,翰林官四人教习,以为常。(此通文墨之始)"⑩宦官既通文墨,如果又受皇帝信任授权,为皇帝分忧解劳,处理章奏,代为批朱,明代宦官干政之势已成。

明代宦官干政的根本原因是明太祖"罢中书省,废宰相,由皇帝直接统领六部,处理国家政务。但国家政务繁剧,各部院及各省每日具题之题本数量高达二三百本以上。在洪武及永乐时期,已开始进用翰林学士数人,票拟内外章奏,呈皇帝裁决。此即所谓"票拟"。宣德以后,历朝皇帝不如太祖及成祖之勤政。内阁票拟之后,亦鲜少亲批,大多委由司礼监代为批红,即委由司礼监太监以朱笔批于章奏之上。司礼监太监因取得代皇帝批红之权,

① 《明史》,卷七十四,《职官三》。
② 《明史》,卷三〇四,《宦官一》。
③ 《明会要》,卷三十九,《职官十一》。
④ 《明史》,卷三〇四,《宦官一》。
⑤ 《明史》,卷七十四,《职官三》。
⑥ 《明会要》,卷三十九,《职官十一》。
⑦ 《明会要》,卷三十九,《职官十一》。
⑧ 《明史》,卷三〇四,《宦官一》。
⑨ 同上。
⑩ 《明会要》,卷三十九,《职官十一》。

遂成为皇帝以外最有权力之人。"①

明代宣德年间，宦官即取得批朱权，其权力已大于内阁大学士，明宣宗颇信任宦官，司礼监太监大受亲信，"赐王瑾、金英印记，则与诸密勿大臣同。赐金英、范弘等免死诏，则又无异勋臣之铁券也。"② 明宣宗朝之金英，明英宗朝之王振，明宪宗朝之怀恩，明武宗朝之刘瑾，明熹宗朝之魏忠贤，均为司礼监太监。

关于司礼监太监与内阁大学士之关系，黄宗羲论曰：

> 或谓后之入阁办事，无宰相之名，有宰相之实也。曰：不然。入阁办事者，职在批答，犹开府之书记。其事既轻，而批答之意又必自内授之而后拟之，可谓有其实乎。吾以谓有宰相之实者，今之宫奴也。盖大权不能无所寄，彼宫奴者，见宰相之政事坠地不收，从而设为科条，增其职掌，生杀予夺出自宰相者，次第而尽归焉。有明之阁下，贤者贷其残膏剩馥，不贤者假其喜笑怒骂。道路传之，国史书之，则以为其人之相业矣。故使宫奴有宰相之实，则罢丞相之过也。③

又曰：

> 奄宦之祸，历汉唐宋而相寻而已，然未有若有明之烈也。汉唐宋有干与朝政之奄宦，无奉行奄宦之朝政。今夫宰相、六部，朝政所自出也，而本章之批答，先有口传，后有票拟；天下之财赋，先内库，而后太仓；天下之刑狱，先东厂，而后法司；其他无不皆然。则是宰相六部为奄宦奉行之员而已。④

二　司礼监的设置沿革与组织

明太祖建国之初，并未设置司礼监。《明史·职官志》曰："初，吴元年置内史监，设监令（正四品），丞（正五品），奉御（从五品），内史（正七品），典簿（正八品）。皇门官设皇门使（正五品），副（从五品）。后改置内使监、御用监，各设令一人（正三品），丞二人（从三品），奉御（正六品），典簿（正七

---

① 那思陆：《中国司法制度史》，第 255 页。
② 《明史》，卷七十四，《职官三》。
③ 黄宗羲：《明夷待访录》，《置相》。
④ 黄宗羲：《明夷待访录》，《奄臣上》。

品）。"① 洪武十七年（1384）更定内官诸监、库、局品职，始设司礼监。"司礼监，设令一人（正七品），丞一人（从七品）② 彼时司礼监之长官称为"令"，而非"太监"。

据《春明梦余录》载，司礼监之职掌为"掌宫廷礼仪，凡正旦、冬至等节，命妇朝等礼，则掌其班位、仪注，及纠察内官人员违犯礼法者。"③ 又据《弇山堂别集》载："掌冠婚丧祭礼仪制帛与御前勘合，赏赐笔墨书画并长随、当差、内使人等出门马牌等事，及督光禄司供应诸筵宴之事。"④

洪武二十八年（1395）重定内官监、司、库、局等官职秩。"凡内官监十一：曰神宫监，曰尚宝监，曰孝陵神宫监，曰尚膳监，曰尚衣监，曰司设监，曰内官监，曰司礼监，曰御马监，曰印绶监，曰直殿监，皆设太监一人（正四品），左、右少监各一人（从四品），左右监丞各一人（正五品）；典簿一人（正六品），又设长随、奉御（正六品）。"⑤ 洪武三十年（1397）；置都知监，设官如各监。至此明代宦官组织十二监设置完成，永乐之后，极少变动。

宣德以后，司礼监逐渐成为宦官组织中的最高机关，排名顺序列于二十四衙门之首。司礼监的人员编制及职掌渐行扩大。以人员编制而言，其他各监均设掌印太监一人，司礼监则不同，设提督太监一人，掌印太监一人，秉笔太监若干人，随堂太监若干人，额设太监达十余人之多。以职掌而言，宣德以后，司礼监取得批朱权，"司礼今为十二监中第一署，其长与首揆对柄机要，金书秉笔与管文书房，则职同次相，其僚佐及小内使，俱以内翰自命。"⑥

宦官干政为有明一代之弊政，明代官修之政书多讳言此事。故有关宦官之设置沿革、组织与执掌仅见于清代官修之《明史》，明代官修最重要之政书《大明会典》反无记载。自弘治朝、嘉靖朝至万历朝，三朝纂修《大明会典》，均未述及宦官组织，应非偶然。《春明梦余录》曰：

　　嘉靖中，詹事霍韬等重修会典疏谓："内臣监局官员祖训置职甚详，惟弘治年间儒臣失考，不及纂述，宜查洪武年间各监司职掌何如，员数何如，编列礼典，亦以礼制治之意也。"不报。嗣是屡修会典，无人议及矣。⑦

----

① 《明史》，卷七十四，《职官三》。
② 同上。
③ 孙承泽：《春明梦余录》，卷六。
④ 王世贞：《弇山堂别集》，卷九十，《十官考一》。
⑤ 《明史》，卷七十四，《职官三》。
⑥ 沈德符：《万历野获编》，补遗卷一，《内监》。
⑦ 孙承泽：《春明梦余录》，卷六。

明代纂修《大明会典》,均系由内阁大学士主持,内阁大学士如将司礼监等宦官组织列入《大明会典》之中,则不得不将洪武祖训载入,如此一来,势必引发内阁大学士与司礼监之冲突,为免生事,内阁大学士纂修《大明会典》时,未述及宦官组织,应可理解。

司礼监组织较大,与其他各监不同,为便宜起见,兹分为(一)职官,(二)相关机关两方面说明:

(一) 职官

依《明史·职官志》曰:"司礼监,提督太监一员,掌印太监一员,秉笔太监、随堂太监、书籍名画等库掌司、内书堂掌司、六科廊掌司、典簿无定员。提督(太监)掌督皇城内一应仪礼刑名,及钤束长随、当差、听事各役,关防门禁,催督光禄供应等事。掌印(太监)掌理内外章奏及御前勘合。秉笔(太监)、随堂(太监)掌章奏文书,照阁票批朱。掌司各掌所司。典簿典记奏章及诸出纳号簿。"①

司礼监中又以掌印太监地位最崇,权力最大,故《明史·职官志》曰:"凡内官司礼监掌印(太监),权如外廷元辅(指首辅,即首席内阁大学士),掌东厂(太监),权如总宪(指左都御史)。秉笔、随堂视众辅(指内阁大学士)。"②刘若愚《酌中志》亦曰:"以秉笔(太监)掌东厂,掌印(太监)秩尊,视元辅。掌东厂(太监)权重,视总宪兼次辅,其次秉笔(太监)、随堂(太监)如众辅焉。"③

宣德以后司礼监的职掌由宫廷礼仪转为处理章奏及代为批红,这是明代政治制度的一大弊病,也是明代司法制度的一大弊病。司礼监太监是皇帝的亲信,替皇帝处理政务,替皇帝批红。司礼监太监因取得了批红权,自然也取得了皇帝的最高司法审判权。司礼监太监"无宰相之名,有宰相之实",权势显赫,可以说是"一人之下,万人之上"。明熹宗时,刘瑾被称为"九千岁"。故明人称:"司礼监太监是站着的皇帝,皇帝是坐着的皇帝。"

(二) 相关机关

司礼监指挥监督之机关颇多,其中与司法审判有关者是文书房。

文书房也是内廷协助皇帝处理章奏的文书机关,其工作性质有类外廷之内阁,其重要性可知。关于其组织及职掌,《明史·职官志》曰:"掌房十员。掌收通政司每日封进本章,并会极门京官及各藩所上封本,其在外之阁票,

---

① 《明史》,卷七十四,《职官三》。

② 同上。

③ 刘若愚:《酌中志》,卷一六,《内府衙门职掌》。

在内之搭票,一应圣谕旨意御批,俱由文书房落底簿发。凡升司礼者,必由文书房出,如外廷之詹、翰也。"① 所谓搭票指司礼监之票拟。文书房不设掌印官,原应由皇帝直接指挥,实则由司礼监直接指挥。

又刘若愚《酌中志》亦曰:"凡每日票本奏下,各秉笔分到直房,即管文书者,打发本管公公一本,一本照阁中原票,用朱笔誊批,事毕奏过,才打发。"② 刘若愚认为:"此系皇祖以来累朝旧制,非止今日一家一人如此也。"③ 又曰:"凡每日奏文书,自御笔亲批数本外,皆众太监分批,遵照阁事中票本字样,用朱笔楷书批之。"④

文书房掌房之地位虽次于司礼监诸太监,但职司机要,参与枢密,故掌房仍自视清要,与他宦官不同。弘治十二年(1499)九月,大学士刘健等言:"朝廷有命令,必传之太监,太监传之管文书官,管文书官方传至臣等。内阁有陈说,必达之管文书官,管文书官达至太监,太监乃进至御前。"⑤ 此处所称"管文书官"即文书房掌房是也,渠等承上启下,为内廷之枢纽,俨然如外廷之内阁学士。司礼监与文书房虽无上下隶属关系,但两者关系密切。

三 司礼监有关司法审判的职掌

明代司礼监是皇帝的秘书机关,因亲近皇帝,易受皇帝信任。皇帝授与司礼监批朱权,使其取得政治权力,其中当然也包含司法审判上的权力。这些出于皇帝授与的权力,具有法律效力,可以视其为司礼监有关司法审判的职掌。

明制,各部院及直省司法案件题本奏闻皇帝后,皇帝应以朱笔将其裁决批示于题本之上,此称为"批朱"或"批红"。"批朱"或"批红"是皇帝的权力,是皇帝处理政务(含司法审判)的最高权力。但因各部院及各直省题本数量极为庞大,宣德以后,除少数题本皇帝亲批外,多数授权司礼监代为批朱。司礼监取得批朱权后,司礼监诸太监"无宰相之名,有宰相之实。"故《明史·职官志》曰:"然内阁之票拟,不得不决于内监之批红,而相权转归于寺人,于是朝廷之纲纪,贤士大夫之进退,悉颠倒于其手,伴食者承意指之不暇,间有贤辅,卒蒿目而不能救。"⑥

---

① 《明史》,卷七十四,《职官三》。
② 刘若愚:《酌中志》,卷一二,《各家经管纪略》。
③ 同上。
④ 同上书,卷一六,《内府衙门职掌》。
⑤ 余继登:《典故纪闻》,卷十六。
⑥ 《明史》,卷七十二,《职官一》。

明代三法司(刑部、都察院、大理寺)对于京师徒罪以上案件或直省徒流死罪案件有拟罪权。三法司对京师或直省案件拟罪后,以题本奏闻于皇帝。内阁对三法司题本的拟罪意见,加票拟,一并呈送皇帝裁决。对于皇帝的裁决,司礼监有重大的影响力。大多数一般性的司法案件题本,司礼监可代表皇帝径行批朱,或依议,或驳回重拟,或迳行增减其刑。至于少数情节重大的司法案件题本,司礼监虽不能代表皇帝迳行批朱,但可向皇帝建议如何处理,仍具有重大的影响力。

明武宗正德十四年(1519),宁王朱宸濠反逆,明武宗亲统六师,剿除反逆。明武宗因无皇太子,甚至授与司礼监太监萧敬等人如同太子监国之权。正德十四年八月丙寅,敕谕司礼监太监萧敬等曰:"其每日题奏本,惟升授文武大臣并紧关重大事情,待奏请旨。其余俱照依府部等衙门原奏复奏事理,发下内阁,从长议处拟旨,发外施行,毋致迟滞。"① 由明武宗的这道敕谕,可以看出明代司礼监诸太监权力之大,远远超过历代宦官干政所拥有的权力。

四 掌印太监等有关司法审判的职权

司礼监掌印太监等另有因个人身份而拥有的有关司法审判的职权,兹分述如下:

(一)奉旨会审大狱

明代京师或直省情节重大案件,虽均应由三法司拟罪,但拟罪之前,重大案件常由不同机关进行数次审讯。或由东厂,或由锦衣卫,或由五府、六部、九卿、六科、十三道等官审讯,情形不一。极少数特殊重大案件,皇帝甚至指派司礼监会审。司礼监奉旨会审大狱时,系代表皇帝,常主持会审,兹举例如下:

例一:弘治五年(1492),"(马中锡)召为大理右少卿。南京守备太监蒋琮与兵部郎中娄性、指挥石文通相讦,连数百人,遣官按,不服。中锡偕司礼太监赵忠等往,一讯得实。性除名,琮下狱抵罪。"②

例二:嘉靖二十四年(1545)九月,楚世子朱英燿弑父,"诏司礼监太监温祥同驸马都尉邬景和、刑部左侍郎喻茂坚、锦衣卫都指挥使袁天章会镇巡等官往按其事。"③

---

① 《明武宗实录》,卷一百七十七,正德十四年八月丙寅。
② 《明史》,卷一八七,《马中锡传》。
③ 《明世宗实录》,嘉靖二十四年九月丁丑。

例三:嘉靖二十五年(1546),宗室奉国将军朱充灼等谋反,"上命械充灼等来京至午门前,命司礼监、驸马、五府、九卿、科道、锦衣卫官会审具服。……充灼……俱令自尽,仍焚弃其尸。……张文博等三十人,俱依谋反律弃市枭首于边。"①

(二)奉旨主持五年大审

五年大审的对象,原则上是京师未定案的各类人犯。关于五年大审的历史,最早可追溯到正统六年(1441),《明史·刑法志》曰:"内官同法司录囚,始于正统六年命(刑部侍郎)何文渊、(大理寺卿)王文审行在(北京)疑狱,敕同内官兴安。(南直隶巡抚、工部侍郎)周忱、(刑科给事中)郭瑾往南京,敕亦如之。时虽未定五年大审之制,而南北内官得与三法司刑狱矣。"② 明代内官(太监)起先得奉旨参与五年大审,后来则进一步得奉旨主持五年大审。

正统十四年(1449),"命(金)英理刑部、都察院狱囚,筑坛大理寺。英张黄盖中坐,尚书以下左右列坐。自是六年一审录,制皆如此。"③

景泰帝景泰六年(1455),"命太监王诚会三法司审录在京刑狱。"④ 成化八年(1472),"命司礼太监王高、少监宋文毅两京会审。"⑤ 由这二件事例可以看出司礼监诸太监逐渐取得主导五年大审的权力。

司礼监诸太监正式取得主持五年大审的权力,始于成化十七年(1481)。《明史·刑法志》曰:"成化十七年命司礼监一员会同三法司堂上官,于大理寺审录,谓之大审。南京则命内守备行之。自此定例,每五年辄大审。"⑥ 由上述史料可以得知,京师各类人犯五年大审制度行于两京(北京及南京)。

成化十七年,五年大审形成制度。《大明会典》即曰:"凡在京,五年大审。"⑦ 又曰:"(五年大审)自成化(十七年)开始。至期,刑部题请敕司礼监官,会同三法司审录。南京则命内守备会同法司举行。"⑧ 成化十七年定制以后,正式形成由内官主持五年大审的制度。

五年大审时,"凡大审录,赍敕张黄盖于大理寺,为三尺坛,(内官)中坐,三法司左右坐,御史、郎中以下捧牍立,唯诺趋走惟谨。三法司视成案,有所

---

① 《明世宗实录》,卷三一六,嘉靖二十五年十月癸巳。
② 《明世宗实录》,卷一九九,嘉靖十六年四月辛酉。
③ 《明史》,卷九十五,《刑法三》。
④ 《明史》,卷三〇四,《宦官一》。
⑤ 同上。
⑥ 同上。
⑦ 《大明会典》,卷一七七。
⑧ 同上。

出入轻重,俱视中官意,不敢忤也。"① 内官曾主持五年大审者,常引为毕生之荣耀。《明史·刑法志》即曰:"内臣曾奉命审录者,死则于墓寝壁,南面坐,旁列法司堂上官,及御史,刑部即引囚鞠躬听命状,示后世为荣观焉。"②

司礼监太监主持五年大审之事例如下:

例一:正德六年(1511)夏四月己酉,"命司礼监太监张永同三法司堂上官审录罪囚,敕谕永曰:'朕惟刑狱重事,自古帝王必致谨于斯,朕嗣承大统,仰体上天好生之心,特别慎重,兹当天气炎热,恐轻重罪囚,或有冤抑,致伤和气。特命尔同三法司堂上官,从公审录,死罪情真者,候决。其情可矜疑,事无证佐,并应枷号者,详具以闻。徒流以下,减等发落,笞者并释之。'于是永会三法司具以狱谳,前后得可矜疑者六十一人,俱减死充军。其情重者,仍杖之百而遣之,免枷号者十有五人,依原拨发遣,以不孝告而有息词者七人,杖之百,俾归养,自首并笃疾放免者八人。"③

例二:万历三十四年(1606)八月丙辰,"大审狱囚,释重辟七十一人,俱遣戍,余减等有差,应决赦者五百五十人,照旧监候。"④

明代司礼监奉旨主持五年大审(最早为六年,后改为五年),虽然列入《大明会典》之中,但事实上司礼监诸太监奉旨主持五年大审之事,并不一定如期按五年一次的方式进行。有明一代,成化年间系如期举行五年大审,万历年间则鲜少如期举行。

(三)奉旨会审热审案件

热审的对象,原来是京师未定案的轻罪人犯,后来扩大到京师、直隶及各省未定案的各类人犯。关于热审的历史,最早可以追溯到永乐二年(1404)。《明史·刑法志》曰:"热审始永乐二年,止决遣轻罪,命出狱听候而已。寻并宽及徒流以下。宣德二年五、六、七月,连谕三法司录上系囚罪状,凡决遣二千四百余人。……(七年)六月,又以炎暑,命自实犯死罪外,悉早发遣,且驰谕中外刑狱悉如之。成化时,热审始有重罪矜疑、轻罪减等、枷号疏放诸例。"⑤

自永乐二年至成化二十一年(1485),朝廷施行热审时,多系令三法司会审,有时或加入五府六部、六科给事中或锦衣卫等衙门会审。自成化二十二年(1486)起,司礼监奉旨会审热审案件,自此以后,热审形成制度。

---

① 《明史》,卷九十五,《刑法三》。
② 《明史》,卷九十五,《刑法三》。
③ 《明武宗实录》,卷七十四,正德六年四月己酉。
④ 《明神宗实录》,万历三十四年八月丙辰。
⑤ 《明史》,卷九十四,《刑法二》。

《大明会典》曰："成化二十二年夏,谕法司、两京,令司礼监太监、守备太监同三法司堂上官会审：……死罪情可矜疑者,具奏处置。徒流以下,减等发落,不许迟慢。"①

热审自司礼监太监参与会审的制度形成后,原则上每年举行一次,《大明会典》曰："每年小满后十余日,司礼监传旨下刑部,即会同都察院、锦衣卫,复将节年钦恤事,题请通行南京法司,一体照例审拟具奏。"②

（四）管辖审理宦官犯罪案件

明初,宦官犯罪系由三法司管辖审理。例如刑部十三司中,浙江清吏司带管内官监、御用监、司设监等刑名案件；江西清吏司带管御马监刑名案件,湖广清吏司代管司礼监、尚宝监、尚膳监、神宫监等刑名案件。③ 可见明初宦官犯罪案件系交三法司审理。

明代正统以后,司礼监权势愈来愈大,宦官犯罪案件逐渐不再由三法司审理,而是由皇帝依个案来决定宦官犯罪案件的司法审判机关。

弘治十三年(1500),刑部等衙门制定《问刑条例》,其中《职官有犯条例》规定："内官、内使、小火者、阉者等犯罪,请旨提问,与文职运炭、纳米等项一例拟断,但受财枉法满贯,不拟充军,俱奏请发落。"这条条例在弘治至正德年间,大体上是被遵循的。上层宦官犯罪,皇帝多谕令三法司会审(如正德五年刘瑾案)。中下层宦官犯罪,皇帝多批交司礼监审理,但也有交锦衣卫审理者(如正德十六年涉及宁王案之华真案)。

宦官犯罪案件由司礼监提督太监管辖审理,弘治年间即已有之,嘉靖年间渐成定制。《明史·刑法志》曰："嘉靖中,内臣犯法,诏免逮问,唯下司礼监治。刑部尚书林俊言：'官府一体,内臣所犯,宜下法司,明正其罪,不当废祖宗法。'不听。"④ 宦官犯罪案件,由司礼监提督太监管辖审理的制度,一直延续到明末,他们成了不受三法司管辖审理的一批特殊分子。兹举例说明如下：

例一：弘治二年(1489)十月癸卯,"南京监察御史姜绾等既劾奏太监蒋琮罪,刑部请移文于南京法司窍实,琮上书自辩。……上命太监何穆、大理寺少卿杨谧、锦衣卫指挥杨纲偕往,绾等及琮更相奏诉,绾等凡四章,琮凡六章,皆付穆等劾治。"⑤

---

① 《大明会典》,卷一七七。
② 同上。
③ 参考《明史》,卷七十二,《职官一》。
④ 《明史》,卷九十五,《刑法三》。
⑤ 《明孝宗实录》,卷三十一,弘治二年十月癸卯。

例二：嘉靖八年（1529）十二月戊辰，"司香奉御李元芳以滥收亡赖，下司礼监论罪。"①

第四节　东　　厂

一　序　　言

明代东厂是皇帝敕令设立的，由司礼监掌印太监（或秉笔太监）直接掌控的特务机关。东厂虽是特务机关，但因受皇帝信任及授权，其权力愈来愈大。除缉事衙门本来应有的（一）缉事（缉访、访缉）、（二）告劾（告言、告发）、（三）拘拿（拘提、逮捕）与缉捕、（四）监禁、（五）审讯（侦讯）、（六）移送审讯、（七）移送拟罪等权力之外，东厂还有（一）监视审讯及拟罪，（二）奉旨会审大狱等权力。

明代侦查与审讯并未截然区分，东厂本来应有的（一）审讯（侦讯）、（二）移送审讯、（三）移送拟罪等权力，原即系有关司法审判的权力。东厂监视拟罪及审讯的权力，明显是干涉司法审判的权力。至于东厂奉旨会审大狱的权力，更是完完全全的司法审判的权力。无可讳言的，东厂是明代司法审判制度的一部分，自应加以深入的研究。

"东厂"与"锦衣卫"合称"厂卫"，《明史·刑法志》曰："厂卫未有不相结者，狱情轻重，厂能得于内，而外廷有扞格者。卫则东西两司房访缉之，北司拷问之，锻炼周内，始送法司。即东厂所获，亦必移镇抚再鞫，而后刑部得拟其罪。故厂势强，则卫附之，厂势稍弱，则卫反气凌其上。"②

东厂是由司礼监掌印太监（或秉笔太监）直接掌控的特务机关，其权势超过锦衣卫。《明史·刑法志》曰："卫之法亦如厂，然须具疏乃得上闻，以此，其势不及厂远甚。"③ 直言之，东厂"打事件"奏闻皇帝，用揭帖即可，无须具疏（题本）。

明代司礼监为皇帝之爪牙，东厂则为司礼监之爪牙，如谓东厂为"爪牙的爪牙"亦不为过。皇帝透过东厂可以达到重要政治目的：（一）镇压反逆与妖言，（二）整肃政治反对势力。东厂是明代司法审判制度的弊政，深为明人所痛恨。

---

① 《明世宗实录》，卷一○八，嘉靖八年十二月戊辰。
② 《明史》，卷九十五，《刑法三》。
③ 同上。

二 东厂的设置沿革与组织

《明史·刑法志》曰:"东厂之设,始于成祖。"惟未指明设置于何年,沈德符曰:"东厂之始,不见史传。王弇州考据,以为始于永乐十八年。"[1] 龙文彬亦曰:"(永乐)十八年,立东厂于东安门北,以内监掌之,(东厂始此)。"[2] 笔者以为东厂始设于永乐十八年之说,应属可信。

明成祖设置东厂的原因,《明史·刑法志》曰:"初,成祖起北平,刺探宫中事,多以建文帝左右为耳目。故即位后专倚宦官,立东厂于东安门北,令嬖暱者提督之,缉访谋逆妖言大奸恶等,与锦衣卫均权势,盖迁都后事也。"[3] 明宪宗时,内阁大学士万安亦曰:"太宗文皇帝……初令锦衣卫官校暗行缉访谋逆、妖言、大奸大恶等事,犹恐外官徇情,随设东厂,令内臣提督控制之,彼此并行,内外相制。"[4] 显而易见的,明成祖设立东厂是为了侦防一切反对势力。东厂的设立,是明代政治上的一大弊政,东厂与锦衣卫常相勾结,为皇帝之爪牙,荼毒官员百姓,无所不用其极。又"厂与卫相倚,故言者并称厂卫。"[5]

关于东厂的组织,《明史·职官志》曰:"提督东厂,掌印太监一员,掌班、领班、司房无定员。贴刑一员,掌刺缉刑狱之事。旧选各监中一人提督,后专用司礼秉笔第二人或第三人为之。其贴刑官,则用锦衣卫千百户为之。"[6] 又《明史·刑法志》亦曰:"凡中官掌司礼监印者,其属称之曰宗主,而督东厂曰督主。东厂之属无专官,掌刑千户一,理刑百户一,亦谓之贴刑,皆卫官。其隶役悉取给卫,最轻黠狷巧者乃拨充之。"[7]

《明史·职官志》虽曰:"提督东厂……后专用司礼秉笔第二人或第三人为之。"沈德符亦曰:"司礼掌印,首珰最尊,其权视首揆,东厂次之,最雄紧,但不得兼掌印,每奏事,即首珰亦退避,以俟奏毕,盖机密不使他人得闻也,历朝皆遵守之。"[8] 司礼监掌印太监不兼任东厂掌印太监之惯例,至嘉靖朝改变。沈德符曰:"至嘉靖戊甲己酉间,始命司礼掌印太监麦福兼理东厂,至

---

① 沈德符:《万历野获编》,卷六,《内监》。
② 龙文彬:《明会要》,卷三十九,《职官十一》。
③ 《明史》,卷九十五,《刑法三》。
④ 《明宪宗实录》,卷二二五,成化十八年三月壬申。
⑤ 《明史》,卷九十五,《刑法三》。
⑥ 同上书,卷七十四,《职官三》。
⑦ 同上书,卷九十五,《刑法三》。
⑧ 沈德符:《万历野获编》,卷六,《内监》。

癸丑而黄锦又继之。自此内廷事体一变矣。……万历初年，冯保亦兼掌东厂，冯保之后，则有张诚。张之后，则近日陈矩，俱以掌监印带管厂事。"①

东厂对外行文用关防，密奏皇帝用钦赐牙章，沈德符曰："内臣关防之最重者为东厂，其威焰不必言，即所给关防文曰：钦差总督东厂官校办事太监关防，凡十四字。大凡中官出差，所给原无钦差字面，即其署衔，不过曰内官、内臣而已。此又特称太监，以示威重。……掌厂内直房，又有钦赐牙章一方，凡打进事件奏闻者，用此印钤，盖直至御前，盖得比辅臣之文渊阁印，亦僭紊极矣。"②

东厂之设置，与明代相终始，设置期间长达二百二十四年，对明代的政治及司法均有极严重的破坏，造成明代政治的腐败与司法的黑暗，故《明史·刑法志》曰："刑法有创之自明，不衷古制者，廷杖、东西厂、锦衣卫、镇抚司狱是已。"③

除东厂外，宪宗时设西厂，武宗时设内行厂，均系缉事衙门，兹并述其设置沿革。

（一）西厂

明宪宗成化十三年（1477）正月，"置西厂，御马监太监汪直提督官校刺事。"④ 置西厂后，同年五月，群臣反对。《明史·商辂传》载：

> 中官汪直之督西厂也，数兴大狱。（商）辂率同官条直十一罪，言："陛下委听断于直，直又寄耳目群小如韦瑛辈。皆自言承密旨，得颛刑杀，擅作威福，贼虐善良。陛下若谓摘奸禁乱，法不得已，则前此数年，何以帖然无事。且曹钦之变，由逯杲刺事激成，可为惩鉴。自直用事，士大夫不安其职，商贾不安于途，庶民不安于业，若不亟去，天下安危未可知也。"帝愠曰："用一内竖，何遽危天下，谁主此奏者？"命太监怀恩传旨，诘责厉甚。辂正色曰："朝臣无大小，有罪皆请旨逮问，直擅抄没三品以上京官。大同、宣府边城要害，守备俄顷不可缺，直一日械数人。南京，祖宗根本地，留守大臣，直擅收捕。诸近侍在帝左右，直辄易置。直不去，天下安得无危。"万安、刘翊、刘吉亦俱对，引义慷慨，恩等屈服。辂顾同列谢曰："诸公皆为国如此，辂复何忧？"会九卿项忠等亦劾直，是

---

① 沈德符：《万历野获编》，卷六，《内监》。
② 同上。
③ 《明史》，卷九十五，《刑法三》。
④ 同上书，卷十二，《宪宗本纪二》。

日遂罢西厂。①

罢西厂后，"(汪)直虽不视厂事,宠幸如故。……而御史戴缙复颂直功,请复西厂。"② 同年六月,宪宗下令重设西厂,仍由汪直提督西厂。"西厂刺事,以汪直督之,所领缇骑倍东厂。自京师及天下,旁午侦事,虽王府不免。直中废复用,先后凡六年,冤死者相属,势远出卫上。③

汪直年少喜兵,数奉旨巡边、监军,长年在外。"直既久镇不得还,宠日衰。给事、御史交章奏其苛扰,请仍罢西厂。"④ 成化十八年(1482),内阁大学士万安上言:

> 太宗建北京,命锦衣官校缉访,犹恐外官徇情,故设东厂;令内臣提督,行五六十年,事有定规。往者妖狐夜出,人心惊惶,感劳圣虑,添设西厂,特命直督缉,用戒不虞,所以权一时之宜,慰安人心也。向所纷扰,臣不赘言。今直镇大同,京城众口一辞,皆以革去西厂为便。伏望圣恩特旨革罢,官校悉回原卫,宗社幸甚。⑤

同年三月,诏罢西厂。总计明宪宗时期,西厂共设立五年有余(成化十三年至成化十八年)。

明武宗正德元年(1506)十月,"以刘瑾掌司礼监,邱聚、谷大用提督东西厂。"⑥ 这是西厂的复设。西厂既复设,"两厂争用事,遣逻卒刺事四方"⑦。正德五年(1510),刘瑾因谋反被凌迟处死,"瑾诛,大用辞西厂。未几,帝复欲用之,大学士李东阳力谏乃止。"这一次事件之后,西厂似已罢除。总计明武宗时期,西厂共设立四年有余(正德元年至正德五年)。合计明宪宗与明武宗两个时期,西厂共设立十年有余,故西厂仅系临时设置之机构。

(二) 内行厂

明武宗正德元年(1506),司礼监刘瑾用事。"瑾又改惜薪司外薪厂为办事厂,荣府旧仓地为内办事厂,自领之。京师谓之内行厂,虽东西厂皆在伺

---

① 《明史》,卷一百七十六,《商辂传》。
② 同上。
③ 同上书,卷九十五,《刑法三》。
④ 同上书,卷三〇四,《宦官一》。
⑤ 同上书,卷九十五,《刑法三》。
⑥ 同上书,卷十六,《武宗本纪》。
⑦ 同上书,卷九十五,《刑法三》。

察中,加酷烈焉。……瑾诛,西厂、内行厂俱革,独东厂如故。"①内行厂是刘瑾设立的特务机关,几乎可以说它是刘瑾的私人特务机关。刘瑾被杀,内行厂即被罢除。总计武宗时期,内行厂共设立四年有余(正德元年至正德五年)。

明武宗正德五年以后,朝廷设置之特务机关仅有东厂,以迄于明亡。惟须附言者,明神宗万历年间,东厂分为二厂,有关史料不多,《明史·刑法志》曾述及此事:"万历初,(司礼监太监)冯保以司礼兼厂事,建厂东上北门之北,曰内厂,而以初建者为外厂。"② 内厂与外厂均系东厂之一部,惟两厂工作如何区分,尚不明晰。冯保失势后,二厂合并。

三 东厂有关司法审判的职掌

东厂与锦衣卫都是缉事衙门,即特务机关。同时又兼具治安机关与审判机关的性质。明初,东厂和锦衣卫原来都是特务机关,后因受皇帝的信任,其职掌逐渐扩大至司法审判。惟太祖建国之初,锦衣卫本是军事机关,为卫戍京师上二十二卫之一,故有关锦衣卫之组织及职掌,均载于《大明会典》。永乐十八年(1420),明成祖设立东厂,因系违反祖制,重用宦官,故东厂之组织及职掌,未载于《大明会典》。综言之,东厂之设立不合祖制。

东厂虽不合祖制,但因系奉旨设立,受皇帝信任,且由皇帝亲信司礼监掌印太监(或秉笔太监)提督厂务,直接指挥监督,故东厂之职掌逐渐扩大至司法审判。东厂有关司法审判之职掌,《明史·刑法志》曰:"初,成祖起北平,刺探宫中事,多以建文帝左右为耳目。故即位后专倚宦官,立东厂于东安门北,令嬖昵者提督之,缉访谋逆妖言大奸恶等,与锦衣卫均权势,盖迁都后事也。"③ 明世宗嘉靖六年(1527),(刑部)侍郎张璁等言:"祖宗设三法司以纠官邪,平狱讼。设东厂、锦衣卫,以缉盗贼,诘奸宄。"④ 又嘉靖初年,世宗皇帝圣旨:"今后缉事官校,只著遵照原来敕书,于京城内外,察该不轨、妖言、人命、强盗重事,其余军民词讼及在外事情,俱不干预。"⑤ 又《明史·职官志》亦曰:"提督东厂……贴刑二员,掌刺缉刑狱之事。"

由上述史料可以得知,东厂有关司法审判的职掌,约有下列数项:

(一) 缉访谋逆、妖言、大奸恶。

---

① 《明史》,卷九十五,《刑法三》
② 同上。
③ 同上书,卷九十五,《刑法三》。
④ 同上。
⑤ 《问刑条例》,《军民约会词讼条例》。

（二）缉盗贼，诘奸宄。

（三）察该不轨、妖言、人命、强盗重事。

（四）掌刺缉刑狱之事。

上述四项东厂的职掌，只不过是东厂职掌的大略而已。有关东厂司法审判之职掌，兹分述如下：

（一）缉事（缉访、访缉）

东厂号为缉事衙门，缉事自为其重要职掌之一。所谓"缉事"，亦称"缉访"或"访缉"，即东厂档头、番子（干事）暗中伺察、刺探官民人等之阴事（隐私）也。京师亡命者，得一阴事，由番子密白于档头。档头、番子缉访所得，"官府及各城门访缉曰坐记。某官行某事，某城门得某奸，胥吏疏白坐记者上之厂曰打事件。"①"掌厂内直房。又有钦赐牙章一方，凡打进事件奏闻者，用此印钤，盖直至御前。"②"打事件"无分日夜，可随时达上，"至东华门，虽贪夜，投隙中以入，即屏人达至尊。……上下惴惴无不畏打事件者。"③

东厂档头、番子缉事，暗中伺察、刺探官民人等之阴事，常滥权妄为，伤害无辜，诈取钱财，有惨不忍言者：

> 有五人共饮于旅舍，一人当言忠贤之恶，不久当败。四人或默或骇，讽以慎言。此人言忠贤虽横，必不能将我剥皮，我何畏。至夜半方熟卧，忽有人排门，以火照其面，即擒去。旋捉四人并入，见所擒者，手足俱钉门板上。忠贤语四人曰："此人谓不能剥其皮，今姑试之。"即命取沥青浇其遍体，用椎敲之，未几举体皆脱，其皮壳俨然若一人。四人骇欲死，忠贤每人赏五金压惊，纵之出。④

明武宗以后，厂卫相结，厂卫之称由此著也。一般言之，东厂掌印太监较锦衣卫指挥使更受皇帝信任，东厂之势超过锦衣卫。有明一代，"厂势强，则卫附之，厂势稍弱，则卫反气凌其上。（锦衣卫）陆炳缉司礼李彬、东厂马广阴事，皆至死，以（陆）炳得内阁（严）嵩意。及后中官愈重，阁势日轻，阁臣反比厂为之下，而卫使无不竞趋厂门，甘为役隶矣。"⑤

---

① 《明史》，卷九十五，《刑法三》。

② 沈德符：《万历野获编》，卷六，《内监》。

③ 《明史》，卷九十五，《刑法三》。

④ 朱梅叔：《埋忧续集》，卷二，《剥皮》。

⑤ 《明史》，卷九十五，《刑法三》。

明代末年,锦衣卫畏东厂。治狱时,多依厂臣之意为之。如明熹宗天启四年(1624),许显纯为锦衣卫使,颇畏厂臣魏忠贤。"(许显纯),每谳鞫,忠贤必遣人坐其后,谓之听记,其人偶不至,即袖手不敢问。"①

东厂缉事,常无中生有,陷害良民,朝臣指斥者多。明穆宗隆庆初年,刑科给事中舒化即言:

> 厂卫缉巡辇下,惟诘奸宄、禁盗贼耳。驾驭百官,乃天子权,而纠察非法,则责在台谏,岂厂卫所得干? 今命之刺访,将必开罗织之门,逞机阱之术,祸贻善类,使人人重足累息,何以为治? 且厂卫非能自廉察,必属之番校。陛下不信大臣,反信若属耶?②

(二)告劾(告言、告发)

明代皇帝多信任宦官,提督东厂司礼太监尤为亲信之最。东厂所为告劾极具效力,远超过六科给事中或十三道监察御史等言官所为之告劾。东厂告劾后,或奉旨迳下东厂狱,或下锦衣卫狱,或下刑部狱,其中以奉旨下锦衣卫狱者较多。有关东厂告劾官民之事例兹举例如下:

例一:弘治年间,"王献臣……弘治六年举进士。授行人,擢御史。巡大同边……尝令部卒导从游山,为东厂缉事者所发,并言其擅委军政官。征下诏狱,罪当输赎。特命杖三十,谪上杭丞。"③

例二:正德年间,"司务林华、评事沈光大皆以杖系校尉,为(钱)宁所奏,逮下锦衣卫,黜(沈)光大,贬(林)华一级。锦衣千户王注与(钱)宁暱,挞人至死,(刑部)员外郎刘秉鉴持其狱急。(钱)宁匿(王)注于家,而属东厂发刑部他事。(刑部)尚书张子麟呕造谢(钱)宁,立释(王)注,乃已。"④

例三:嘉靖二年(1523),"东厂芮景贤任千户陶淳,多所诬陷。给事中刘最执奏,谪判广德州。御史黄德用使乘传往。会有颜如环者同行,以黄袱里装。景贤即奏,逮下狱,最等编成有差。"⑤

明孝宗时,皇帝甚至听信东厂奏告,将三法司已审结案件复审。《明史·王献臣传》:

---

① 《明史》,卷三〇六,《阉党》。
② 同上书,卷二二〇,《舒化传》。
③ 同上书,卷一八〇,《王献臣传》。
④ 同上书,卷三〇七,《佞幸》。
⑤ 同上书,卷九十五,《刑法三》。

（都指挥金事张天祥）叔父（张）洪屡讼冤，帝密令东厂廉其事，还奏所勘皆诬。帝信之，欲尽反前狱，召内阁刘健等，出东厂揭帖示之，命尽逮（大理丞吴）一贯等会讯阙下。健等言东厂揭帖不可行于外。既退，复争之。帝再召见，责健等。健对曰："狱经法司谳，皆公卿士大夫，言足信。"帝曰："法司断狱不当，身且不保，言足信乎？"①

（三）拘拿（拘提、逮捕）与缉捕

东厂拘拿人犯，需要驾帖，东厂须持原奏到刑科签发驾帖。《明史》载："故事厂卫有所逮，必取原奏情事送刑科签发驾帖。"② 但事实上东厂拘拿人犯未必持驾帖。有关东厂缉拿人犯之事例，兹举例如下：

例一：万历元年（1573）正月，"有王大臣者，伪为内侍服，入乾清宫，被获下东厂。"③

例二：天启年间，"辽阳男子武长春游妓家，有妄言，东厂擒之。许显纯掠治，故张其辞云：'长春敌间，不获且为乱，赖厂臣忠智立奇勋。'"④

东厂拘拿人犯原应持驾帖，实则未必尽然。东厂官校有时未奉旨意，并无驾帖，亦敢胆大妄为，拘拿内阁大学士。如万历元年，"王大臣事起，冯瑨密差数校至新郑，声云：'钦差拿人。'胁高文襄（高拱），令自裁，家人皆痛哭，高独呼校面诘，索驾帖观之。诸校词窘，谓'厂卫遣来奉慰耳。'非高谙典故，几浪死矣。"⑤

明代东厂（含锦衣卫）拘拿人犯时每每滥权妄为，拷打人犯，勒索财物。东厂档头"既得事，帅番子至所犯家，左右坐曰打桩。番子即突入执讯之，无有左证符牒，贿如数，径去。少不如意，搒治之，名曰乾醢酒，亦曰搬署儿，痛楚十倍官刑。且授意使牵有力者，有力者予多金，即无事。"⑥

东厂官校滥拘人犯乙事，朝臣亦多指责。成化十二年（1476），内阁大学士商辂奏言："近日伺察太繁，法令太急，刑纲太密。官校拘执职官，事皆出于风闻。暮夜搜检家财，不见有无驾帖。人心震慑，各怀疑惧。"⑦

提督东厂掌印太监也可以督率厂卫缉捕人犯，有时还可以监督各省巡

---

① 《明史》，卷一八〇，《王献臣传》。
② 同上书，卷一九二，《刘济传》。
③ 同上书，卷三〇五，《宦官二》。
④ 同上。
⑤ 沈德符：《万历野获编》，卷二十一，《禁卫》。
⑥ 《明史》，卷九十五，《刑法三》。
⑦ 《明书》，卷一五八，《汪直传》。

抚、巡按缉捕人犯。如万历年间,妖书案起,神宗令提督东厂掌印太监陈矩:
"尔宜各布旗校,用心密切访拿,还著各该缉事衙门,又在外各省抚按,通行
严捕。"①

（四）监禁

东厂缉捕人犯后,或下锦衣卫狱监禁审讯,或下刑部狱监禁审讯,亦有
部分重大案件人犯,迳下东厂狱监禁审讯。东厂内设有囚禁重犯的监狱,所
监禁者或为反逆重犯,或为强盗重犯,亦有无辜而被囚禁者,此多系因政治
原因而被囚禁。有关东厂囚禁人犯之事例,兹举例如下:

例一:万历元年(1573),王大臣带刀入宫一案,由提督东厂掌印太监冯
保审讯,审讯期间,案犯王大臣即监禁于东厂狱。

例二:万历三十一年(1603),皦生光妖书一案,由提督东厂掌印太监陈
矩审讯,审讯期间,案犯皦生光即监禁于东厂狱。

人犯入东厂狱后,多被拷讯,施以酷刑,五毒俱全。崇祯年间,刑科给事
中李清即曰:"予初入刑垣,闻东厂盗最冤,每厂役获盗,必加以五毒,择肥而
攀,俟罄掳既饱,然后呈厂。"② 所谓五毒,"曰械,曰镣,曰棍,曰拶,曰夹棍。"③

（五）审讯（侦讯）

东厂审讯人犯,或由提督东厂掌印太监亲为之,或由掌刑千户、理刑百
户为之。反逆重犯之审讯多由东厂太监亲自审讯,如万历元年之王大臣带
刀入宫案及万历三十一年皦生光妖书案。其余强盗重犯则多由掌刑千户或
理刑百户审讯。

有关东厂审讯人犯后,多奏闻皇帝裁决。明神宗万历三十一年(1603),
提督东厂掌印太监陈矩审讯皦生光一案后奏言:

> 据办事旗校李继祖等于本月二十一日晚缉获可疑男子一名皦生
> 彩,供有兄皦生光,先年原系顺天府生员。于万历二十七年间皦生光因
> 到西城地方开印铺包继志家内著黄纸封皮,假说封门,诈骗银三百两。
> 于二十九年间又往包继志家诈骗不遂,随造捏谣言,刊印文诈得银二百
> 两。……皆缘事体重大,奸逆隐忍不肯遽供,伏望圣恩宽容,臣等再委
> 理刑,设法严审,要见真情。④

---

① 刘若愚:《酌中志》,卷二。
② 李清:《三垣笔记》,《崇祯》。
③ 《明史》,卷九十五,《刑法三》。
④ 《明神宗实录》,卷三九〇,万历三十一年十一月丙子。

关于㬎生光妖书案，东厂审讯完结后，该案复由锦衣卫审讯，再由厂卫府部九卿科道会审，最后由三法司会审拟罪，奏闻皇帝裁决。东厂之审讯系本案第一次审讯，亦系最重要的一次审讯。万历年间㬎生光妖书案，则系由锦衣卫审讯后，再送东厂复审。

东厂原系侦事衙门，即特务机关，其所为侦事（缉访、访缉）、告劾（告言、告发）、拘拿（拘提、逮捕）、缉捕、监禁及审讯（侦讯），固属于东厂应有之职掌，惟东厂于一般刑事案件应无权受理。嘉靖年间，东厂太监芮景贤擅受民词，刑部尚书林俊曰："朝廷设官分职，自有定制，臣下奉法任事，各有常守。今天下一应词讼，内则从三法司，外则从按察司及抚按衙门，祖宗以来，守为成法，……东厂委的不应受理。……今芮景贤昧于事体，辄受民词，于事体非宜。"①

（六）移送审讯

东厂审讯人犯后，除少数特殊案件（如上述之㬎生光案）外，多数案件仍送锦衣卫再为审讯，少数案件迳送刑部拟罪。《明史·刑法志》曰："即东厂所获，亦必须镇抚再鞫，而后刑部得拟其罪。"② 又沈德符亦曰："即东厂所获大小不法，亦拿送（锦衣卫）北司，再鞫情由，方得到（三法司）贯城中。"③

对于东厂移送锦衣卫再为审讯之人犯，锦衣卫多伺东厂意，不敢更易案情。如天启年间，许显纯掌锦衣卫，"每谳鞫，忠贤必遣人坐其后，谓之听记，其人偶不至，即袖手不敢问。"④ 许显纯拷讯杨涟及左光斗时，"显纯叱咤自若，然必伺忠贤旨，忠贤所遣听记者未至，不敢讯也。"⑤

（七）移送拟罪

东厂审讯人犯后，如将人犯移送刑部拟罪，刑部亦不敢更易平反。万历年间，刑科给事中李清即曰：

> 予初入刑垣，郑司寇三俊获谴归，予就寓谒，问刑部何事最冤？三俊惨然曰："无过盗情。若欲平反，不过云秋后处决尔。"予愕然曰："何谓？"三俊曰："此皆从东厂缉获者，司官不敢反，堂官何缘反？惟择无赃无证，情可矜疑者，缓以秋决，或可从容解网也。"相与叹息久之。⑥

---

① 《明经世文编》，卷八十七，《重惜事体以正朝廷疏》。

② 《明史》，卷九十五，《刑法三》。

③ 沈德符：《万历野获编》，卷二十一，《禁卫》。

④ 《明史》，卷三○六，《阉党》。

⑤ 同上书，卷九十五，《刑法三》。

⑥ 李清：《三垣笔记》，《崇祯》。

又曰：

> 予初入刑垣，闻东厂盗最冤，……曾有一盗赴市，太息云："我贼也不曾做，如何诬我为盗？"一日，予晤刑部一司官，以平反劝，惨然曰："不敢。"予曰："何也？"对曰："天下有一介不取之官，而无一介不取之吏，若一翻厂招，异日借题罗织，官吏并命矣。"一时干和招灾，莫此为甚。①

弘治年间，刑部审理乐妇满仓儿一案，刑部与东厂、锦衣卫认事不同，上命三法司会锦衣卫究其实，复命府部科道多官廷鞫之。时举朝不平其事，而莫敢言。刑部典吏徐珪，独上疏直之。谓："……皇上令法司会勘，又畏惧东厂，莫敢辨明，必待廷鞫朝堂，始不能隐。……刑官据厂卫之辞，不敢擅更一字。"②

东厂审讯人犯后，并无自行拟罪之权，或送锦衣卫再为审讯，或迳送刑部拟罪。刑部畏东厂，不敢更易案情或罪名。刑部于东厂审讯之案件，常速审速决。万历年间，刑科给事中李清即曰："每厂役获盗，必加以五毒，择肥而攀，俟罄掳既饱，然后呈厂。厂上疏皆历历有词，不四日便下部拟，不十余日便依样招奏，又不四日便会官处决。"③

刑部（或三法司）对于东厂移送案件之案情或罪名有不同意见时，皇帝常支持东厂之意见，令刑部（或三法司）重新审讯拟罪，甚至处分原承审官员。嘉靖八年（1529），刑部与东厂为张柱一案争执，《明世宗实录》载：

> 初，京师民张福诉其母为里人张柱所杀，东厂以闻，下刑部坐柱死。不服。而福之姊与其邻皆证为福自杀之也，复命刑部郎中魏应召鞫之，罪改坐福。而东厂执奏，语连法吏，上怒。以应召擅出人罪，命三法司及锦衣卫镇抚司逮问，且复按其事。都御史熊浃谓应召已得情，议如初。上意浃徇情曲护，褫浃职，下应召与柱等皆拷讯，（刑部）侍郎许赞以下皆惶恐谢罪。④

关于刑部与东厂为张柱案争执一事，工科给事中陆粲言：

---

① 李清：《三垣笔记》，《崇祯》。
② 沈德符：《万历野获编》，卷十八，《刑部》。
③ 李清：《三垣笔记》，《崇祯》。
④ 《明世宗实录》，卷一○二，嘉靖八年七月甲午朔。

东厂锦衣卫,诏狱所寄,兼有访察之威,人多畏惮。一有所逮,法司常依案拟罪,心知其冤,不敢辩理。而今敢与之争者,实恃圣明在上,能客臣子守法故也,陛下独奈何诟责之深哉?风纪大臣议狱,一不当意,斥而去之若胥吏然,无乃伤国体乎?臣又恐法吏以洙为戒,无所匡正。①

(八) 监视审讯及拟罪

东厂缉事,除可自行审讯人犯外,并可派员监视三法司或锦衣卫审讯人犯。《明史·刑法志》曰:"(东厂)视中府诸处会审大狱、北镇抚司考讯重犯者曰听记。"② 所谓中府诸处指三法司而言,北镇抚司则属锦衣卫。"听记"一事,自审讯而言,又属司法审判之监视。东厂官校未前往锦衣卫听记时,锦衣卫官校甚至不敢审讯人犯。东厂官校之听记对于三法司及锦衣卫而言,无疑的,具有心理威吓作用,三法司及锦衣卫审讯人犯难免附和厂意。

东厂官校听记后,上之提督东厂掌印太监,东厂太监奏闻皇帝。如此一来,三法司尚未拟罪前,皇帝已得知三法司审讯拟罪之大概情形。皇帝较信任东厂,东厂奏闻所言,皇帝易先入为主,以其所言为实,受其影响。皇帝常因此谕令三法司或六部九卿等官重新审讯及拟罪。

(九) 奉旨会审大狱

明代遇有重大案件时,常采行特别司法审判程序。皇帝常谕令五府、六部、九卿、六科、十三道、锦衣卫等官会审。明末,皇帝更曾谕令东厂会审大狱。如万历三十一年(1603),明神宗即谕令厂卫府部科道九卿会审皦生光妖书案。事实上,提督东厂掌印太监多系司礼监掌印太监或秉笔太监之兼职,东厂奉旨会审大狱,与司礼监奉旨会审大狱,差异不大。

第五节 锦衣卫

一 序 言

明代锦衣卫为有明一代之弊政,锦衣卫虽无法司之名,却有法司之实。研究明代司法审判制度,除法定审判机关三法司(刑部、都察院、大理寺)外,必须研究锦衣卫。

---

① 《明世宗实录》,卷一〇二,嘉靖八年七月甲午朔。
② 《明史》,卷九十五,《刑法三》。

　　锦衣卫为明代君主专制制度下之产物，为前代所无。《明史·刑法志》即曰："刑法有创之自明，不衷古制者：廷杖、东西厂、锦衣卫、镇抚司狱是已。是数者，杀人至惨，而不丽于法。踵而行之，而末造而极。举朝野命，一听之武夫宦竖之手，良可叹也。"①

　　明人称锦衣卫狱（或镇抚司狱）为诏狱。诏狱有二义，一是指奉皇帝令监禁人犯的监狱。二是指奉皇帝诏令审理的案件。《明史·刑法志》曰："锦衣卫狱者，世所称诏狱也。古者狱讼掌于司寇而已。汉武帝始置诏狱二十六所，历代因革不常。五代唐明宗设侍卫亲军马步军都指挥使，乃天子自将之名。至汉有侍卫司狱，凡大事皆决焉。明锦衣卫狱近之。幽系惨酷，害无甚于此者。"②

　　锦衣卫狱荼毒民生，专横不法，《明史·刑法志》评曰："英宪以后，钦恤之意微，侦伺之风炽，巨恶大憝，案如山积，而旨从中下，纵之不问。或本无死理，而片纸付诏狱，为祸尤烈。"③　而有明一代朝臣直言指斥锦衣卫者亦多，兹举数例如后：

　　（一）明世宗嘉靖初年，刑部尚书林俊言：

　　　　祖宗朝以刑狱付法司，事无大小，皆听平鞫。自刘瑾、钱宁用事，专任镇抚司，文致冤狱，法纪大坏。更化善治在今日，不宜复以小事挠法。④

　　（二）明世宗嘉靖二年（1523），刑科都给事中刘济言：

　　　　国置三法司，专理刑狱，或主质成、或主平反。权臣不得以恩怨为出入，天子不得以喜怒为重轻。自锦衣镇抚之官专理诏狱，而法司几成虚设。如最等小过耳，罗织于告密之门，锻炼于诏狱之手，旨从内降，大臣初不与知，为圣政累非浅。⑤

　　（三）明穆宗隆庆初年，刑科给事中舒化言：

①　《明史》，卷九十五，《刑法三》。
②　同上。
③　《明史》，卷九十三，《刑法一》。
④　同上书，卷九十五，《刑法三》。
⑤　同上书，卷一九二，《刘济传》。

厂卫徼巡辇下，惟诘奸宄，禁盗贼耳。驾驭百官，乃天子权，而纠察非法，则责在台谏，岂厂卫得所干。今命之刺访，将必开罗织之门，逞机阱之术，祸贻善类，使人人重足累息，何以为治。且厂卫非能自廉察，必属之番校，陛下不信大臣，反信若属耶？①

（四）明思宗崇祯九年（1636），工部左侍郎刘宗周言：

厂卫司讥察，而告讦之风炽，诏狱及士绅，而堂廉之等夷。……三尺法不伸于司寇，而犯者日众。诏旨杂治五刑，岁躬断狱以数千，而好生之德意泯。②

尽管批评锦衣卫的朝臣很多，明代历朝皇帝仍然对锦衣卫信任有加，这是因为锦衣卫是由皇帝直接领导的机关，它的任务在于确保皇权，侦查一切不利于皇权的案件，镇压一切不利于皇权的力量。对明代的皇帝而言，锦衣卫才是他们最值得信赖的亲信。锦衣卫成立于洪武十五年（1382），终止于崇祯十七年（1644），成立时间达二百六十三年之久，祸国殃民，荼炭生灵。明人沈起堂谓："明不亡于流寇，而亡于厂卫。"③ 虽然把明亡的原因过度简化，但也可以看出明人对锦衣卫的评价，可说是深恶痛绝了。

另一个与锦衣卫齐名的特别机关是"东厂"，"东厂"与"锦衣卫"合称"厂卫"。东厂是由司礼监领导的机关，其权势更超过锦衣卫。《明史·刑法志》曰："卫之法亦如厂，然须具疏乃得上闻，以此，其势不及厂远甚。"④ 东厂和锦衣卫恒相勾结，狼狈为奸。

又锦衣卫之职掌，依《明史·职官志》："锦衣卫，掌侍卫、缉捕、刑狱之事，恒以勋戚都督领之，恩荫寄禄无常员。凡朝会、巡幸，则具卤簿仪仗，率大汉将军等侍从扈行。宿卫则分番入直。朝日、夕月、耕耤、视牲，则服飞鱼服，佩绣春刀，侍左右。盗贼奸宄，街涂沟洫，密缉而时省之。凡承制鞫狱录囚勘事，偕三法司。"⑤ 上述职掌中有有关司法审判者，有无关司法审判者。

① 《明史》，卷二二〇，《舒化传》。
② 同上书，卷二五五，《刘宗周传》。
③ 朱彝尊：《静志居诗话》，卷二十二。转引自丁易：《明代特务政治》，第42页。
④ 《明史》，卷九十五，《刑法三》。
⑤ 同上书，卷七十六，《职官五》。

二　锦衣卫的设置沿革与组织

明代的军事组织是卫所制,原则上每一卫辖五个千户所,共五千六百人。每个千户所辖十个百户所,共一千一百二十人。每个百户所辖一百一十二人。全国各地分置卫所,由各地的都指挥使司及中央的五军都督府分领。《明史·职官志》即曰:"都督府掌军旅之事,各领其都司、卫所,以达兵部。"①

北京为京师所在,设置卫所最多,称为"京卫"。京卫有许多类别,其中一种关系最为紧要的是"亲军卫"(或称为上直卫)。《大明会典》卷二二八载,亲军卫为上二十二卫,但宣德后扩大为上二十六卫。锦衣卫即其中一卫。

《明史·职官志》记载上二十六卫卫名颇详:

> 凡上直卫亲军指挥使司,二十有六。曰锦衣卫,曰旗手卫,曰金吾前卫,曰金吾后卫,曰羽林左卫,曰羽林右卫,曰府军卫,曰府军左卫,曰府军右卫,曰府军前卫,曰府军后卫,曰虎贲左卫,(是为上十二卫,洪武中置。)曰金吾左卫,曰金吾右卫,曰羽林前卫,曰燕山左卫,曰燕山右卫,曰燕山前卫,曰大兴左卫,曰济阳卫,曰济州卫,曰通州卫,(是为上十卫,永乐中置。)曰腾骧右卫,(宣德八年置。)番上宿卫名亲军,以护宫禁,不隶五都督府。②

锦衣卫为上二十六卫之一,属于亲军卫,亲军诸卫职司"分掌宿卫"。但锦衣卫与他卫不同,职掌有异,地位亦特别重要。《明史·职官志》曰:"锦衣卫主巡察、缉捕、理诏狱,以都督、都指挥领之,盖特异于诸卫焉。"③《大明会典》亦曰:"(锦衣卫)永乐定都后,照例开设,虽职事仍旧,而任遇渐加,视诸卫独重焉。"④　由上述记载可知,锦衣卫的重要性,绝非其他亲军卫可以比拟。

(一)锦衣卫和锦衣卫狱的始设

关于锦衣卫的始设,《大明会典》曰:

---

① 《明史》,卷七十六,《职官五》。
② 同上。
③ 同上。
④ 《大明会典》,卷二二八,《上二十二卫》。

　　锦衣卫,本仪銮司。国初设拱卫司,领校卫,隶都督府,洪武二年,定为亲军都尉府,统中、左、右、前、后五卫军事,而仪銮司隶焉。十五年,罢府及司,置锦衣卫。统军与诸卫同,所属有南北镇抚司、十四所。所隶又有将军、力士、校尉等人。①

《明史·职官志》有关锦衣卫始设的记载,与《大明会典》大同小异:

　　明初,置拱卫司,秩正七品,管领校尉,属都督府。后改拱卫指挥使司,秩正三品。寻又改为都尉司。洪武三年改为亲军都尉府,管左、右、中、前、后五卫军士,而仪銮司隶焉。四年定仪銮司为正五品,设大使一人,副使二人。十五年罢仪銮司,改置锦衣卫,秩从三品。②

依《大明会典》的记载,锦衣卫的设置渊源是:
1. 都督府拱卫司→2. 亲军都尉府仪銮司→3. 锦衣卫。
依《明史·职官志》的记载,锦衣卫的设置渊源是:
1. 都督府拱卫司→2. 拱卫指挥使司→3. 都尉司→4. 亲军都尉府仪銮司→5. 锦衣卫。
　　关于锦衣卫的设置渊源,依笔者推测,《明史·职官志》的记载较详,较为可信。又锦衣卫之始设系于洪武十五年(1382),应可确信无误。

（二）锦衣卫的短暂罢狱
　　洪武二十年(1387),罢锦衣卫狱。《明史·职官志》曰:"洪武二十年以治锦衣卫者多非法凌虐,乃焚刑具,出系囚,送刑部审录,诏内外狱咸归三法司,罢锦衣狱。"③《大明会典》则曰:"(洪武)二十年革,烧毁本卫刑具,狱囚尽送刑部审理。(洪武)二十六年,(太祖)又申鞫刑之禁。"④《明史·刑法志》亦曰:"(洪武)二十六年,申明其禁,诏内外狱毋得上锦衣卫,大小咸经法司。"⑤ 由上述记载可知,洪武二十年(1387)至建文四年(1402),锦衣卫曾短暂罢狱。

（三）锦衣卫的恢复置狱
　　靖难之变,明成祖攻克南京,取得天下。永乐初年(确切年份待考),明

---

① 《大明会典》,卷二二八,《上二十二卫》。
② 《明史》,卷七十六,《职官五》。
③ 同上。
④ 《大明会典》,卷二二八,《上二十二卫》。
⑤ 《明史》,卷九十五,《刑法三》。

成祖重用纪纲恢复了锦衣卫狱。依《明史》记载:"纪纲,临邑人,为诸生。燕王起兵过其县,纲叩马请自效。王与语,说之。纲善骑射,便辟诡黠,善钩人意向。王大爱幸,授忠义卫干户,既即帝位,擢锦衣卫指挥使,令典亲军,司诏狱。"[1] 又《明史·刑法志》亦曰:"成祖幸纪纲,令治锦衣亲兵,复典诏狱。"[2] 从此,自永乐初年到崇祯末年,锦衣卫及锦衣卫狱一直存在着。

锦衣卫的组织与其他亲军卫有同有异,为便宜起见,戬分为(一)职官,(二)所属机构两方面说明:

(一) 职官

依《明史·职官志》:"京卫指挥使司,指挥使一人,正三品,指挥同知二人,从三品,指挥佥事四人,正四品。"锦衣卫亦系京卫之一,其官员之设置与其他京卫相同。但锦衣卫的指挥使、指挥同知、指挥佥事不一定是正三品、从三品、正四品。上述锦衣卫职官多数是高于这些品级的。《明史·职官志》即曰:"锦衣卫……恒以勋戚都督领之。"[3]《大明会典》亦曰:"锦衣卫,以都指挥、都督统之。"[4] 锦衣卫官员擢升高阶官员后,仍兼锦衣卫职。以明世宗时锦衣卫指挥使陆炳为例,担任指挥使后,曾擢署都督佥事(正三品),擢都督同知(从一品),进左都督(正一品),加太子太保,加太保兼少傅,掌锦衣如故。[5]

以明朝的朝班顺序来看,明代中期以后,左班(文臣)最前为内阁,右班(武臣)最前为锦衣卫。明人于慎行评论说:"右班武臣,当以都督为先。自世庙以来,锦衣权重,又陆(炳)、朱(希孝)诸公皆三公重衔,官在都督之上,故立于首,若与内阁相视者。而都督以其贵宠,不敢与抗故也。"[6] 锦衣卫官员地位之高,令人咋舌。

(二) 所属机构

锦衣卫所属机构大致可分为:

1. 南镇抚司

《大明会典》曰:"洪武十五年,设镇抚司。……掌问理本卫刑名,兼理军匠,是为南镇抚司。"[7]《明史·刑法志》亦曰:"镇抚司职理狱讼,初止立一

①　《明史》,卷一九五,《纪纲传》。
②　同上书,卷九十五,《刑法三》。
③　同上书,卷七十六,《职官五》。
④　《大明会典》,卷二二八,《上二十二卫》。
⑤　《明史》,卷三〇七,《陆炳传》。
⑥　于慎行:《谷山笔尘》,卷一,《制典上》。转引自王天有:《明代国家机构研究》,页一四〇。
⑦　《大明会典》,卷二二八,《上二十二卫》。

司,与外卫等。洪武十五年添设北司,而以军匠诸职掌属之南镇抚司,于是北司专理诏狱。"① 由上述记载可知,洪武十五年(1382)设锦衣卫时,同时设镇抚司,同年添设北镇抚司,于是原有之镇抚司改称南镇抚司。

南镇抚司设镇抚一人,从五品。自洪武十五年锦衣卫添设北镇抚司后,南镇抚司似已不再问理本卫刑名,其职掌"专理军匠"② 而已。

2. 北镇抚司

《大明会典》曰:"洪武十五年,设镇抚司。……其北镇抚司,本添设,专理诏狱。"③《明史·刑法志》亦曰:"洪武十五年添设北司,而以军匠诸职掌属之南镇抚司,于是北司专理诏狱。"④ 由上述记载可知,北镇抚司亦系设于洪武十五年(1382),惟其设置较晚于南镇抚司。

"锦衣卫狱"(或简称锦衣狱)实即"北镇抚司狱"(或简称镇抚司狱),亦即世所称"诏狱"。北镇抚司设镇抚一人,从五品。品级虽与南镇抚司镇抚相同,但北镇抚司镇抚权力极大,远超过其品级。北镇抚司隶属于锦衣卫,就体制上言,北镇抚司应由锦衣卫指挥使监督,镇抚应听命卫指挥使。明代中期以后,这项体制大体上仍被遵循着,卫指挥使的权力与地位均超过镇抚,卫指挥使得指挥监督镇抚。明宪宗成化十四年(1478)以后,这项体制完全被破坏。

明代中期以后,北镇抚司独立性愈来愈大,关键性的转变是在成化十四年(1478)。《大明会典》曰:"成化十四年,始增铸印信。"⑤ 又曰:"凡问刑,悉照旧例,径自奏请,不径本卫,或本卫有事送问,问毕,仍自具奏,俱不呈堂。"⑥《明史·刑法志》亦曰:"(成化)十四年增铸北司印信,一切刑狱毋关白本卫。即卫所行下者,亦径自上请可否,卫使毋得与闻。故镇抚职卑而其权日重。"⑦ 明世宗嘉靖初年,御史曹怀言:"朝廷专任一镇抚,法司可以空曹,刑官为冗员矣。"⑧ 北镇抚司镇抚之威权可见一斑。

3. 经历司

各京卫之下均设经历司,锦衣卫亦同。经历司设经历一人,从七品。

---

① 《明史》,卷九十五,《刑法三》。
② 同上书,卷七十六,《职官五》。
③ 《大明会典》,卷二二八,《上二十二卫》。
④ 《明史》,卷九十五,《刑法三》。
⑤ 《大明会典》,卷二二八,《上二十二卫》。
⑥ 同上。
⑦ 《明史》,卷九十五,《刑法三》。
⑧ 同上。

"掌本卫文移出入等事。"①

4. 十七所

《大明会典》(万历年间修)载,锦衣卫所属有十四所。(此十四所系千户所)惟《明史·职官志》载:"锦衣卫……统所凡十有七。"② 可见锦衣卫所属千户所,在万历以后,增加了三个千户所。《明史·职官志》并没有详载这十七个千户所的名称,只是概括地说:"中、左、右、前、后五所,领车士。五所分掌銮舆、擎盖、扇手、旌节、旌幢、班剑、斧钺、戈戟、弓矢、驯马十司,各领将军、校尉,以偏法驾。上中、上左、上右、上前、上后、中后六亲军所,分领将军、力士、军匠。驯象所,领象奴养象,以供朝会冻列、驾辇、驮宝之事。"从这段记载中,只看到(1)锦衣中所,(2)锦衣左所,(3)锦衣右所,(4)锦衣前所,(5)锦衣后所,(6)上中所,(7)上左所,(8)上右所,(9)上前所,(10)上后所,(11)中后所,(12)驯象所等十二所名称,其余五所名称不详。

锦衣卫所属军士,无论是将军、校尉、力士、军匠,其数目都不固定,所谓"恩功寄禄无常员"③。锦衣卫官"嘉靖以前,文官子弟多不屑就。万历初,刘守以名臣子掌卫,其后皆乐居之。"④ 其实早在正统年间,中贵子弟就已经乐居锦衣卫官,《明史·兵志》即曰:"正统后,妃、主、公、侯、中贵子弟授官者,多寄禄锦衣中。"⑤

锦衣卫十七个所,分置官校,官指千户、百户、总旗、小旗等,校指校尉、力士,他们除了直驾、侍尉之外,专司侦缉,名为"缇骑"(缇骑一语源自汉代,原义为穿着红色戎装的骑兵)。锦衣卫军士"鲜衣怒马",总人数应在数万人以上。

锦衣卫权大位尊,权贵子弟多寄禄卫中,奏带冒衔锦衣。嘉靖初年,曾查覈冒滥武职,《春明梦余录》载:"自正统后,贵妃、尚主、公侯、中贵子弟多寄禄卫中,递进用事。至正德间,奄宦擅权,贵倖子弟以奏带冒衔锦衣者尤多。……今查应革者二千一百九十九员,岁省度支十万计。"⑥ 一次汰二千一百九十九员,可见当时锦衣卫冒滥之严重。

5. 东司房与西司房

锦衣卫下设东司房与西司房。惟此二机构之设置不见于《大明会典》,

---

① 《大明会典》,卷二二八,《上二十二卫》。

② 《明史》,卷七十六,《职官五》。

③ 同上。

④ 《明史》,卷九十五,《刑法三》。

⑤ 同上书,卷八十九,《兵一》。

⑥ 孙承泽:《春明梦余录》,卷六十三,《锦衣卫》。

仅于《明史·刑法志》中见之。《明史·刑法志》曰:"而外廷有扞格者,卫则东西两司房访缉之,北司拷问之,锻炼周内,始送法司。"① 明熹宗天启五年(1625),魏大中即曾"羁锦衣卫东司房",② 惟东司房与西司房之详细情形,目前尚不明晰。

三 锦衣卫有关司法审判的职掌

锦衣卫原系军事机关,但因皇帝之信任,职掌扩大至司法审判。本节仅讨论锦衣卫有关司法审判之职掌,其职掌无关司法审判者,均不予论述。

关于锦衣卫之职掌,《大明会典》载:"锦衣卫……其职掌,直驾、侍卫、巡察、捕缉等事。"③《明史·职官志》载:"锦衣卫,掌侍卫、缉捕、刑狱之事。……盗贼奸宄,街涂沟洫,密缉而时省之。凡承制鞫狱录囚勘事,偕三法司。"④《明史·刑法志》载:"太祖时,天下重罪逮至京者,收系(锦衣卫)狱中,数更大狱,多使断治,所诛杀为多。"⑤ 又载:"世宗立……复谕缉事官校,惟察不轨、妖言、人命、强盗重事,他词讼及在外州县事,毋得与。"⑥

由上述记载可知,锦衣卫有关司法审判之职掌约有下列数项:

(一)侦缉:上述记载所谓"盗贼奸宄,街涂沟洫,密缉而时省之。""惟察不轨、妖言、人命、强盗重事。"原则上,锦衣卫所侦缉的是所谓"机密重事"。但事实上,其所侦缉的范围非常之广,可以说是无所不包。

(二)逮捕:上述记载所谓"捕缉"、"缉捕",兼指侦缉与逮捕。

(三)审判:上述记载所谓"刑狱"、"断治"、"鞫狱录囚"皆系审判。

锦衣卫有关司法审判之职掌,如深入研究,则发现上述三项职掌只不过是其大略而已。锦衣卫有关司法审判之职掌非常广泛,兹分述之如下。

(一)侦缉

例一:洪武二十六年(1393),"锦衣卫指挥蒋献告蓝玉谋反,下吏鞫问……狱具,族诛之。"⑦

例二:(天顺初),"锦衣卫指挥逯杲听诇事者言,诬(弋阳王)奠壏蒸母,

---

① 《明史》,卷九十五,《刑法三》。

② 魏大中:《自记年谱学伊后记》,转引自丁易:《明代特务政治》,第440页。

③ 《大明会典》,卷二二八,《上二十二卫》。

④ 《明史》,卷七十六,《职官五》。

⑤ 同上书,卷九十五,《刑法三》。

⑥ 同上。

⑦ 同上书,卷一三二,《蓝玉传》。

帝令(靖王)奠培具实以闻,复遣驸马都尉薛桓与杲按问。"①

例三:(天顺初),校尉言:"(李)斌素藏妖书,谓其弟健当有大位,欲阴结外番为石亨报仇。"(逯)杲以闻,下锦衣卫,(门)达坐(李)斌谋反。②

锦衣卫侦缉四方,百姓畏之如虎。其侦缉之情形,《明史·刑法志》载:"凡缙绅之门,必有数人往来踪迹。故常晏起早阖,毋敢偶语。旗校过门,如被大盗,官为囊橐,均分其利。京城中奸细潜入,佣夫贩子阴为流贼所遣,无一举发,而高门富豪踟蹰无宁居。其徒黠者恣行请托,稍拂其意,飞诬立搆,摘竿牍片字,株连至十数人。"③

(二) 拘提(逮捕)

例一:天顺元年(1457),"命锦衣卫差官往执宁夏神铳内官高平、公干云南内官阎礼,并籍其家以来,俱砾于市。"④

例二:嘉靖二十二年(1543),"上曰:'各省乡试,出题刻文,悉听之巡按,考试教官莫敢可否。……叶经职司监临,事皆专任,并同(周)矿等,陈儒等,俱令锦衣卫差官校逮系至京治之。'"⑤

例三:天启六年(1626),"(丁)乾学籍居京城,(高)守谦先时故与有隙。至是,已夤缘珰门下为锦衣官。知乾学方以触珰惧祸,拥集二千余人,突入其家,称奉驾帖拿门。乾学方俯伏听旨,诸奸将棍石乱击,又倾抢财物,一哄而散。乾学以殴伤愤死。"⑥

例四:万历元年(1573),"王大臣事起,冯珰密差数校至新郑,声云:'钦差拿人'。胁高文襄(高拱),令自裁,家人皆痛哭,高独呼校面诘,索驾帖观之。诸校词窘,谓'厂卫遣来奉慰耳'。非高谙典故,几浪死矣。"⑦

锦衣卫拘提人犯,只凭驾帖,无须精微批文。《大明会典》曰:"凡奉旨提取罪犯,本卫从刑科给驾帖,都察院给批,差官前去。"实际上并非如此。成化十二年(1476),大学士商辂即奏言:"近日伺察太繁,法令太急,刑网太密。官校拘执职官,事皆出风闻。暮夜搜检家财,不见有无驾帖。人心震慑,各怀疑惧。"⑧

---

① 《明史》,卷一一七,《宁王权传》。
② 同上书,卷三〇七,《门达传》。
③ 同上书,卷九十五,《刑法三》。
④ 丁易:《明代特务政治》,第559页。
⑤ 同上书,第484页。
⑥ 李逊之:《三朝野记》,卷三。转引自丁易:《明代特务政治》,第512页。
⑦ 沈德符:《万历野获编》,卷二十一。
⑧ 《明书》,卷一五八,《汪直传》。

逮捕与拘提性质类似,锦衣卫逮捕人犯,也须驾帖。锦衣卫须持原奏到刑科签发驾帖。明世宗嘉靖年间,锦衣卫和刑科曾经为签发驾帖一事起争执,最后是锦衣卫获得胜利。《明史》载:"故事厂卫有所逮,必取原奏情事送刑科签发驾帖。千户白寿赍帖至,(刑科都给事中刘)济索原奏,寿不与,济亦不肯签发,两人列词上,帝先入寿言,竟诎济议。"①

(三)监禁

例一:(建文年间),"王宁,寿州人,既尚(怀庆公)主,掌后军都督府事,建文中尝泄中朝事于燕,籍其家,系锦衣卫狱。成祖即位……封永春侯。"②

例二:(正德年间),"宸濠败,张忠、许泰诬(王)守仁与通,诘宸濠,言无有。忠等诘不已,曰:'独尝遣冀元亨论学'。忠等大喜,榜元亨,加以炮烙,终不承,械系京师诏狱。"③

锦衣卫狱即镇抚司狱,依明人记载,该狱十分阴惨:"镇抚司狱亦不比法司,其室卑入地,其墙厚数仞,即隔壁嗥呼,悄不闻声。每市一物入内,必经数处验查,饮食之属,十不能得一。又不能自举火,虽严寒,不过啖冷炙,披冷衲而已。家人辈不但不得随入,亦不许相面。惟拷问之期,得于堂下遥相望见。"④

锦衣卫狱所囚人犯有长达数年,甚至数十年者。如嘉靖年间,御史杨爵先后在狱七年,兵部员外郎杨继盛系狱三年。万历年间,御史曹学程系狱十年,临江知府钱若赓狱更长达三十七年。忠良之臣长系黑狱之中,令人悲痛。

(四)审讯(侦讯)

例一:(弘治年间),"内使刘雄过仪真,知县徐淮不以时供应。雄怒,弃关文渡江,恕诸守备太监傅容,奏其事。命械系淮,付锦衣卫考鞫之。"⑤

例二:正统八年(1443),"内使张环、顾忠匿名写诽谤语,锦衣卫鞫之,得实。诏磔于市,仍令内官俱出观之,"⑥

锦衣卫审讯时亦得使用刑讯。最重者受全刑,《明史·刑法志》载:"全刑者,曰械,曰镣,曰棍,曰拶,曰夹棍。五毒具备,呼暑声沸然,血肉溃烂,宛转

---

① 《明史》,卷一九二,《刘济传》。
② 同上书,卷一二一,《公主传》。
③ 同上书,卷一九五,《王守仁传》。
④ 沈德符:《万历野获编》,卷二十一。
⑤ 丁易:《明代特务政治》,第528页。
⑥ 同上书,第566页。

求死不得。"① 刑求致死的情形很普遍。

锦衣卫使用之酷刑极多,其中一种酷刑,叫做"昼夜用刑"。据明人记载:"此刑以木笼四面攒钉内向,令囚处其中,少一转侧,钉入其肤。囚之膺此刑者,十二时中但危坐如偶人。"②

锦衣卫常奉旨与三法司会审大案,或派往外省会审大案,此种情形与锦衣卫单独审讯之情形不同,兹不赘述。

(五) 移送拟罪

锦衣卫审讯后,应移送法司拟罪。《明史·刑法志》曰:"而外廷有扞格者,卫则东西两司房访缉之,北司拷问之,锻炼周内,始送法司。"③ 嘉靖年间,刑部尚书林俊亦言:"祖宗以刑狱付法司,以缉获奸盗付镇抚,讯鞫既得,犹必付法司拟罪。"④

成化元年(1465)以前,锦衣卫移送法司时,原本只是移送人犯及供招等而已,并不能附加参语(参酌之语,意即拟罪意见)。成化元年以后,移送时得附加参语。《大明会典》曰:"凡(锦衣卫镇抚司)鞫问奸恶重情,得实,具奏请旨发落。内外官员有犯送问,亦如之。旧制俱不用参语,成化元年,始令复奏用参语。"⑤ 锦衣卫有了附加参语之权后,等于有了准拟罪权。三法司的拟罪权被侵夺了。《明史·刑法志》即曰:"镇抚职理狱讼……然大狱经讯,即送法司拟罪,未尝具狱词。成化元年始令复奏用参语,法司益掣肘。"⑥

嘉靖年间,吏部侍郎何孟春即叹曰:"法司于东厂及本卫之所送问者,不敢为一毫为平反矣,刑部尚有何人能少易抚司之按语乎!"⑦ (此处所称按语应即系参语)

(六) 拟罪

在君主政治之下,一切国家权力(包括行政、立法、司法)均属于君主。明代审判机关(三法司)并无现代所谓"司法独立"或"审判独立"之观念,明代三法司对于犯罪案件只有"拟罪权",但是这项权力并不是三法司所独有的,锦衣卫也有这项权力。

前已言之,成化元年(1465)以后,锦衣卫有附加参语之权,侵夺了三法

① 《明史》,卷九十五,《刑法三》。
② 沈德符:《万历野获编》,卷二十一。
③ 《明史》,卷九十五,《刑法三》。
④ 同上书,卷一九四,《林俊传》。
⑤ 《大明会典》,卷二二八,《上二十二卫》。
⑥ 《明史》,卷九十五,《刑法三》。
⑦ 何孟春:《余冬序录》,卷五。转引自丁易:《明代特务政治》,第38页。

司的拟罪权。但这仍然是间接的侵夺,在国家体制上,三法司仍然是法定的审判机关,只有三法司才有法定的拟罪权。

锦衣卫是皇帝的亲信,在某些重大案件,皇帝早就授给锦衣卫拟罪权了,直接侵夺三法司的拟罪权。嘉靖二年(1523),刑科都给事中刘济即直言:"锻炼于诏狱之手,旨从内降,大臣初不与知,为圣政累非浅。"① 所谓"旨从内降",也就是说犯罪案件不经三法司拟罪,迳由锦衣卫拟罪请旨,圣旨由内廷直接下达。

其实早在明太祖时,锦衣卫即已有拟罪权。《明史·刑法志》即曰:"太祖时,天下量罪逮至京者,收系(锦衣)狱中,数更大狱,多使断治,所诛杀为多。"② 明代历朝皇帝对于付诏狱的重大案件,经常不经由三法司拟罪,而直接由锦衣卫拟罪,"旨从内降",生杀予夺,在于一人。到了明代末年,在皇帝的眼中,锦衣卫与三法司一样,都是"刑官"。崇祯十五年(1641),言官姜垛、熊开元以言事下诏狱,左都御史刘宗周约九卿共救,奏言二臣当付法司。帝怒甚,曰:"法司、锦衣皆刑官,何公何私?"③ 崇祯帝明白表示,锦衣卫与三法司一样,都是法定的审判机关。皇帝都如此认知,夫复何言?

(七)执行

依《大明会典》,"三法司处决罪囚,奉钦依者,俱该锦衣卫直日官,将原给驾帖,填写缘由,列名批钤,以凭送问处决。"④ 这是一般的正常法定程序,但锦衣卫执行死刑,常不依法定程序。除刑求致死外,有未奉旨即迳行杀害者,有奉皇帝命令杀害者,兹举二例以说明之。

例一:永乐十三年(1415),"前交趾参议解缙死于狱。时锦衣卫纪纲上囚籍,上见缙姓名,曰:'缙犹在那?'纲遂希旨,醉缙酒,埋积雪中,立死。"⑤

例二:崇祯十五年(1641),姜垛、熊开元以言事下诏狱。"帝怒两人甚,密旨下卫助骆养性,令潜毙之狱。养性惧,以语同官,同官曰:'不见田尔耕、许显纯事乎?'养性乃不敢奉命。"⑥

---

① 《明史》,卷一九二,《刘济传》。
② 同上书,卷九十五,《刑法三》。
③ 同上书,卷二五五,《刘宗周传》。
④ 《大明会典》,卷二二八,《上二十二卫》。
⑤ 《明通鉴》,卷十六。
⑥ 《明史》,卷二五八,《姜垛传》。

第六节　其他机关

一　宗人府

（一）宗人府组织

《大明会典》曰："国初，置大宗正院，秩正一品。洪武二十二年，改为宗人府。设宗人令、左右宗正、左右宗人，掌皇九族之属籍。以时修其玉牒，书宗室子女嫡庶、名封、生卒、婚嫁、谥葬之事。凡宗室有所陈请，即为上闻。听天子命，初以亲王领之，后以勋戚大臣摄府事，不备官。"①《明史·职官志》所载宗人府原有之"录罪过"职掌，移至三法司，而若干其他职掌"亦尽移之礼部"，宗人府成为一个地位崇高但没有权力的机关。

洪武二十二年（1389），改为宗人府时，"秦王樉为令，晋王棡、燕王棣为左、右宗正，周王橚、楚王桢为左、右宗人。"② 事实上，秦王、晋王于洪武十一年（1378）之藩，燕王于洪武十三年（1380）之藩，周王、楚王于洪武十四年（1381）之藩。明太祖任命他的五个儿子担任宗人府的职务，是有名无实的。

永乐以后，多以勋戚大臣摄宗人府事。《春明梦余录》即曰："及建都北京，永春侯王宁，洪熙、宣德，武定侯郭铉署事。正统三年，始建府，西宁侯宋瑛；嘉靖中，京山侯崔元署事。宁、瑛、元，皆驸马都尉，铉，仁宗贵妃弟。崇祯五年壬申，推掌印，以近代多用都尉诸戚畹，太康伯张国纪辈起而争之，然竟用都尉。至（崇祯十一年）乙卯再推，复力争，仍用都尉万炜。"③ 驸马都尉一官，位在伯爵之上侯爵之下。凡大长公主（皇姑）、长公主（皇姐妹）及公主（皇女）之夫，皆封驸马都尉。明代宣德以后，皇亲（含驸马都尉）常奉旨处理宗室犯罪案件。

（二）宗人府职掌（有关司法审判部分）

洪武年间，宗人府原有"录罪过"之职掌。后因宗人府不备官，仅以勋戚大臣摄府事，原有"录罪过"之职掌，移至三法司。宗室犯罪案件，依其情节之轻重，而有多种不同之处理方式。重大案件多逮至北京，由三法司会多官审理。一般案件多遣司礼监太监、三法司堂官（或司官）及锦衣卫等官往其封地审理。至于介于轻重之间的其他案件，则有多种不同处理方式，并无一定。

---

① 《大明会典》，卷一，《宗人府》。
② 《明史》，卷七十二，《职官一》。
③ 孙承泽：《春明梦余录》，卷二十九，《宗人府》。

宗人府掌府事等官得会同三法司参与宗室犯罪案件之司法审判,兹举下列案例说明之:

例一:正统六年(1441)十一月乙卯,(明英宗)"书谕靖江王佐敬及各辅国、奉国将军曰:'得王奏,言辅国将军赞俨告男佐忠不孝之罪,念系宗事之亲,今遣皇亲武定侯郭玹前去,同王及各将军拘执佐忠拥问明白,即送仪卫司收监奏来处置。'"①

例二:嘉靖二十四年(1545)九月丁丑,楚世子英燿弑父案发。明世宗"诏司礼监太监温祥同驸马都尉邬景和、刑部左侍郎喻茂坚、锦衣卫都指挥使袁天章,会镇巡等官往按其事。……会巡抚单纯、巡按伊敏生验治徐景荣等各词服,论罪具奏。上复令法司集廷臣杂议,掌府事东宁伯焦栋等、吏部尚书熊浃等议曰:'英燿性本凶残,行复秽恶,弑父鞭尸,天理灭绝,罪不容诛……,'"②

例三:崇祯元年(1628)四月己亥,"孝和皇太后弟新城侯王升者……天启中为逆珰所陷构,捕族人王国兴等下狱论死,革升爵……。至是升讼冤,刑部会同驸马都尉、宗人府等衙门审其诬,复升爵,免国兴等死。"③

二 吏　　部

(一) 吏部组织

《大明会典》曰:"(吏部)尚书、左右侍郎,掌天下官吏,选授勋封考课之政令。其属初有四子部,曰总部,曰司封,曰司勋,曰考功。后改总部为选部,又改选部为文选,司封为验封,司勋为稽勋,考功仍旧,俱称清吏司。"④

吏部设"尚书一人,左右侍郎各一人……其属,文选、验封、稽勋、考功四清吏司,各郎中一人,员外郎一人,主事一人。"⑤ 各司主事员额,各朝稍有增减,兹不赘述。

(二) 吏部职掌(有关司法审判部分)

明代重大案件,皇帝常敕令公、侯、驸马、伯、五府、六部、九卿及科道会审。至于京师斩绞监候案件(即朝审案件),定制由三法司等衙门复核。吏部为六部之一,自得参与会审及复核。又吏部尚书、侍郎等官,亦得以其吏部官员个人之身分参与司法审判。

---

① 《明英宗实录》,卷八十五,正统六年十一月乙卯。
② 《明世宗实录》,卷三○三,嘉靖二十四年九月丁丑。
③ 《崇祯长编》,卷八,崇祯元年四月己亥。
④ 《大明会典》,卷二,《吏部一》。
⑤ 《明史》,卷七十二,《职官一》。

吏部官员个人参与司法审判之案例颇少,兹举一案例说明之:

永乐七年(1409)六月甲辰,"刑科右给事中耿通等劾:'都察院左都御史陈瑛及监察御史袁纲、覃珛朋比蒙蔽,诬构善良,陷之死地。'……皇太子曰:'此冤狱也,吾初固已不信,必出法司锻炼。'命吏部尚书兼詹事蹇义,会六部大臣于詹事府审之。"①

三 户 部

(一) 户部组织

《大明会典》曰:'(户部)尚书、左右侍郎,掌天下户口田粮之政令。其属初曰民部,曰度支部,曰金部,曰仓部。后改为十三清吏司,曰浙江、江西、湖广、福建、山东、山西、河南、陕西、四川、广东、广西、云南、贵州。"②

户部设"尚书一人,左右侍郎各一人,其属浙江、江西、湖广、陕西、广东、山东、福建、河南、山西、四川、广西、贵州、云南十三清吏司,各郎中一人,员外郎一人,主事二人。"③ 各司郎中、员外郎及主事员额,各朝稍有增减,兹不赘述。

(二) 户部职掌(有关司法审判部分)

户部与各部参与司法审判之情形类似,即得参与重大案件之会审,及京师斩绞监候案件(即朝审案件)之复核。此外,户部掌理京师田土案件,与其他各部不同。

户部审理京师田土案件之情形,兹举下例案例说明之:

例一:正统元年(1436)三月己卯,"顺天府大兴县民地五十亩被行在锦衣卫指挥林观、千户朱喜占种,至是民妇诉,系故夫祖业,家道贫穷,乞赐给还。上命行在户部复实还之。"④

例二:景泰四年(1453)十一月己未,"有讼户部侍郎李敏前为(顺天府)府尹时,纵婿盗本府银四百余两。及巡抚直隶,又埋没苏、松等府钱粮数百余万两。诏户部、都察院其速委官往究。从之。"⑤

户部官员个人参与司法审判之案例亦少,兹举下列案件说明之:

例一:正德二年(1507)冬十月辛卯,"魏国公徐甫与无锡县民邹塾等及妙相院僧争田。……上重命户部左侍郎王佐同大理寺右少卿王鼐,锦衣卫

---

① 《明太宗实录》,卷九十三,永乐七年六月甲辰。

② 《大明会典》,卷十四,《户部一》。

③ 《明史》,卷七十二,《职官一》。

④ 《明英宗实录》,卷十五,正统元年三月己卯。

⑤ 同上书,卷二三五,景泰四年十一月己未。

指挥佥事周贤往勘之。"①

例二:万历十七年(1589)九月甲子,"法司当虑囚。上命户部尚书宋缥主笔,疏上,以改拟钦定人犯焦文烂诘责。不允。"②

四 礼 部

(一) 礼部组织

《大明会典》曰:"(礼部)尚书、左右侍郎,掌天下礼乐,祭祀、封建、朝贡、宴享、贡举之政令。其属初曰仪部,曰祠部,曰膳部,曰主客部。后改仪部为仪制,祠部为祠祭,膳部为精膳,主客仍旧,俱称清吏司。"③

礼部设"尚书一人,左、右侍郎各一人,其属……仪制、祠祭、主客、精膳四清吏司,各郎中一人,员外郎一人,主事一人。"④ 各司主事员额,各朝稍有增减,兹不赘述。

(二) 礼部职掌(有关司法审判部分)

礼部掌理礼制、宗教、教育及外交事务,礼部部分职掌与司法审判有关。礼部与各部参与司法审判之情形类似,即得参与重大案件之会审,及京师斩绞监候案件(即朝审案件)之复核。此外,礼部得参与有关礼制等事项案件之司法审判,兹举下例案例说明之:

例一:弘治十八年(1505)十二月乙丑,"晋府庆成王南海郡君仪宾李实以包揽钱粮获罪,郡君私入京击鼓讼冤。礼部请遣中使送回,仍敕王约束,而究治教授、守城官罪。上以郡君出城诉讼,有乖礼法,命会法司议。……于是,礼部及法司议复奇滔等宜候勘报区处,仍申明禁例,凡越例私奏者,俱寝其事。"⑤

例二:嘉靖四十年(1561)三月癸亥,"刑部左侍郎赵大佑、锦衣卫都指挥佥事万文明等复勘伊王典楧不法事得实,还报……疏入,诏下礼部、三法司会议,言:'伊王奢纵淫虐,大违祖训,法当重处,请严加戒谕,令其速图自新。'"⑥

例三:隆庆元年(1567)正月甲申,先是代王奏大同知县朱可进答辱辅国将军俊柳,而抚按官张志孝、蒙诏又言,诸宗室殴伤可进。先帝命刑科右给

① 《明武宗实录》,卷三十一,正德二年冬十月辛卯。
② 《明神宗实录》,卷二一五,万历十七年九月甲子。
③ 《大明会典》,卷四十三,《礼部一》。
④ 《明史》,卷七十二,《职官一》。
⑤ 《明武宗实录》,卷八,弘治十八年十二月乙丑。
⑥ 《明世宗实录》,卷四九四,嘉靖四十年三月癸亥。

事中严从简往勘。……事下,礼部、都察院以俊輠等犯在赦前,复请宽宥,而劾治诸校尉,充边卫军。从之。①

礼部官员个人参与司法审判之案例亦少,兹举下列案例说明之:

例一:永乐三年(1405)六月壬申,"高邮州民父年者,其长子不听教令,欲击之,而力不能制,夜以次子往助,长子竟毙于父。……命礼部尚书蹇义等再议。义等奏曰:'次子从父命助执兄,初非杀兄之意,其罪但不能乞免,兄之死于父耳。'上命谪戍边,其父免赎。"②

例二:嘉靖十三年(1534)十月乙未,"法司复礼部左侍郎黄绾勘明大同叛卒及文武诸臣罪状:叛卒玉宝、尚卿论凌迟处死;张斌、阚钺、萧激、牛名、董海、王仓、樊钦、许宝坐斩。……议上,报如议。"③

五　兵　部

(一)兵部组织

《大明会典》曰:"(兵部)尚书、左右侍郎掌天下武卫官军选授、简练、镇戍、厩牧、邮传、舆皁之政令。其属初曰司马,曰职方,曰驾部,曰库部。后改司马为武选,驾部为车驾,库部为武库,职方仍旧,俱称清吏司。"④

兵部设"尚书一人,左、右侍郎各一人,其属……武选、职方、车驾、武库四清吏司,各郎中一人,员外郎一人,主事二人。"⑤ 各司郎中、员外郎及主事员额,各朝稍有增减,兹不赘述。

(二)兵部职掌(有关司法审判部分)

兵部与各部参与司法审判之情形类似,即得参与重大案件之会审,及京师斩绞监候案件(即朝审案件)之复核。此外,兵部得参与有关军人犯罪案件之司法审判,兹举下列案件说明之:

例一:宣德十年(1435)七月辛卯,"行在刑科给事中年富奏:'都指挥吕整坐杀降死罪,屡自陈为都曹俭所诬。今总兵官都督方政奉俭怯懦贪黩,数违法。臣恐俭于整有衔,请贳整,令戴罪自劾,庶不致忠良者被枉。'上命兵部同都察院谳整狱以闻。"⑥

例二:弘治十七年(1504)闰四月戊辰,朝廷追治贵州普安州败军之罪。

① 《明穆宗实录》,卷三,隆庆元年正月甲申。
② 《明太宗实录》,卷四十三,永乐三年六月壬申。
③ 《明世宗实录》,卷一六八,嘉靖十三年十月乙未。
④ 《大明会典》,卷一一八,《兵部一》。
⑤ 《明史》,卷七十二,《职官一》。
⑥ 《英宗实录》,卷七,宣德十年七月辛卯。

"礼科给事中张维新等按之,具得其罪状。于是,都察院、兵部会议,坐任礼、张英及李堂等一十人俱处斩。"①

例三:嘉靖二十九年(1550)七月壬子,巡视浙福都御史"朱纨奏:'海夷佛狼机人行劫至漳州界,官军迎击之,于走马溪生擒得贼首李光头等九十六人,已遵便宜斩首讫。'章下兵部,请俟复实论功,会御史陈九德疏论纨专杀,滥及不辜。法司复请遣官会勘。……于是,兵部、三法司再复,如汝祯等言。"②

六 工 部

(一) 工部组织

《大明会典》曰:"(工部)尚书、左右侍郎,掌天下百工营作、山泽、采捕、窑冶、屯种、榷税、河渠、织造之政令。其属初曰营部,曰虞部,曰水部,曰屯部。后改营部为营缮,虞部为虞衡,水部为都水,屯部为屯田。俱称清吏司。"③

工部设"尚书一人,左、右侍郎各一人,其属……营缮、虞衡、都水、屯田四清吏司,各郎中一人,员外郎一人,主事二人。"④ 各司郎中、员外郎及主事员额,历朝稍有增减,兹不赘述。

(二) 工部职掌(有关司法审判部分)

工部与各部参与司法审判之情形类似,即得参与重大案件之会审,及京师斩绞监候案件(即朝审案件)之复核。

工部官员个人几无参与司法审判之案例,但涉及工部职掌之案件,工部得奏闻皇帝建议逮捕审讯,兹举一案例说明之:

正统三年(1438)六月丁巳,"行在工部尚书吴中言:'应天府上元、江宁二县民匠例应二年一番赴工,有自宣德七年休番,至今犹未赴工者一千六百余人,请敕有司逮系至京治罪。'从之。"⑤

七 通政使司

(一) 通政使司组织

《大明会典》曰:"洪武三年,初置察言司,设司令,掌受四方章奏,寻革。

① 《明孝宗实录》,卷二一一,弘治十七年闰四月戊辰。
② 《明世宗实录》,卷三六三,嘉靖二十九年七月壬子。
③ 《大明会典》,卷一八一,《工部一》。
④ 《明史》,卷七十二,《职官一》。
⑤ 《明英宗实录》,卷四十三,正统三年六月丁巳。

十年,始置通政使司,正三品衙门。设通政使、左右参议、经历、知事。职专出纳帝命、通达下情、关防诸司出入公文、奏报四方章奏、实封建言、陈情伸诉、及军情声息灾异等事。"①

通政使司设"通政使一人,左右通政各一人,誊黄右通政一人,左、右参议各一人。"②

(二) 通政使司职掌(有关司法审判部分)

洪武十年(1377)秋七月甲申,置通政使司时,亦定其职掌曰:"掌出纳诸司文书、敷奏、封驳之事。"③ 惟《诸司职掌》中通政使司已无封驳之权,封驳之权已移至六科。

明初,诸司文书只有奏本与启本,上皇帝者称为奏本,上东宫者称为启本。永乐以后,方有题本。题本与奏本的区别,《大明会典》曰:"凡内外各衙门,一应公事用题本,其虽系公事,而循例奏报、奏贺,若乞恩、认罪、微救、谢恩,并军民人等陈情、建言、申诉等事,具用奏本。"④ 在外衙门之题本与奏本,以及在京衙门之奏本,由通政使司收本,奏闻皇帝。至于在京衙门之题本,则由各部院官员至会极门递本,由太监收本,奏闻皇帝。故《天府广记》曰:"京朝官封事,自会极门内臣收进,其余自通政司入。"⑤《万历野获编》亦曰:"今本章名色,为公事则曰题本,为他事则曰奏本。收本之处,在内曰会极门,在外则为通政司。"⑥

明代直隶及各省司法审判机关审理刑名案件完结后,均应以题本送通政使司奏闻皇帝。至于在京司法审判机关审理刑名案件完结后,亦均应以题本至会极门递本,奏闻皇帝。有关司法审判案件题本之递本与收本,系明代中央司法审判程序之先行程序,虽非司法审判之核心部分,但仍系明代中央司法审判程序之重要环节。

在京军民词讼不得迳向法司递状,而应先向通政使司递状,再移送法司审理。《明世宗实录》嘉靖三十七年(1558)六月己卯日载:

> 刑部尚书郑晓等言:"故事,在京军民词讼俱赴通政司告,送法司问断。各衙门有应问者,参送法司,不得自决。比来事权不一,诸司各自

---

① 《大明会典》,卷二一二,《通政使司》。
② 《明史》,卷七十三,《职官二》。
③ 《明太祖实录》,卷一一三,洪武十年秋七月甲申。
④ 《大明会典》,卷二一二,《通政使司》。
⑤ 孙承泽:《天府广记》,卷二十四,《通政司》。
⑥ 沈德符:《万历野获编》,卷二十,《章奏异名》。

受词,不复参送。……疏上。得旨:"自今在南京军民词讼,各衙门并巡城御史毋得迳自受理,违者奏治。"①

通政使司与六部参与司法审判之情形类似,通政使为大九卿之一,"凡议大狱,必参预。"故通政使司得参与重大案件之会审,及京师斩绞监候案件(即朝审案件)之复核。

八 六 科

(一)六科组织

《大明会典》曰:"国初,设给事中,正五品。洪武四年,改正七品。六年,始分吏、户、礼、兵、刑、工六科,各设给事中一员,秩从七品,推年长者一人掌科事。寻隶承敕监,隶通政司。十三年,置谏院,设左右司谏各一人,左右正言二人,已改名元士,又曰源士,或增至八十一人。二十四年,始更定六科给事中品秩。……职专主封驳纠劾等事。"②

明代六科,各自为一署,即六衙门也。六科"各都给事中一人,左、右给事中各一人,给事中,吏科四人,户科八人,礼科六人,兵科十人,刑科八人,工科四人。"③ 万历年间,各科给事中员额稍有增减,兹不赘述。

(二)六科职掌(有关司法审判部分)

六科代表皇帝监督六部政务之施行。《明史·职官志》曰:"六科,掌侍从、规谏、补阙、拾遗、稽察六部百司之事。凡制敕宣行,大事复奏,小事署而颁之;有失,封还执奏。凡内外所上章疏下,分类抄出,参署付部,驳正其违误。"④

六科给事中得劾奏文武官员。《大明会典》:"凡两京大臣方面等官,有不职者,俱得劾奏或大班面劾。及诸人有不公不法等事,俱得劾奏。"⑤ 六科给事中劾奏文武官员后,皇帝常敕令锦衣卫或法司审讯被劾奏之官员。

都察院十三道监察御史与六科给事中合称"科道官",科道官纠劾文武官员的职权是类似的。

六科与六部参与司法审判之情形类似,六科得参与重大案件之会审,及京师斩绞监候案件(即朝审案件)之复核。《大明会典》曰:"凡三法司奉旨于

① 《明世宗实录》,卷四六○,嘉靖三十七年六月己卯。
② 《大明会典》,卷二一三,《六科》。
③ 《明史》,卷七十四,《职官三》。
④ 同上。
⑤ 《大明会典》,卷二一三,《六科》。

午门前鞫问罪囚,掌科道官亦预。"① 六科参与重大案件之会审,兹举例说明如下:

例一:永乐四年(1406)五月戊午,"先是,有告故驸马都尉富阳侯李让家人中盐虚买实收者,上命付锦衣卫鞫之。锦衣卫复奏告者不实,上命六科给事中孙琳等共审之"。②

例二:正统十一年(1446)九月己巳,吏部尚书王直、右侍郎赵新、曹义、掌光禄寺事户部左侍郎奈亨等有罪案发,"上怒,逮直、亨等,命三法司、六科廷鞫之,论亨斩,直、义、新等赎徒,源赎杖,俱还职役。"③

除上述参与司法审判之事项外,六科给事中另有下列事项与司法审判有关:

1. 受理登闻鼓案件

洪武元年(1368)十二月己巳,"置登闻鼓于午门外,日令监察御史一人监之。凡民间词讼皆自下而上,或府、州、县省官及按察司不为伸理,及有冤抑重事不能自达者,许击登闻鼓,监察御史随即引奏,敢沮告者死。其户婚、田土诸细事皆归有司,不许击鼓。"④ 后此项工作移至六科。

宣德二年(1427)六月丙子,"直登闻鼓给事中以所受词上闻。上因谕之曰:'朝廷虑刑狱有冤,下情不能达,故设登闻鼓。然前代置院设官,托耳目于一人,非兼听广览之道。我国家命六科给事中轮直,最得其当。'"⑤

关于六科受理登闻鼓案件,《大明会典》定曰:"凡登闻鼓楼,每日各科轮官一员。如有申诉冤枉,并陈告机密重情者,受状具题本封进。其诉状人先自残伤者,参奏。"⑥

登闻鼓案件如奉旨钦依,应依一定程序由各科直鼓官批送法司。《大明会典》即曰:"凡击登闻鼓诉冤,奉钦依者,俱该锦衣卫直日官,将原给驾帖,填写缘由,并人犯姓名。鼓下词状,从各科直鼓官批送。"⑦

2. 受理京师重犯决囚日诉冤案件

京师死罪立决或监候人犯执行死刑时,由六科给事中一员监视行刑。有明一代有所谓"批手留人"之制,即京师决囚之日,死罪人犯家属临刑喊

---

① 《大明会典》,卷二一三,《六科》。
② 《明太宗实录》,卷五十四,永乐四年五月戊午。
③ 《明英宗实录》,卷一四五,正统十一年九月己巳。
④ 《明太祖实录》,卷三十七,洪武元年十二月己巳。
⑤ 《明宣宗实录》,卷二十八,宣德二年六月丙子。
⑥ 《大明会典》,卷二一三,《六科》。
⑦ 同上。

冤,监视行刑之给事中得批字于校尉之手,传令停决候旨。此即《大明会典》所称"如决囚之日,有诉冤者,受状后,批校尉手,传令停决候旨。"①《大明会典》又曰:"凡奉旨处决重囚,本卫(锦衣卫)从刑科给驾帖差官同法司监决。其囚人家属或奏诉得旨姑留者,校尉从刑科批手,驰至市曹停刑。"②

3.奉旨参劾文武官员

明代六科给事中本应自行参劾文武官员,但皇帝有时亦交议此类参劾案件,惟应视为特例,非常规常制也。兹举例说明如下:

例一:景泰三年(1452)八月己卯,"内官阮忠潛駙马都尉焦敬僭用镀金鞍、蟒龙服及收养迻军为奴,娼女为妾。诏六科十三道劾其罪,下法司议,赎杖还职,命固禁之。"③

例二:天顺元年(1457)三月癸酉,"驸马都尉薛桓尝私侍婢,与常德长公主争,语犯上,事闻,命六科十三道劾桓罪,法司拷讯于外廷,论当斩。下锦衣卫狱,固禁数日,释之。"④

例三:天顺五年(1462)六月戊寅,"安乡伯张宁早朝,越位与都督佥事赵辅语。六科十三道被旨劾之,下锦衣卫狱鞫,送都察院论,当赎杖还爵,上命送锦衣卫系之。"⑤

(三)刑科职掌

刑科为六科之一,除代表皇帝监督刑部政务(含司法审判)之施行外,对都察院及大理寺之司法审判,亦代表皇帝监督之。刑科较之其他五科,较多有关司法审判之职掌。兹分述如下:

1.奉旨审理重大案件

《大明会典》定曰:"(锦衣卫),凡奉旨差官出外勘问事情,系会同三法司堂上官者,于指挥内具名上请。会同科道部属官者,于千户内具名上请。"⑥锦衣卫、三法司堂官及司官得奉旨出外勘问审理刑名案件,自不待言。惟刑科虽非三法司,但代表皇帝监督三法司之司法审判,故刑科给事中等官常奉旨出外勘问审理刑名案件。兹举例说明如下:

例一:正统六年(1441)八月壬午,陕西署指挥佥事张通、李谅有罪案发,"于是命行在刑科给事中廖庄往复之。庄还言通、谅事多实,所奏镒事皆诬。

---

① 《大明会典》,卷二一三,《六科》。
② 同上书,卷二二八,《上二十二卫》。
③ 《明英宗实录》,卷二一九,景泰三年八月己卯。
④ 同上书,卷二七六,天顺元年三月癸酉。
⑤ 同上书,卷三二九,天顺五年六月戊寅。
⑥ 《大明会典》,卷二二八,《上二十二卫》。

行在刑部改论通、谅罪,当赎复职。"①

例二:弘治十七年(1504)初,"总镇两广太监王敬家人王忠尝与其党王礼等攘取暹罗贡使货物。既而,忠复以他罪事违礼等,皆惧罪逃匿。上命刑科给事中赵铎等往勘。"②

2. 封驳三法司有关司法审判之题本

《明史·职官志》曰:"凡制敕宣行,大事复奏,小事署而颁之;有失,封还执奏。凡内外所上章疏下,分类抄出,参署付部,驳正其违误。"③刑科对于皇帝所下之谕旨得封还之,坚持己见奏闻皇帝。刑科对于三法司已批红之司法审判题本,亦得附加参语(参考意见)付部,驳正其违误。事实上,刑科行使上述两项职权,封少驳多。兹举例说明如下:

(1)有关封还执奏部分

成化七年(1471)十月壬申,江西吉安府知府许聪有罪案发,"械聪至京,仍命都察院会官廷鞫之,乃比故勘律拟斩,命即如拟处决。刑科都给事中白昂等以未经审录为情,不从,且命毋复奏。"④(依明代典制,死罪案件,都察院审理完结后,应送大理寺审录,明宪宗不依典制即命处决人犯,刑科给事中封还执奏时,明宪宗又不从,且命决囚前毋复奏,可谓独断已极。)

(2)有关驳正违误部分

例一:洪武十五年(1382)夏四月戊戌,"上海知县王瑛以选力士不称旨,刑官以欺诳不敬论之。给事中刘逵驳以为,贡举非人,律有定条,选力士不称,而坐以大不敬,太重,不当律意。上是其言,命法司自今论决务从平恕,毋或深文。于是瑛得从轻论。"⑤

例二:万历二十七年(1599)四月乙未,"云南抚按陈用宾等会勘李先著、吴显忠之狱,谓先著受猛廷瑞金,迹涉可疑,然功亦虽掩。吴显忠有功无罪。刑科参驳,谓先著诚因循纵寇,然其赃先发寄县,其心亦可原也。若显忠纵抢夷人财物,安得谓之全无罪,宜再行巡按复勘,刑部两存以请,上命不必再勘,着三法司虚心会鞫,勿枉勿纵。"⑥

3. 办理决囚前三复奏工作

《大明会典》定曰:"凡三法司处决罪囚,奉钦依者,俱该锦衣卫直日官,

---

① 《明英宗实录》,卷八十二,正统六年八月壬午。
② 《明孝宗实录》,卷二一八,弘治十七年十一月壬辰。
③ 《明史》,卷七十四,《职官三》。
④ 《明宪宗实录》,卷九十七,成化七年十月壬申。
⑤ 《明太祖实录》,卷一四四,洪武十五年夏四月戊戌。
⑥ 《明神宗实录》,卷三三四,万历二十七年四月乙未。

将原给驾帖,填写缘由,并人犯姓名。俱送本科(刑科),列名批钤,以凭处决。"①《大明会典》又曰:"凡法司具奏斩绞罪囚,决不待时,并秋后处决者,本科仍三复奏,得旨,然后行刑。其枭首重犯,在狱病故,刑部奏请押赴市曹处决者,本科(刑科)亦三复奏请旨。"②

刑科给事中的三复奏,系慎刑程序,避免枉杀无辜之人,这是刑科给事中的重要工作。宣德十年(1435)三月丙申,明宣宗曾"敕谕刑部、都察院、大理寺、锦衣卫及刑科给事中:'人命至重,死者不可复生。自今凡犯死罪,临决之际,须三次复奏明白,然后加刑。违者,处以重罪。'"③

刑科给事中三复奏时,皇帝有可能变更原裁决,而另为新裁决。兹举例说明如下:

例一:正统八年(1443)九月乙亥,"大理寺左少卿薛瑄坐罪,当秋后处斩,二次复奏如律。瑄子淳等三人诉愿以一人代死,二人充军,赎父罪,不允。及三复奏,上命锦衣卫监禁之。"④

例二:天顺元年(1457)二月己亥,僧禄司右阐教道坚尝因故太监陈祥奏请建大隆福寺,且假祈禳,入内殿诵经,费府库财。上命斩之。已而刑科复奏,命宥死,发充铁岭卫军。"⑤

九 五军都督府

(一) 五军都督府组织

《大明会典》曰:"国初,置统军大元帅府,后改枢密院,又改为大都督府。秩正一品,设左、右都督、都督同知、都督佥事等官。洪武十三年,始分中、左、右、前、后五军都督。各府都督初间以公、侯、伯为之,参赞军国大事。后率以公、侯、伯署府事。同知、佥事则参赞军事。"⑥

五军都督府是中军、左军、右军、前军、后军五个都督府的合称,简称"五府"。五军都督府,"每府左、右都督,都督同知,都督佥事。(恩功寄禄,无定员。)"⑦五军都督府所设都督等官并无固定员额,或多或少,并无一定。

① 《大明会典》,卷二一三,《六科》。

② 同上。

③ 《明英宗实录》,卷三,宣德十年三月丙申。

④ 同上书,卷一〇八,正统八年九月乙亥。

⑤ 同上书,卷二七五,天顺元年二月己亥。

⑥ 《大明会典》,卷二二七,《五军都督府》。

⑦ 《明史》,卷七十六,《职官五》。

(二)五军都督府职掌(有关司法审判部分)

《大明会典》定曰:"其职分领都司、卫、所。掌一应从驾仪卫、诸武职替袭优给事项,所属悉上之府,府为转送兵部请选,其他若武臣诰敕、水陆操练、俸粮屯种、军情声息、清勾替补、薪炭荆苇诸事,各分移所司而综理之,盖职专军旅,其任特重云。"[①]《大明会典》所称"职专军旅,其任特重"并非事实。洪武年间,五军都督府的权力已渐移至兵部,五军都督府渐成为兵部之下司,并无实权。

明代洪武至宣德年间,"以兵部掌兵政,而统军旅,专征伐,则归之五军都督府。兵部有出兵之令,而无统兵之权;五军有统兵之权,而无出兵之令。"[②] 正统以后,兵部又逐渐取得统兵之权,其权力远超过五军都督府。故《天府广记》曰:"(洪武)十三年,分大都督为五军都督府,见若以为品秩如其故者,而兵部阴移之,其权渐分矣。至永乐而尽归之兵部,所谓五军都督者,不过守空名与虚数而已。"[③]

明初五军都督府原设有断事官,掌理有关军人之司法审判。洪武元年(1368)春正月庚子,"立大部督府断事官,秩从五品。"[④] 洪武十三年(1380),改大都督府为五军都督府,以中军都督府断事官为五军部督府断事官。《明太祖实录》洪武十七年(1384)十一月丁丑载:[⑤]

> 五军断事官邵文德言:"本司与刑部、都察院皆掌天下刑名,而刑部分设四部,各有郎中、员外郎、主事。都察院置十二道,有监察御史以分掌之。部又有尚书、侍郎,院又有都御史以总其纳,犹虑壅滞不决。惟断事官独员,实难其任,乞增置员数分隶五府,各掌其事,庶几狱讼易理,而无稽违之患。"上命廷臣议之。吏部尚书余熂定议:"五军都督府宜各设左右断事二人,提控案牍一人,司吏三人,典吏六人以分理刑狱。"从之。

洪武二十三年(1390)春正月丁卯,"升五军断事官秩正五品,总治五军刑狱。分左、右、中、前、后五司,司设稽仁、稽义、稽礼、稽智、稽信五人,俱正

① 《大明会典》,卷二二七,《五军都督府》。
② 孙承泽:《春明梦余录》,卷三十,《五军都督府》。
③ 孙承泽:《天府广记》,卷三十二,《五军都督府》。
④ 《明太祖实录》,卷二十九,洪武元年春正月庚子。
⑤ 同上书,卷一六八,洪武十七年十一月丁丑。

七品,各理其军之刑狱。"① 洪武末年所定之《诸司职掌》亦曰:"(五军都督府)断事官、左右断事官,职专总督左右中前后五司官,问断五军所辖都司、卫、所军官军人刑名,其五司官,稽仁、稽义、稽礼、稽智、稽信,则分问各司该管地方都司、卫、所刑名等事。"② 建文中,革断事官及五司官,明成祖即位,亦未复设。其有关司法审判之权力移至刑部及都察院。

建文以后,五军都督府本身虽不再设断事官,但所领之各省都指挥使司设有断事司,直隶在京各卫指挥使司设有镇抚司,掌理军人之司法审判。各省都指挥使司断事司审理重大军人案件完结后,应经奏闻皇帝,送刑部或都察院复核。直隶各卫指挥使司镇抚司审理重大军人案件完结后,亦应奏闻皇帝,送刑部或都察院复核。

明代重大案件,皇帝常敕令公、侯、驸马、伯、五府、六部、九卿及科道会审。至于京师斩绞监候案件(即朝审案件),定制由三法司等衙门复核,五府自得参与会审及复核。又依史料观之,五军都督府对军人田土案件有司法审判权,兹举一案例说明如下:

弘治九年(1496)四月庚辰,"会昌侯孙铭、锦衣卫指挥使孙憬、孙銮下狱。铭等互奏,争居室庄田,行后军都督府、锦衣卫审勘,各不输服。命三法司会问,所奏俱有不实,各赎杖,复爵还职。"③

十 巡城御史

(一) 巡城御史设置沿革

明初洪武至宣德年间,皇帝并未派遣监察御史巡视京师五城。"京城设巡城御史,始于正统时。"④ 正统十三年(1448),"令五城巡视御史,凡事有奸弊,听其依法受理送问。"⑤ 巡城御史"不置公署,巡视所至,遇有喧闹,当时遣断,或暂借各卫所公署发落。景泰中,京师多盗,差御史十人捕治,事平留五人分理,建立公署,凡有奸弊诸事,许受理送问。其差用试御史,三月一更。万历中,都御史孙丕扬请用实授御史,一年而更,未行。"⑥

(二) 巡城御史职权(有关司法审判部分)

《春明梦余录》曰:"京师虽设顺天府两县,而地方分属五城。每城有坊。

---

① 《明太祖实录》,卷一九九,洪武二十三年春正月丁卯。
② 《诸司职掌》,《五军都督府断事官》。
③ 《明孝宗实录》,卷一一二,弘治九年四月庚辰。
④ 孙承泽:《天府广记》,卷二,《城坊》。
⑤ 《大明会典》,卷二一〇,《都察院二》。
⑥ 孙承泽:《天府广记》,卷二,《城坊》。

……每城设御史巡视。所辖有兵马指挥使司,设都指挥、副都指挥、知事。后改兵马指挥使,设指挥、副指挥、革知事,增吏目,选于吏部。"①

巡城御史之本职为监察御史或给事中,巡视五城系其差事。且依《大明会典》所定,"五城等处御史,俱小差。"② 原则上,巡城御史三月一更。巡城御史的主要职掌是督导五城兵马指挥司做好京师治安等工作。

"永乐规定京师划分为五城四十坊,原只划在内城,区域不详。嘉靖有了外城,划外城为南城,内城只划中、东、西、北城,内外城共三十六坊。"③ 五城的次序为中城、东城、西城、南城、北城。五城巡城御史各有其管辖区,兹列表说明如下:

中城	南薰坊、澄清坊、明照坊、保大坊、仁寿坊、大时雍坊、小时雍坊、安富坊、积庆坊。(共九坊)
东城	明时坊、黄华坊、思诚坊、居紧坊、北居贤坊。(共五坊)
西城	阜财坊、咸宜坊、鸣玉坊、日中坊、金城坊、河漕西坊、朝天宫坊。(共七坊)
南城	正东坊、正西坊、正南坊、崇北坊、崇南坊、宣北坊、宣南坊、白纸坊。(共八坊)
北城	教忠坊、崇教坊、昭回靖恭坊、灵椿坊、金台坊、日忠坊、发祥坊。(共七坊)

巡城御史原无司法审判权。"正统十三年,令五城巡视御史,凡事有奸弊,听其依法受理送问。"依此项规定,巡城御史于京师刑名案件,仅有"受理送问"之权,意即受理案件后,送刑部或都察院审理,巡城御史本身并无司法审判权。

成化以后,巡城御史之职权日趋扩大。"成化四年(1468),令锦衣卫、五城兵马司禁约赌博,缉捕盗贼。巡城御史,通行提调。"④ 但至嘉靖以前,巡城御史仍无司法审判权。

嘉靖年间,巡城御史辄受理民间词讼,取得部分京师案件事实上司法审判权,但仍非典制所允许。"嘉靖三十七年(1558)六月,刑部尚书郑晓等言:'故事,在京军民词讼俱赴通政司咨送法司问断,各衙门有应问者,参送法司问断,不得自决。比来事权不一,诸司各自受词,拘禁箠楚,或妄以意见出入,颠倒法令,致良善苦于纷拿,奸顽喜于诈害。请申明会典条例,令各衙门通行遵守,庶政体归一。'疏上,得旨:'当今在京军民词讼,各衙门并巡城御

---

① 孙承泽:《春明梦余录》,卷五,《城坊》。
② 《大明会典》,卷二一〇,《都察院二》。
③ 张清常:《北京街巷名称史话》,页二〇三。
④ 《大明会典》,卷二一〇,《都察院二》。

史毋得迳自受理,违者奏治。'"①

万历十四年(1586)后,巡城御史得审理京师词讼小事(指户婚、田土、钱债案件),其余刑名案件仍应送刑部问断。"万历十四年三月,刑部尚书舒化言:五城不当准受呈词,人命不当简注,事体不当归结。御史徐大化极力争之。上命京师词讼小事听五城御史受理速结,以便小民,至于成招拟罪者,送刑部问断。且令部院详议。议得五城受理不宜问罪,不得滥罚,不得淹滞及简证刺字。至于旧贼充番,尤为不便,宜禁止之。上允,著为命。"②(充番,指充任东厂番子。)

至万历二十七年(1599),巡城御史于京师刑名案件仍无司法审判权。万历二十七年闰四月丁酉,都察院左都御史温纯等疏请申饬宪纲,其中"恤刑狱"一款略曰:"国家设三法司,又使御史巡视五城焉,都城内外民杂讼繁,欲轻重得其平也。然有宜重而轻者,如以人命付兵马司是也。此辈智阁识短,即利啗势愒,皆可使之轻重其情。宜专遣刑部司属复简,或分责顺天府推知鞠讯。此重狱之当议者。"③ 这段话应可证明巡城御史于京师刑名案件并无司法审判权。

十一 顺天府

(一)顺天府组织

《明史·职官志》曰:"顺天府即旧北平府。洪武二年置北平行省。九年改为北平布政司,皆以北平为会府。永乐初,改为顺天府。十年升为府尹,秩正三品,设官如应天府。"④

顺天府设"府尹一人,府丞一人,治中一人,通判六人,推官一人,儒学教授一人,训导一人。其属,经历司,经历一人,知事一人,照磨所,照磨一人,检校一人。所辖,宛平、大兴二县,各知县一人,县丞二人,主簿无定员,典史一人。"⑤ 顺天府下五州二十二县,其中宛平县及大兴县由顺天府直接管理。宛平县及大兴县称为京县,其余二十五州县称为直隶州或直隶县。顺天府"畿内郡县亲领于六部,故曰直隶。而顺天府在辇毂下,与内诸司相颉颃,不以直隶称。"⑥

---

① 孙承泽:《天府广记》,卷二,《城坊》。

② 同上。

③ 《明神宗实录》,卷三三四,万历二十七年闰四月丁酉。

④ 《明史》,卷七十四,《职官三》。

⑤ 同上。

⑥ 孙承泽:《天府广记》,卷二,《府县治》。

（二）顺天府职权（有关司法审判部分）

《明史·职官志》曰："府尹掌京府之政。宣化和人，劝农问俗，均贡赋，节征徭，谨祭祀，阅实户口，纠治豪强，隐恤穷困，疏理狱讼，务知百姓之疾苦。……推官理刑名，察属吏。二县职掌如外县，以近淀辇下，故品秩特优。"① 顺天府所属推官专司审判，与外府推官相同。

顺天府为"四方之首，表仪所系。"② 京府府尹品秩为正三品，外府知府品秩为正四品，京府品秩优于外府。顺天府位于辇毂之下，五方杂处，"京兆之难治，遂为天下最矣。"③ 明代顺天府府尹之权小于前代，明人于慎行曰："自汉、晋以下，京兆之权最为要重，至唐、宋犹然。……乃今之京尹，养望待迁，几成散局。"④

顺天府所辖宛平及大兴两京县，笞杖罪案件可自理，徒罪以上案件应申报顺天府，奏闻皇帝，送刑部或都察院审理。其余二十五州县刑名案件审理程序与各省所属州县同。

十二　巡按御史

（一）巡按御史设置沿革

明初，明太祖并未派遣监察御史巡视直隶及各省。洪武十年（1377）秋七月乙巳，始"诏遣监察御史按州县。"⑤ 所谓"巡按"是指"分巡按治"。巡按御史之本职为都察院监察御史，巡按御史为其差事，或系大差，或系中差。明初，除十三省各遣巡按御史一员外，南北直隶所遣巡按御史或为二员，或为三、四员，并无一定。正统十四年（1449）十一月辛巳，"畿内顺天等八府例命监察御史二员巡按，至是都察院从国家多事，请暂增二员。每员分巡二府。从之。"⑥ 由本项记载可知，正统十四年时，北直隶巡按御史多至四员。

明代中期定制以后，"在外巡按，北直隶二人，南直隶三人，宣大一人，辽东一人，甘肃一人，十三省各一人。"⑦ 北直隶二人系顺天及真定巡按御史，南直隶三人系应天、苏松及淮扬巡按御史。"巡按顺天、真定、应天、苏松、淮扬、浙江、湖广、江西、福建、河南、陕西、山东、山西、四川、云南、广西、广东、

---

① 《明史》，卷七十四，《职官三》。

② 沈榜：《宛署杂记》，卷二，《署廨》。

③ 孙承泽：《春明梦余录》，卷四，《畿甸》。

④ 于慎行：《谷山笔尘》，卷三十六，《阁伶》。

⑤ 《明太祖实录》，卷一一三，洪武十年秋七月乙巳。

⑥ 《明英宗实录》，卷一八五，正统十四年十一月辛巳。

⑦ 《明史》，卷七十三，《职官二》。

贵州等处御史。……俱大差。辽东、宣大、甘肃三处巡按史,……俱中差。"①

巡按御史出巡期间为一年,一年届满,须差官更代。《大明会典》曰:"凡巡按御史,一年已满,差官更代,本院(都察院)引御史二员,御前点差一员。"② 巡按御史系代表皇帝出巡直隶及各省,品秩虽低(正七品),权力却大,凌驾都布按三司之上。为免循私,明代定有巡按御史差遣回避原则。《大明会典》定曰:"凡分巡地面,果系原籍,并先曾历仕寓居处所,并须回避。"③

(二) 巡按御史职权(有关司法审判部分)

《明史·职官志》曰:"巡按则代天子巡狩,所按藩服大臣、府州县官诸考察,举劾尤专,大事奏裁,小事立断。按临所至,必先审录罪囚,吊刷案卷,有故出入者理辩之。"④ 依此,巡按御史有"举劾"及"审录罪囚"两项职权。事实上,巡按御史有关司法审判之职权颇多,兹分述如下:

1. 受理军民词讼案件

《大明会典》定曰:"凡受军民词讼,审系户婚田宅斗殴等事,必须置立文簿,抄写告词,编成字号,用印关防,立限发与所在有司,追问明白,就便发落,具由回报。若告本县官吏,则发该府。若告本府官吏,则发布政司。若告布政司官吏,则发按察司。若告按察司官吏,及伸诉各司官吏枉问刑名等项,不许转委,必须亲问。干碍军职官员,随即奏闻请旨,亦不得擅自提取。"⑤

巡按御史受理军民词讼案件,或系已结案者,或系未结案者,均得"立限护与所在有司,追问明白,就便发落。"巡按御史所受理之军民词讼案件,有系状告都布按三司官员或府州县官员者,应依《大明律》第 5 条(职官有犯)规定办理。

2. 奉旨审判职官案件

《大明律》第 5 条(职官有犯)规定:"凡京官及在外五品以上官有犯,奏闻请旨,不许擅问。六品以下,听分巡御史、按察司并分司取问明白,议拟闻奏区处。若府州县官犯罪,所辖上司不得擅自勾问。止许开具所犯事由,实封奏闻。若许准推问,候委官审实,方许判决。"五品以上官员犯罪,巡按御

---

① 《大明会典》,卷二一○,《都察院二》。
② 同上。
③ 同上。
④ 《明史》,卷七十三,《职官二》。
⑤ 《大明会典》,卷二一○,《都察院二》。

史应依本条规定奏闻皇帝,请旨提问审理。六品以下官员犯罪,巡按御史得自行提问审理。《明史·职官志》所称"大事奏裁,小事立断。"即此之谓也。

关于巡按御史奉旨审理文武职官案件,有系巡按御史奏闻皇帝请旨者,有系皇帝交审者,其情形不一。前者多逮赴北京法司审理,后者多系由巡按御史单独审理,巡按御史司法审判权之重,于此可见。兹举例说明如下:

例一:景泰二年(1451)四月辛巳,"直隶密云中卫军奏,镇守指挥佥事张兴擅役军旗采木,以造私室,及克减军粮诸罪,事下法司,请令巡按御史按实以闻,从之。"①

例二:弘治八年(1495)六月己巳,"虏入密云境,杀掠军民、男、妇,死伤者十有四人,焚毁庐舍。下巡按御史问拟守备等官,指挥孙永、王寿二人充军;分守署都指挥王志及把总管操指挥刘宽、高寿等八人,俱赎杖还职。都察院复奏,永等俱情轻律重。命永、寿免充军,各降二级带俸差操,志革去署职,余如所拟。"②

3. 审录直隶及各省罪囚

巡按御史对于直隶及各省各府州县监禁中之罪囚(或已在府州县结案,或未在府州县结案)得加以审录。《大明会典》定曰:"凡至按临处所,先将罪囚审录,卷宗吊刷。"③ 吊刷亦称照刷,巡按御史得照刷府州县六房文卷,刑房文卷自得照刷之,照刷时应依洪武二十六年(1393)所定"六房照刷事例"办理。

4. 审决直隶及各省死罪人犯

直隶及各省死罪人犯奉旨定谳后,除决不待时者外,其余死罪人犯监候待决。《大明律》第435条(有司决囚等第)规定:"直隶去处,从刑部委官,与监察御史;在外去处,从布政司委官,与按察司官,公同审决。"惟弘治二年(1489),"令法司每年立秋时,将在外监候一应死罪囚犯,通行具奏。转行各该巡按御史,会司都布按三司,并分巡分守。南北直隶行移差去审刑主事,会同巡按御史,督同都司府卫从公研审,除情真罪当者,照例处决。果有冤抑者,即与辩理。情可矜疑者,径自具奏定夺。"④ 此项敕令与《大明律》规定稍有差异。

---

① 《明英宗实录》,卷二〇三,景泰二年四月辛巳。
② 《明孝宗实录》,卷一〇一,弘治八年六月己巳。
③ 《大明会典》,卷二一〇,《都察院二》。
④ 同上书,卷一七七,《刑部十九》。

十三 其 他

明代京师案件系由刑部或都察院审理,再由大理寺复核。直隶及各省案件系先由刑部或都察院复核,再由大理寺复核。惟明代中央之司法审判权并非三法司所独占,而系分散于中央各部院,依京师、直隶或各省案件之类别与性质,各部院得分别行使其司法审判权。除上述一般情形外,如遇重大案件,皇帝常谕令多官会审或派遣钦差大臣赴外省审理案件。兹将上述两种特殊情形分述如下:

（一）多官会审

明代重大案件发生时,皇帝常谕令多官会审。各部院会审或系初审,或系复审,其情形不一。其组成形式多种多样,并无一定:

1. 皇亲、公、侯、驸马、伯、内阁大臣、科道官会审。

2. 公、侯、伯、五府、六部、都察院官会审。

3. 公、侯、伯、五府、六部官会审。

4. 司礼监、驸马、五府、九卿、科道、锦衣卫官会审。

5. 三法司、锦衣卫、五府、六部、科道官会审。

6. 五府、六部、都察院官会审。

7. 锦衣卫、科道官会审。

8. 三法司、锦衣卫官会审。

上述各种组成形式,兹举例说明如下:

1. 皇亲、公、侯、驸马、伯、内阁大臣、科道官会审。

正德十五年(1520)十一月乙丑,"赐宸濠死。先是,有旨召皇亲、公、侯、驸马、伯、内阁大臣、科道官俱至通州议宸濠狱。"①

2. 公、侯、伯、五府、六部、都察院官会审。

宣德三年(1428)闰四月戊申,"交趾总兵官成山侯王通等还京师。文武群臣劾奏通,……等违命擅与贼和、弃城旋师之罪。上命公、侯、伯、行在五府、六部、都察院等衙门官同鞫之。"②

3. 公、侯、伯、五府、六部官会审。

宣德五年(1430)三月丁卯,"应城伯孙杰有罪,下狱。……上命行在都察院俟杰归,治之。至是归……命公、侯、伯、五府、六部大臣鞫之。"③

---

① 《明武宗实录》,卷一九四,正德十五年十一月己丑。

② 《明宣宗实录》,卷四十二,宣德三年闰四月戊申。

③ 同上书,卷六十四,宣德五年三月丁卯。

4. 司礼监、驸马、五府、九卿、科道、锦衣卫官会审。

嘉靖二十五年(1546)十月癸亥，"代府和川王府奉国将军充灼等谋反伏诛。……上命械充灼等来京，至午门前，命司礼监、驸马、五府、九卿、科道、锦衣卫官会审具服。"①

5. 三法司、锦衣卫、五府、六部、科道官会审。

正德三年(1508)九月辛酉，田州府土官知府岑猛叛，牵连兵部尚书刘大象，"令三法司、锦衣卫仍会五府六部科道官鞫处。"②

6. 五府、六部、都察院官会审。

永乐二年(1404)夏四月甲申，南直隶安庆府民诽谤皇帝，刑部拟罪奏闻，"命五府、六部、都察院共讯其实。"③

7. 锦衣卫、九卿、科道官会审。

万历三十一年(1603)十二月壬午，京师捕获可疑男子一人，牵连在京职官，"锦衣卫管卫事王之祯具狱词以上。有旨：令同九卿、科道严鞫之。"④

8. 三法司、锦衣卫官会审。

天顺八年(1464)四月乙巳，"太保、会昌系孙继宗等奏遂安伯陈韶阻挠军务。上命三法司、锦衣卫于午门前会鞫之。"⑤

上述八种组成形式并不能完全涵盖多官会审的可能组成形式，多官会审有时称为多官会议，有时称为多官拟议，有时称为廷臣会议，有时称为廷臣会鞫，有时称为百官会鞫，名称并无一定。其中第八种组成方式，除去锦衣卫，即系三法司会审，后来成为清代中央司法审判的主要形式。

(二) 派遣钦差大臣赴外省审理案件

明代遇有各省重大案件时，皇帝常派遣钦差大臣赴外省审理。三法司堂官、司官，锦衣卫官员，刑科给事中，甚至司礼监太监，均有可能奉旨担任钦差大臣赴外省审理案件。兹举例说明如下：

例一：天顺二年(1458)秋七月辛卯，"宁王奠培在景泰时为弋阳王奠壏讦其反逆诸罪于巡抚佥都御史韩雍，雍同三司、巡按官以闻，朝廷遣中官方伯乐及佥都御史俞俨往复之。"⑥

例二：成化十九年(1483)三月甲辰，"下巡抚河南右都御史孙洪于锦衣

---

① 《明世宗实录》，卷三一六，嘉靖二十五年十月癸亥。
② 《明武宗实录》，卷四十二，正德三年九月辛酉。
③ 《明太宗实录》，卷三〇，永乐二年夏四月甲申。
④ 《明神宗实录》，卷三九一，万历三十一年十二月壬午。
⑤ 《明英宗实录》，卷四，天顺八年四月乙巳。
⑥ 《明英宗实录》，卷二九三，天顺二年秋七月辛卯。

卫狱。……命刑部员外郎章锐等往会镇守、巡按等官杂治。"①

例三：弘治十七年(1504)十一月乙未，巡按御史王献臣因事被逮，"上命大理寺右少卿吴一贯及锦衣卫指挥使杨玉往会交代监察御史余濂勘问。"②

例四：正德十一年(1516)九月辛巳，代府镇国将军国聪温等恣横为虐，"敕太监张淮、都御史王璟、锦衣卫指挥使陆宣往按之。"③

---

① 《明宪宗实录》，卷二三八，成化十九年三月甲辰。

② 《明孝宗实录》，卷二一八，弘治十七年十一月乙未。

③ 《明武宗实录》，卷一四一，正德十一年九月辛巳。

第三章　明代中央司法审判程序之一
——直隶及各省案件复核程序

第一节　直隶及各省司法审判制度概说

一　直隶及各省司法审判机关

直隶及各省司法审判机关有下列机关：

（一）州、县：州设知州（从五品）一人。其属官有同知（从六品）、判官（从七品）无定员，吏目（从九品）一人。《明史·职官志》曰："知州掌一州之政。凡州二：有属州，有直隶州。属州视县，直隶州视府，而品秩则同。同知、判官，俱视其州事之繁简，以供厥职。"[①] 此处所述者为属州。

县设知县（正七品）一人。其属官有县丞（正八品）一人、主簿（正九品）一人、典史（未入流）一人，常有省简。《明史·职官志》曰："知县掌一县之政。……严缉捕，听狱讼，皆躬亲厥职而勤慎焉。"[②] 知州及知县皆为正印官，有权受理民词。

（二）府及直隶州：府设知府（正四品）一人，其属官有同知（正五品）、通判（正六品）无定员，推官（正七品）一人。司狱司，司狱（未入流）一人。《明史·职官志》曰："知府掌一府之政，宣风化，平狱讼，均赋役，以教养百姓。……推官理刑名，赞计典。"[③] 知府掌一府之政，推官掌司法审判，司狱掌监狱事务。推官专司审判，但重大案件，知府可亲自审理。直隶州设官与属州大体相同。

（三）分巡道：《明史·职官志》曰："按明初制，恐守令贪鄙不法，故于直隶府州县设巡按御史，各布政司所属设试佥事。已罢试佥事，改按察分司四十一道，此分巡之始也。"[④] 一省设数分巡道，少至三分巡道，多至八分巡道。

---

① 《明史》，卷七十五，《职官四》。
② 同上。
③ 同上。
④ 同上。

分巡道为按察司之分司,分巡道于特定案件有审判权。

(四)都指挥使司:都指挥使司设都指挥使(正二品)一人,都指挥同知(从二品)二人,都指挥佥事(正三品)四人。断事司,设断事(正六品)、副断事(正七品)、吏目各一人。司狱司,司狱(从九品)一人。都指挥使司下设断事司,设断事、副断事等官,理刑狱,审理军人案件及参与三司会审案件。

(五)布政使司:布政使司全称为"承宣布政使司"。布政使司设左、右布政使(从二品)各一人,左、右参政(从三品),左、右参议(从四品),无定员。理问所,理问(从六品)一人,副理问(从七品)一人,提控案牍一人。司狱司,司狱(从九品)一人。布政司下设理问所,设理问一官,典刑名,参与审理三司会审案件及特定案件。明代布政使司的司法审判权,自正统四年(1439)申明宪纲,各省徒流死罪案件应经按察司复审(即审录)后,即日渐缩小,按察使司成为一省最高司法审判机关。

(六)按察使司:按察使司全称为"提刑按察使司"。按察使司设按察使(正三品)一人,副使(正四品)、佥事(正五品)无定员。司狱司,司狱(从九品)一人。《明史·职官志》曰:"按察使掌一省刑名按劾之事。纠官邪,戢奸暴,平狱讼,雪冤抑,以振扬风纪,而澄清其吏治。大者暨都、布二司会议,告抚、按,以听于部院。"南、北直隶不设按察使,仅设巡按御史。

(七)巡按御史:都察院设十三道监察御史(正七品)。洪武十年(1377)即派监察御史在外巡按。此种在外巡按之监察御史,称为巡按御史,任期一年。巡按御史系中央派往各省巡察之官,并非常驻于各省。巡察各省完毕后应回朝复命。巡按御史(正七品)品级虽然不高,但职权极大。且因明代中期以后,直隶及各省巡按御史(北直隶二人,南直隶三人,宣大一人,辽东一人,甘肃一人,十三省各一人)权力增大,巡按御史成为地方官之长官,与布政使、按察使及都指挥使分庭抗礼。又明代中期以后,各省逐渐设总督或巡抚,巡按御史又与总督或巡抚同为一省之最高官员。相互之间,难免发生龃龉。

关于巡按御史之权责,《明史·职官志》曰:"巡按(御史)则代天子巡狩,所按藩服大臣、府州县官诸考察。举劾尤专,大事奏裁,小事立断。按临所至,必先审录罪囚,吊刷案卷,有故出入者理辩之。"[①] 巡按御史于特定案件(如死罪案件等)有审判权。

(八)总督及巡抚:总督及巡抚二官始设于明代。巡抚之设早于总督。明仁宗洪熙元年(1425)始置(南)直隶巡抚,有固定治所,也有固定任期(一

---

① 《明史》,卷七十三,《职官二》。

年或二年)。明世宗嘉靖元年(1522)以后,巡抚制度逐步确立,渐趋稳定。至于总督之设置,明英宗正统六年(1441)始设云南总督,后陆续于其他省分设总督。总督与巡抚都是为特定事务(如民政、军事、监察等事项)而设置的。设置之初,总督与巡抚之辖区大小不一,有一省设二以上巡抚或总督者,故其辖区与布按两司之辖区(一省)并不相同。总督与巡抚陆续设置后,逐渐侵夺了布按两司及都指挥司的权力,总督与巡抚于特定案件有审判权。

二　直隶及各省司法审判程序

明代直隶及各省司法审判起自州县,兹分述其程序如后:

(一) 审前程序

1. 乡诉讼

乡诉讼是明代司法制度的一大特色。洪武五年(1372)二月,明太祖命各省府州县建申明亭。① 申明亭最早的功能是申明教化,凡一乡劝善惩恶,申明教化之事,俱在此惩戒。洪武三十年(1397)四月,明太祖颁布钦定之《教民榜文》,榜文共 41 条,对于乡诉讼有详尽的规定。明代的申明亭是张挂《教民榜文》进行乡诉讼的场所(即法庭)。关于乡诉讼的具体内容大致如下:

(1) 法官:乡诉讼的法官是本管里甲(指里长及甲首)及老人(指里中年高之人,至少在五十岁以上),他们是兼任法官。

(2) 管辖:乡诉讼管辖的案件是一乡之民事及轻微刑事案件。《教民榜文》曰:"民间户婚、田土、斗殴相争、一切小事,不许辄便告官,务要经由本管里甲、老人理断。若不经由者,不问虚实,先将告人杖断六十,仍发回里甲、老人理断。"又《教民榜文》明文规定,老人、里甲合理词讼:①户婚,②田土,③斗殴,④争占,⑤失火,⑥窃盗,⑦骂詈,⑧钱债,⑨赌博,⑩擅食田园瓜果等,⑪私宰耕牛,⑫弃毁器物稼穑等,⑬畜产咬杀人,⑭卑幼私擅用财,⑮亵渎神明,⑯子孙违犯教令,⑰师巫邪术,⑱六畜践食禾稼等,⑲均分水利。②

(3) 法庭坐次:乡诉讼的法庭即申明亭。《教民榜文》曰:"其坐次,先老人,次里长,次甲首,论齿序坐。如里长年长于老人者,坐于老人之上。"③

(4) 审讯:乡诉讼采合议制,必要时得刑讯当事人。《教民榜文》曰:"凡

---

① 《明太祖实录》,卷七十二,卷末。

② 《教民榜文》,载《中国珍稀法律典籍集成》,乙编,第一册。

③ 同上。

民有陈述者,(老人、里甲)即须会议,从公剖断。许用竹篦荆条,量情决打。"①

(5) 判决:乡诉讼的法官均系里甲或老人,知识程度自较科举出身者为低。其所谓判决系合议制之决定,或有书面,或无书面,并不一定。其判决之依据为国法、人情与风俗习惯等规范。

(6) 上诉:乡诉讼的目的在于减少民事案件及轻微刑事案件的数量。但因里甲及老人的素质良莠不一,判决未必公正。判决之后,双方当事人如果不服,得于乡诉讼判决后上诉州县衙门。

明代乡诉讼之施行,曾经发生几次变化。总的来说,成化以前,尚能依敕令施行。弘治以后,渐难施行。上述民事及轻微刑事案件多迳向州县衙门呈控。

2. 陈告

州县衙门受理事由很多,但以当事人的陈告为主。陈告通常以书面为之,此种书面称为诉状或状子,故俗称陈告为告状。除书面陈告外,言词陈告也发生效力。一般以有状子的陈告为"告",无状子的陈告为"言"。明代的状子并无一定的格式,但有些地方官规定状式,山西按察使吕坤即自订状式多种,如人命告辜式、告辩盗式、告婚姻式等二十七种。②

诉状须写明原告姓名,未写明姓名者,官府不应受理。投书人更触犯刑律。《明律》第356条(投匿名文书告人罪)规定:

> 凡投隐匿姓名文书告言人罪者,绞;见者即便烧毁,若将送入官司者,杖八十;官司受而理者,杖一百。被告言者,不坐。若能连文书捉获解官者,官给银一十两,充赏。

明代州县衙门通常或三日或五日"放告"一次。"放告"之日,州县官升堂,衙役放出放告牌,原告投递诉状。州县衙门收受诉状后,州县官应审酌案情,依据律例决定准理或不准理。案件准理之后,即进入审理程序。

军民人等呈递诉状须向本管官司为之。《明律》第355条(越诉)规定:"凡军民词讼,皆须自下而上陈告,若越本管官司,辄赴上司称诉者,笞五十。"本条所谓"自下而上陈告"系指:

(1) 军人:由千户所,卫,都指挥司,逐级由下而上。

---

① 《教民榜文》,载《中国珍稀法律典籍集成》,乙编,第一册。
② 吕坤:《吕新吾实政录》,卷六。

（2）民人：由州县，府，按察使司，巡按或巡抚，逐级由下而上。

军民词讼不依律例规定自下而上陈告，即越本管官司，辄赴上司称诉者，谓之"越诉"，《明律》第355条（越诉）虽规定，"越本管官司称诉者，笞五十。"严越诉之禁。但军民人等时有越诉情形，不能禁绝。宣德以后，更加重刑罚，发边卫充军。明代越诉之刑罚甚重，但成效不佳，不能禁绝。明代小民冤抑难伸之苦情，可以想见。

至于民事案件，军民人等亦不得越诉，《明律》第168条（违禁取利）附例规定：

> 凡负欠私债，两京不赴法司，而赴别衙门；在外不赴军卫有司，而越赴巡抚巡按三司官处各告理，及辄具本状奏诉者，俱问罪，立案不行。若两京别衙门听从施行者，一体参究，私债不追。

依本条规定，军民人等负欠私债，在两京者，应赴法司（指刑部或都察院）陈告。在外者，应赴军卫有司（指卫所或州县）。如果越诉，除问罪之外，所陈告之案件立案不行。

3. 检验

明代的检验亦分为命案的检验、盗案的检验及斗殴案的检验。对于命案的检验，明初《大明令》规定有三种情形可以免检：[①]

（1）凡诸人自缢、溺水身死，别无他故，亲属情愿安葬，官司详审明白，准告免检。

（2）若事主被强盗杀死，若主告免检者，官为相视伤损，将尸给亲埋葬。

（3）其狱囚患病责保看治而死者，情无可疑，亦许亲属告免检。

上述三项规定，虽系规定于明代初年，但其基本原则则沿用至明末。至于有权检验尸伤之官员，《大明令》并未明确规定。据考察，有权检验之官员为正印官及有关官员。《明律》第436条（检验尸伤不以实）规定有正官、首领官、吏典等人的刑事责任，可见得正印官、首领官及吏典等人有权力及义务检验尸伤。检验尸伤，"府则通判、推官，州县则长官亲检，毋得委下僚。"[②]

成化十五年（1479）七月二十六日奉旨：

---

① 《大明令》，载《中国珍稀法律典籍集成》，乙编，第一册。
② 《明史》，卷九十四，《刑法二》。

各处巡抚巡按等官及浙江等都布按三司兼直隶府州卫所,今后但有诉告人命,俱照前例,先拘数内干证里邻人等到官,从公审勘人命是实,方许行委州县卫所正官检验,若正官缺员,或有公占事故,方于佐贰官内选委廉能干济者眼同从实检验尸伤,要见的确致死根因,明白取其备细供结,以凭问结,若各该官司违例,不行用心审勘,及辄委仓场、库务等官,阴阳医生等役以前作弊枉人者,许巡按御史并按察司依律究问施行。①

州县官如遇较复杂之人命尸伤案件,有时尚须进行二次以上之检验。其第一次检验,称为初检,由州县官为之;其第二次检验称为复检,由府推官为之。《明律》第 436 条(检验尸伤不以实)附例规定:

凡遇告讼人命,除……外,其果系斗杀教杀谋杀等项当检验者,在京初发五城兵马,复检则委京县知县;在外初委州县正官,复检则委推官,务求于未检之先,即详鞫尸亲佐凶犯人等,令其实招,以何物伤何致命之处,立为一案,随即亲诣尸所,督令仵作,如法检报,定执要害致命去处,细验其圆长斜正青赤分寸,果否系某物所伤,公同一干人众,质对明白,各情输服,然后成招。(万历十八年定例)

明代检验人命尸伤之依据,为《洗冤集录》(宋代宋慈著)。明初,检尸图式由各府刊印。《大明令》规定:②

凡检尸图式,各府刊印,每副三幅,编立字号,半印勘合,发下州县。如遇初、复检验尸伤划时,委官将引首领官吏、仵作行人,亲诣地所,呼集合听检人等,眼同仔细检验,定执生前端的致命根因,依式标注、署押,一幅付苦主,一幅粘连附卷,一幅缴申上司。其初、复检验官司行移体式,并依已行旧制。

检验尸伤应据实检验,否则检验官员应负刑责。《明律》第 436 条(检验尸伤不以实)规定:

---

① 戴金:《皇明条法事类纂》,卷四十八。
② 《大明令》,载《中国珍稀法律典籍集成》,乙编,第一册。

凡检验尸伤,若牒到,托故不即检验,致令尸变及不亲临监视,转委吏卒,若初复检官吏相见,符同尸状,及不为用心检验,移易轻重,增检尸伤不实,定执致死根因不明者,正官杖六十,首领官杖七十,吏典杖八十。仵作行人,检验不实,符同尸状者,罪亦如之。因而罪有增减者,以失出入人罪论。

4. 传唤

案件经原告陈告后,官府通常以传唤方式令被告到官府接受审讯。传唤的方式,《明律》并无明文规定,其方式并无一定。依有关史料得知,明代传唤的方式约有下列几种:

(1) 经官府同意,由原告传唤被告。

(2) 官府差遣地方里甲传唤被告。

(3) 官府差遣差役传唤被告。

5. 拘拿与钦提

被告经传唤后,如不到官应讯时,官府得加以拘拿,迫使其到官应讯。拘拿亦称勾摄。明代府州县衙门拘拿被告时,应以拘票行之。《明律》第80条规定:"凡府、州、县,置立信牌,量地远近,定立程限,随时缴销。"所谓"信牌","凡府、州、县,自上行下,以牌为信,故曰:信牌。"[①] 信牌也称"拘票"或"牌票",差役人等持拘票拘拿被告,称为"票拘"。拘拿被告之拘票须由正印官(指知府、知州、知县等官)签发。佐贰官及首领官等无权擅自签发。

州县衙门以拘票拘拿被告,属于拘拿的正常程序。明代政治案件或特殊案件,皇帝得命锦衣卫持"驾帖"拘拿人犯,此种拘拿人犯称为"钦提"。锦衣卫拘拿人犯,须凭驾帖。《大明会典》曰:"凡奉旨提取罪犯,本卫(指锦衣卫)从刑科给驾帖,都察院给批,差官前去。"[②]

但实际上,并非如此。成化十二年(1476),大学士商辂即奏言:"近日伺察太繁,法令太急,刑网太密。官校拘执职官,事皆出风闻。暮夜搜检家财,不见有无驾帖。人心震慑,各怀疑惧。"[③]

锦衣卫持用驾帖拘拿人犯,以在京师地区为原则。但有明一代锦衣卫持驾帖赴直隶及各省拘拿人犯的情形从未停止。

6. 缉捕

---

① 高举等刻:《大明律集解附例》,第80条(信牌)纂注。

② 《大明会典》,卷二二八,《上二十二卫》。

③ 《明书》,卷一五八,《汪直传》。

命盗等案发生后,人犯常逃匿无踪,此时州县衙门得加以缉捕,使其到官应审。缉捕人犯是州县官及捕官的职责,但实际执行缉捕工作者则为州县衙门之捕快(亦称快手)。除捕快外,各卫所之巡捕官兵亦有缉捕人犯之责。至于地方之保甲、总甲等人如奉州县衙门差遣缉捕人犯时,则亦有缉捕之权责。甚至里甲老人亦有缉捕人犯之权力与责任。洪武年《教民榜文》即规定:①

> 民间一里之中,若有强劫、盗贼、逃军、逃囚及生事恶人,一人不能缉捕,里甲老人即须会集多人擒拿赴官,违者,以罪罪之。

人犯逃亡后,州县衙门有时须出具告示,张贴于各冲要地方。这种告示明代称为"海捕文书",也称"广捕文书",有类于今日之通缉书。

7. 监禁(羁押)

州县衙门受理案件后,因案情重大得将人犯监禁于监狱,以便随时审理。明代的监禁系以判决确定前之人犯为对象,与现今之羁押并无不同。但明代之监禁系将人犯监禁于监狱,则明代之监狱有类于现今之看守所,而与现今之监狱有所不同。明代之徒刑系劳役刑,并非自由刑,明代之徒刑并非现今之无期徒刑或有期徒刑。

至于应监禁人犯之范围如下:②

> 男子犯徒以上,妇女犯奸及死罪,皆应收禁。……官犯私罪杖以下及公罪流以下,与民人罪轻者,及老幼废疾皆散收在禁。

州县衙门监狱一般分男监与女监。州县官对女性人犯,除犯奸及死罪外,原则上不轻易监禁。盖依当时之狱政情况及社会观念,妇女如监禁于监狱,常为狱吏、禁卒所凌辱,即便无罪出狱,亦难立足于社会。

被监禁之人犯,依案情轻重须加桎梏。此种桎梏称为狱具有枷、锁、杻三种。被监禁之人犯,其应加之狱具如下:"在禁囚,徒以上应杻,充军以上应锁,死罪应枷,惟妇人不枷。"③

被监禁之人犯,在羁押期间,因生病或其他重大事由,也得申请保释,在

---

① 《教民榜文》,载《中国珍稀法律典籍集成》,乙编,第一册。
② 高举等刻:《大明律集解附例》,第419条(囚应禁而不禁)纂注。
③ 同上。

外听候审理。保释须有保人,并须出具保状及领状。保人须负责看管人犯,不致逃亡,随时在外听候。

(二) 审理程序

1. 和解

明代民事案件及轻微刑事案件,原则上应经乡诉讼程序,其有关内容已述于前。惟乡诉讼易于乡绅、地主所把持,使小民冤抑难伸。

明代民事案件及轻微刑事案件,原则上州县官均得和解之。和解的范围,明律有消极的限制。《明律》第325条(尊长为人杀私和)规定:

> 凡祖父母、父母、及夫,若家长为人所杀,而子孙、妻妾、奴婢工人私和者,杖一百,徒三年,……。其卑幼被杀,而尊长私和者,各减一等。
>
> 若妻妾子孙及子孙之妇,奴婢、雇工被杀,而祖父母、父母家长私和者,杖八十。受财者,计赃,准窃盗论,从重科断。
>
> 常人私和人命者,杖六十。

又《明律》第405(私和公事)规定:"凡私和公事者,减犯人罪二等,罪止笞五十。"

依上述规定可知,人命案件及公事案件均不得和解。州县官为地方父母官,渠依公权力所为之和解,易有成效。案件经州县官和解后,双方当事人易于接受,而归于和睦。

2. 审讯

州县官审理案件多于州县衙门内大堂行之。或公开审讯,或秘密审讯,均由州县官自行斟酌决定。州县官审讯案件时,书吏及差役等人随侍于堂上。审讯之次序,通常先原告,次被告,再次干证及其他有关人员。州县官如一次审讯未能结束,自得择期再行审讯,直至案情明了为止。

明代州县官审讯案件之原则有三:

(1) 依告状鞫狱

州县官审讯案件应在"所告本状"范围内行之,此项原则有类于现今"不告不理"之原则。《明律》第430条(依告状鞫狱)规定:

> 凡鞫狱,须依所告本状推问。若于状外别求他事,摭拾人罪者,以故入人罪论。同僚不署文案者,不坐。若因其告状或应掩捕搜检,因而检得别罪,事合推理者,不在此限。

（2）依法拷讯

州县官审讯案件时，得依法拷讯。《明律》第 420 条（故禁故勘平人）规定："依法拷讯者，不坐。若因公事干连平人在官，事须鞠问，及罪人赃仗证佐明白，不服招承，明立文案，依法拷讯，邂逅致死者，勿论。"所谓依法拷讯是指：

① 须为得拷讯之人：《明律》第 428 条（老幼不拷讯）规定："凡应八议之人，及年七十以上，十五以下，若废疾者，并不合拷讯，皆据众证定罪。违者以故失入人罪论。"又《明律》第 444 条（妇人犯罪）规定："若妇人怀孕犯罪应拷决者，依上保管。皆待产后一百日拷决。"以上各类人，不得拷讯。

② 须依法定刑具拷讯：《明律》第 422 条（凌虐罪囚）附例规定："内外问刑衙门一应该问死罪并窃盗、抢夺重犯，须用严刑拷讯，其余止用鞭朴常刑。"惟实际上，州县官非法严刑拷讯者不在少数。

又明律对于拷讯人犯的限度并未加以规定，与唐律不同。故清沈家本曰："明律概行删去（唐律拷囚之法），遂无节度，遇有疑难之案，仁厚者束手难行，暴戾者恣意捶打，枉滥之害，势所难免。"[①]

州县官或其属下不依法拷讯者，有刑事责任。《明律》第 437 条（决罚不如法）规定："凡官司决人不如法者，笞四十；因而致死者，杖一百。均征埋葬银一十两。行杖之人各减一等。"

（3）狱囚取服辩

州县官审讯案件完结后，判决前应取得狱囚"服辩文状"。所谓"服辩文状"是指人犯信服州县官所为判决之具结文书。《明律》第 440 条（狱囚取服辩）规定："凡狱囚徒流死罪，各唤囚，及其家属，具告所断罪名，仍取囚服辩文状。若不服者，听其自理，更为详审。"此条律文规定各级审判官应向人犯具告所断罪名，并取人犯（狱囚）服辩文状，人犯如果不服，各级审判官应重新审理。但此系具文，实际上并未做到。

3. 判决

州县官审讯案件完结后应为判决。民事案件，州县官判决后，原则上该案件即已结案，惟不服判决者仍得上控于府。轻微刑事案件（指笞杖刑案件）亦系州县自理，公开执行笞杖刑之后，该案件即已结案。徒罪以上案件则须报送上司衙门复审。

明代州县官判决称为"堂断"或"堂判"。明代州县官判决原则有四：

（1）断罪依新颁律

《明律》第45条(断罪依新颁律)规定："凡律自颁降日为始,若犯在已前者,并依新律拟断。"关于本条之立法理由,"此言犯罪在先,颁律后事发,并依新定律条拟断,盖遵王之制,不得复用旧律也。"①

（2）引律比附,议定奏闻

《明律》第46条(断罪无正条)规定："凡律令该载不尽事理,若断罪而无正条者,引律比附,应加应减,定拟罪名,转达刑部,议定奏闻,若辄断决,致罪有出入者,以故失论。"

（3）断罪不得听从上司主使

《明律》第60条(奸党)规定："若刑部及大小各衙门官吏不执法律,听从上司主使,出入人罪者,罪亦如之。"

（4）断罪引律令

《明律》第439条(断罪引律令)规定："凡断罪皆须具引律令。违者,笞三十。若数事共条,止引所犯罪者,听。其特旨断罪,临时处治,不为定律者,不得引比为律。若辄引此,致罪有出入者,以故失论。"

（三）复审及复核程序

明代直隶及各省案件复审及复核程序曾经多次变革。据笔者考证,洪武年间变革次数最多,永乐、正统年间亦有数次变革。兹以《明实录》及《大明会典》所载史料为主,略述其大概如下:

1. 洪武四年:"有司决狱,笞五十者,县决之;杖八十者,州决之;一百者,府决之。其徒罪以上具狱送行省。"②（行省即行中书省,亦即后来之布政使司。）

2. 洪武六年(1373)九月丁未,"凡府、州县轻重狱囚即依律断决,不须转发。果有违枉,从御史、按察司纠劾。令出,天下便之。"③（依本项敕令,一切刑名案件,府即可断决。）

3. 洪武十六年(1383)春正月丁卯,"命刑部……在外犯笞杖者就决,徒流死罪,送京师详谳。"④（依本项敕令,各省徒流死罪案件,仍应送京师复核。）

4. 洪武十七年(1384)闰十月癸丑,"命天下诸司刑狱皆属刑部、都察院详议平允,又送大理寺审复,然后决之。其直隶府、州、县刑狱,自今亦准此

---

① 高举等刻:《大明律集解附例》,第45条(断罪依新颁律)纂注。
② 《明太祖实录》,卷八十五,洪武六年九月丁未。
③ 同上。
④ 同上书,卷一五一,洪武十六年春正月丁卯。

令,庶几民无冤抑。"① (本条《明太祖实录》所载史料,与《大明会典》所载文字大体相同。按《大明会典》载:"洪武十七年,谕法司官:布政司、按察司,所拟刑名,其间人命重狱,恐有差误,令具奏转达刑部、都察院参考,仍发大理寺详拟,已著为令。今后直隶府州县所拟刑名,一体具奏。"②

5. 洪武二十三年(1390)七月辛亥,敕法司:"凡在外死罪真犯者,令具其罪状申刑部,刑部详拟既定,然后遣官审决。若徒、流、杂犯免死者,俱送京师输作。"③ (此系首次规定直隶及各省死罪人犯的遣官审决,审决即审录与处决也。)

6. 洪武二十六年(1393),"凡各布政司,并直隶府州,遇有问拟刑名,笞杖就彼决断。徒流迁徙充军,杂犯死罪,解(刑)部审录发落。其合的决绞、斩、凌迟处死罪名,各处开坐备细招罪事由,照行事理,呈(刑)部详议。比律允当者,则开缘由,具本发大理寺复拟。如复拟平允,行移各该衙门,如法监收听候,依时差官审决。"④ (此所谓大理寺复拟,即大理寺复核也。)

7. 洪武三十一年(1398),"今军民人等,犯徒流以下俱不申详。止将死罪,并应议文武官员,不分罪名轻重俱监候。具由申呈合干上司转达,待报发落。"⑤

8. 洪武三十二年(1399),"令徒流杂犯死罪充军囚犯,仍复申详。但止将原发招由转呈,候审允讫,行令照依原拟发落。"⑥

9. 永乐三年(1405)二月丁丑,"巡按福建监察御史言十事:'四曰刑名。各府州、县重囚,必须按察司审录无冤,然后转达刑部详拟。……'上皆纳焉。"⑦ (此系首次奏准,各省死罪案件须经按察司复审。)

10. 永乐十七年(1419)十二月庚辰,"令自今在外系囚当死者悉送京师,会官审录无冤,三复而后决之。"⑧ (自本年起至宣德七年(共十四年)止,直隶及各省死罪人犯须送至京师审录。)

11. 正统四年(1439),"凡在外问完徒流死罪,备申上司详审。直隶听刑部、巡按御史;各布政司听按察司并分司审录无异。徒流就便断遣,死罪

---

① 《明太祖实录》,卷一六七,洪武十七年闰十月癸丑。
② 《大明会典》,卷一七七,《刑部十九》。
③ 《明太祖实录》,卷二〇五,洪武二十三年七月辛亥。
④ 《大明会典》,卷一七七,《刑部十九》。
⑤ 同上。
⑥ 同上。
⑦ 《明太宗实录》,卷三十九,永乐三年二月丁丑。
⑧ 同上书,卷二一九,永乐十七年十二月庚辰。

议拟奏闻,照例发审(大理寺)。"① (此系首次明文规定直隶及各省徒流死罪案件,应经直隶巡按御史或各省按察司复审。)

洪武十七年以后,直隶及各省案件的复核程序是:

(1)布政司所拟死罪案件,应转达刑部详议(或参考),再送大理寺审复(或详拟)。

(2)按察司所拟死罪案件,应转达都察院详议(或参考),再送大理寺审复(或详拟)。

(3)直隶府州县所拟一切刑名案件,应转达刑部详议(或参考),再送大理寺审复(或详拟)。

笔者认为,洪武十七年以后,明代中央"平行的两组司法审判系统"基本上确立。这套"二元的司法审判复核系统"是明代中央司法审判制度的核心,除少许变革外,这套制度沿用至明末。值得注意的是,洪武十七年系首次明文规定直隶及各省死罪案件应经大理寺复核。

洪武二十六年定,"在外都司、布政司、按察司,并直隶、卫所、府、州,一应刑名问拟完备,犯人就彼监收,具申达合干上司。都司并卫所,申都督府。布政司并直隶府州,申呈刑部。按察司呈都察院。其各衙门备开招罪转行到寺详拟。"② 依照这项敕令,直隶及各省案件复核程序是:三司问拟完结后,都指挥使司应申该管都督府,布政使司应申呈刑部,按察使司应呈都察院复核,并均应转行到大理寺详拟。换言之,都指挥使司、布政使司及按察使司有大致相同的司法审判权。建文中,革五军都督府断事官及五司官,自此,都指挥使司审理案件后,应送刑部复核。永乐三年奏准,各省死罪案件须经按察司审录,各省按察司逐渐成为各省的最高司法审判机关。

正统四年以后,直隶及各省案件的复审及复核程序又有重大变革,变革后的复审及复核程序如下:

(1)直隶地区,各府州县徒流死罪案件由刑部和直隶巡按御史复审(即审录)无异后,徒流罪案件即可结案断遣。死罪案件由刑部复核,议拟奏闻,再发大理寺复核。

(2)各省,各府州县徒流死罪案件应申详布政司复审(即详审),布政司复审后,应送按察司并分司复审(即审录),复审无异后,徒流罪案件即可结案断遣。死罪案件由按察司复审奏闻,转达刑部。由刑部复核,议拟奏闻,再发大理寺复核。

---

①　《大明会典》,卷一七七,《刑部十九》。

②　同上书,卷二一四,《大理寺》。

正统四年上述原则确立后,直隶巡按御史及各省按察司确定成为直隶或各省的最高司法审判机关。自是年起,各省布政司的司法审判权逐渐缩小。正德元年(1506)题准,"凡布政司官,不许受词,自问刑名。"①

关于直隶及各省死罪案件之复审程序,弘治年间明定:"凡天下问刑衙门死罪重刑,必由巡按御史会审详允,方许转详。敢有故违,听本寺(大理寺)查出参究。"② 正统四年以后,各省最高司法审判机关按察司的职权即逐渐受巡按御史的侵夺。弘治年间规定,各省死罪案件须由巡按御史会同都、布、按三司复审,巡按御史取代按察司成为各省的最高司法审判机关。

(四) 死罪人犯审决程序

《明律》第 435 条(有司决囚等第)规定:

> 凡狱囚鞫问明白,追勘完备,徒流以下,从各府州县决配。至死罪者,在内听监察御史,在外听提刑按察司,审录无冤,依律议拟,转达刑部,定议奏闻回报。直隶去处,从刑部委官,与监察御史;在外去处,从布政司委官、与按察司官,公同审决。

如就《明律》第 435 条(有司决囚等第)加以分析,本条既规定了死罪案件的复审程序,也规定了死罪人犯的审决程序。兹分述如下:

1. 死罪案件的复审程序:直隶地区死罪案件,由巡按监察御史审录,转达刑部复审。各省死罪案件,由提刑按察司审录,转达刑部复审。本条规定与前复审程序基本上一致。

2. 死罪人犯的审决程序:直隶地区死罪人犯,由刑部委任官员与巡按御史公同审理处决囚犯。各省死罪人犯,由布政委任官员与按察司官员公同审理处决囚犯。但《明律》第 435 条(有司决囚等第)有关各省死罪人犯之执行程序,与实际情形有出入。明初以来,各省处决重囚时,中央均差遣三法司官员会同地方官员审录后处决死刑人犯,称为"差官审决"或"遣官审决"。此一制度系清代各省死罪监候案件"秋审制度"之渊源。

---

① 《大明会典》,卷一七七,《刑部十九》。
② 同上书,卷二一四,大理寺。

第二节　直隶及各省案件复核程序

一　三法司复核工作的分工

《明史·刑法志》曰："三法司曰刑部、都察院、大理寺。刑部受天下刑名，都察院纠察，大理寺驳正。"① 这段文字简要叙述了明代三法司的职掌分工，但嫌过度简化，明代三法司之职掌分工远比这段文字所叙述的复杂的多。以都察院而言，纠察百官只是它的重要职掌之一，都察院的另一项重要职掌是司法审判，以职官案件为主，兼及少数民人案件。

宣德三年（1428）二月十六日，皇帝敕谕三法司："我国家稽古为治，三法司：刑部掌邦宪，都察院兼理刑名，大理寺审理轻重。自祖宗以来，慎重人命，务在钦恤。"② 明宣宗的这段话，明确指出都察院是一个兼理刑名的中央司法审判机关。

明代的三法司官员也曾指出三法司的职掌分工。嘉靖二年（1523）六月乙卯，都察院左都御史金献民奏："祖宗稽古，建设刑部、都察院，专以理刑为职，不得参与他务，所以明法守也。"③ 金献民认为，刑部及都察院均专司理刑，即均为中央的司法审判机关。嘉靖年间大理寺卿刘玉上疏："（我朝）……既设刑部以掌邦禁，又设都察院以司纠察，兼之问刑，又设大理寺以专审录。"④ 刘玉认为，刑部及都察院都是问刑衙门，大理寺则专司审录。清初，孙承泽亦认为"（大理寺）职专审录天下刑名，凡刑部、都察院问拟内外刑名，俱送寺复审。"⑤ 由上述史料可以得知，直隶及各省案件，刑部或都察院职司第一次复核，大理寺职司第二次复核。

直隶及各省刑名案件，其中直隶案件，须经过 1. 州、县初审，2. 府复审，3. 巡按御史复审。其中各省案件，须经 1. 州、县初审，2. 府复审，3. 按察司复审，4. 巡按御史复审。直隶及各省刑名案件经通政使司，奏闻皇帝后，发交三法司复核。由刑部或都察院进行第一次复核，大理寺进行第二次复核。本书所称"复审"是指人犯到庭的审理，本书所称"复核"是指人犯不到庭的书面审理。

---

① 《明史》，卷九十四，《刑法二》。

② 《皇明诏令》，卷之八，载《中国珍稀法律典籍集成》，乙编，第三册。

③ 《明世宗实录》，卷二十八，嘉靖二年六月乙卯。

④ 孙承泽：《春明梦余录》，卷五十，《大理寺》。

⑤ 同上。

直隶及各省刑名案件经通政使司,奏闻皇帝后,即进入三法司复核程序。三法司(刑部、都察院及大理寺)复核直隶及各省刑名案件时,三法司各有分工,职掌不同。大体言之,明代中央三法司有"平行的两组司法审判系统",分别复核直隶及各省刑名案件。就直隶及各省案件而言,"平行的两组司法审判系统"也可以称为"平行的两组司法审判复核系统"。

这个"平行的两组司法审判系统",一组是由刑部及大理寺组成,以复核民人案件为主。刑部职司第一次复核,大理寺职司第二次复核。另一组是由都察院及大理寺组成,以复核职官案件为主。都察院职司第一次复核,大理寺职司第二次复核。两组司法审判系统均以大理寺掌理第二次复核,大理寺的复核,明人称为"审录"。至于京师刑名案件之初审及复审,亦有类似上述情况的"平行的两组司法审判系统",俟后再行申论。

二 三法司复核的依据—律与例

明代三法司复核直隶及各省案件应依《大明律》及《问刑条例》。《明律》第 439 条(断罪引律令)规定:"凡断罪皆须具引律令。……其特旨断罪,临时处治不为定律者,不得引比为律。"本条所谓的"律"是指洪武三十年(1397)所颁的《大明律》,本条所谓的"令"是指洪武元年(1368)所颁的《大明令》。

《明史·刑法志》曰:"中央决狱,一准三十年所颁。其洪武元年之令,有律不载而具于令者,法司得援引为证,请于上而后行焉。凡违令者罪笞,特旨临时决罪,不著为律令者,不在此例。"[1]《明史·刑法志》明确指出法司决狱应先适用《大明律》,《大明律》未规定时,应适用《大明令》。律令俱无规定时,《大明律》定有补充规定。

《大明律》第 46 条(断罪无正条)规定:"凡律令该载不尽事理,若断罪而无正条者,引律比附。应加应减,定拟罪名,转达刑部,议定奏闻。若辄断决,致罪有出入者,以故失论。"

内外问刑衙门比附律令时,并非可以任意比附。《明史·职官志》即曰:"凡有殊旨、别敕、诏例、榜例,非经请议著为令甲者,不得引比。"[2] 换言之,皇帝针对具体个别案件所下的谕旨及敕令,原则上不得比附作为未来处理案件之依据。

"洪武元年(1368)明太祖制定《大明律》及《大明令》。洪武十八年

---

① 《明史》,卷九十三,《刑法一》。

② 同上书,卷七十二,《职官一》。

(1385)至二十年(1387)间,明太祖朱元璋亲自编纂并先后发布了名为《御制大诰》(简称《初编》)、《御制大诰续编》(简称《续编》)、《御制大诰三编》(简称《三编》)的文告三篇。洪武二十年十二月,他又为诸管军衙门颁布了《大诰武臣》(简称《武臣》)。四编《大诰》共 236 个条目,其中《初编》74 条,《续编》87 条,《三编》43 条,《武臣》32 条。各编《大诰》诰文由案例、峻令和明太祖的'训戒'三个方面内容组成。……明太祖在《大诰》中公开倡导法外用刑,诰文中所列刑罚,许多为《大明律》所未设。其用刑之酷烈,在中国法律史上实属少见。"① 明太祖在《大明律》及《大明令》之外,另颁布了《大诰》四编,《大明律》及《大明令》成为普通法,《大诰》四编成为特别法,《大诰》四编的效力高于《大明律》及《大明令》。

学者认为《大诰》峻令,曾盛行于洪武中后期,延续于永乐。到洪熙、宣德时,仁宗、宣宗仿效建文帝,采取明不言废而实废的策略,《大诰》峻令遂被搁置不用。② 惟孙承泽则认为:"伏读太祖训诰之辞,有曰:'子孙做皇帝时,止守律与大诰。'而不及令,而《诸司职掌》于刑部都官科下具载,死罪止载律与诰中所条者可见也。是诰与律乃朝廷所当世守,法司所当遵行者也。事有律不载,而具于令者,据其文而援以为证,用以请之于上,可也。"③

明代建国之后,为处理大明律令及《大诰》所未规定之事项,三法司制定了一些条例,这些条例常与律不合。这些条例有实际上的需要,无法废止,这形成了条例与律矛盾的情形,造成司法审判上的困扰。洪武二十八年(1395)二日戊子,"刑部臣奏:'律条与条例不同者宜更定,俾所司遵守。'上曰:'法令者,防民之具,辅治之术耳,有经有权。律者常经也,条例者一时之权宜也。朕御天下将三十年,命有司定律久矣,何用更定?'"④ 明代成化以前,基于奉行祖制的原因,朝廷不愿意将这些条例成文化,订定为法律。弘治年间,朝廷终于不得不面对现实,整理历年问刑事例,制定《问刑条例》。从弘治年间开始,《大明律》与《问刑条例》并行。《大明律》成为普通法,《问刑条例》成为特别法。《问刑条例》的制定,有其历史的必然性。其制定固有其利,亦有其弊,亦系无可避免之结果。

明代中央三法司问刑断罪,依《大明律》第 439 条(断罪引律令)规定,本应一律遵行《大明律》及《大明令》。但《大明律》与《大明令》之规定,渐不符

---

① 《中国珍稀法律典籍集成》,乙编,第一册,"点校说明"。
② 同上。
③ 孙承泽:《春明梦余录》,卷四十四,《刑部一》。
④ 《明太祖实录》,卷二三六,洪武二十八年二月戊子。

合明代社会的情况，三法司问刑断罪时常引用各种条例，事实上排除了《大明律》及《大明令》的适用。这种律例引用上的矛盾现象，一直到弘治年间才得以解决。

明代的皇帝常以诏令或敕令重申"断罪引律令"的原则，但这项原则不断地被修正，到后来则是完全改观，三法司问刑断罪时常引用的是《问刑条例》，而非《大明律》及《大明令》。兹简述这项变革的历史发展如下：

（一）永乐十九年（1421）四月十三日，明成祖殿灾宽恤诏："法司所问囚人，今后一依《大明律》拟罪，不许深文，妄引榜文条例。"①

（二）洪熙元年（1425）六月十二日，明仁宗即位诏："今后一应罪令，悉依《大明律》科断。法司不许深刻，妄引榜文及请条例比拟。"②

（三）宣德十年（1435）正月初十日，明英宗即位诏："法司问拟罪囚，今后一依《大明律》科断，不许深文。违者罪之。"③

（四）正统十四年（1449）九月初六日，景泰帝即位诏："今后内外法司所问罪囚，一依《大明律》科断，不许深文。其有一应条例，并除不用。"④

（五）景泰五年（1454）二月壬午朔，"大理寺卿薛瑄言：'今法司拟罪囚多加参语，奏请变律意，刑罚失中，请敕自今一依祖宗律令，不许妄加参语。'从之。"⑤

（六）天顺八年（1464）正月二十二日，宪宗即位诏："凡问囚犯，今后一依《大明律》科断，照例运砖、做工、纳米等项发落。所有条例，并宜革去。及不许深文，妄引参语，滥及无辜。其有奉旨推问，必须经由大理寺审录，毋得径自参奏，致有枉人。文职犯赃者，原籍为民。枉法满贯者，照旧充军。军职侵欺满贯者，不许管军、管事，带俸差操。"⑥

（七）成化十五年（1479）闰十月甲戌，"命毁刊会定见行律条，巡抚南直隶兵部尚书兼都察院左副都御史王恕奏：'律乃治天下大法，我太祖高皇帝斟酌历代律条，定为《大明律》，凡四百六十条，颁示天下。而《名例律》有曰：凡律令该载不尽事理，若断罪而无正律者，引律比附，应加应减，定拟罪名。近在京书坊刊行《大明律》，后有会定见行律一百八条，不知何时而会定者？内之法官，老于刑名者，必不依此比附。但恐流传四方，未免有误新进之士。

---

① 《皇明诏令》，卷之六，载《中国珍稀法律典籍集成》，乙编，第三册。
② 同上书，卷之八。
③ 同上书，卷之十。
④ 同上书，卷之十二。
⑤ 《明英宗实录》，卷二三八，景泰五年二月壬午朔。
⑥ 《皇明诏令》，卷之十五，载《中国珍稀法律典籍集成》，乙编，第三册。

略举其兵律多支稟给条,及刑律骂制使及本管长官条,皆轻重失伦,不可行于天下,乞以其板毁之.'至是,法司会议,宜以恕言通行内外法官,自后断罪,悉依《大明律》并奏准见行事例。敢有再称会定律条,比拟出入人罪者,以故出入人罪论。仍行书坊,即将所刻本烧毁,违者并治以罪。从之。"①

（八）弘治五年（1492）,刑部尚书彭韶等以鸿胪少卿李镒请,删定《问刑条例》。至（弘治）十三年,刑官复上言:"洪武末,定《大明律》,后又申明《大诰》,有罪减等,累朝遵用。其法外遗奸,列圣因时推广之而有例,例以辅律,非以破律也。乃中外巧法吏或借便己私,律浸格不用。"于是下尚书白昂等九卿议,增历年《问刑条例》经久可行者二百九十七条。帝摘其中六事,今再议以闻。九卿执奏,乃不果改。然自是以后,律例并行,而网亦少密。②

（九）弘治十一年（1498）十二月二十一日,明孝宗清宁宫灾宽恤诏:"三法司问囚,近来条例太多,人难遵守。中间有可行者,三法司查拟停当,条陈定夺,其余冗琐难行者,悉皆革去。"③

（十）弘治十八年（1505）五月十八日,明武宗即位诏:"内外问刑衙门,今后问拟囚犯罪名,律有正条者,俱依律科断。无正条者,方许引例发落。亦不许妄加参语,滥及无辜。"④

（十一）正德十六年（1521）四月二十二日,明世宗即位诏:"凡问囚犯,今后一依《大明律》科断,不许深文妄引参语,滥及无辜。其有奉旨推问者,必经由大理寺审录,毋得径自参奏,致有枉人。近年条例增添太繁,除弘治十三年三月初三日以前,曾经多官奉诏、命议、奏准通行条例,照旧遵行外,以后新添者,悉皆革去。"⑤

从上述明代皇帝诏书等史料中可以看出,明代官方对条例（或《问刑条例》）的看法:

（一）明太祖不同意更定《大明律》,他认为,"律者常经也,条例者一时之权宜也。"虽然已有条例存在,但明太祖并不同意将条例法典化。

（二）明成祖禁止妄引《教民榜文》及条例,明仁宗、明宣宗及明英宗亦同。明英宗并诏令所有条例应革除不用。

（三）明宪宗成化十五年（1479）,民间刊行所谓《会定现行律》108条,南直隶巡抚王恕奏准,自后断罪,悉依《大明律》并奏准现行事例。此系明代官

---

① 《明宪宗实录》,卷一九六,成化十五年闰十月甲戌。
② 《明史》,卷九十三,《刑法一》。
③ 《皇明诏令》,卷之十七,载《中国珍稀法律典籍集成》,乙编,第三册。
④ 同上书,卷之十八。
⑤ 同上书,卷之十九。

方首次承认现行事例(即条例)的效力。

(四)弘治五年(1492),刑部删定《问刑条例》,此系明代官方首次编纂《问刑条例》。明武宗及明世宗均认可继续遵行《问刑条例》。

附带值得一提的是,明代问刑衙门在律令、条例之外,对于具体个别案件,有所谓"参语"。所谓"参语"是指问刑衙门定拟判决的参考意见,这些参考意见是问刑衙门针对具体个别案件拟具的判决意见,情重律轻者,或为加重,情轻律重者,或为减轻,这是在律例规定之外的加重或减轻,自然是违法不当的,不足为训。

景泰年间,大理寺卿薛瑄即提出法司拟罪附加参语一事,后经奏准,不许妄加参语。明宪宗亦诏令不许妄引参语,明孝宗亦诏令不许妄加参语,明世宗亦诏令不许妄引参语。

关于律与例的关系,明初洪武年间即有争议。洪武二十四年(1391)九月乙巳,浙江省嘉兴府通判庞安上言:"律者,万世之常法。例者,一时之旨意。岂可以一时之例坏万世之法。……今之律即古所谓法,国家布大信于天下者也。例者即古之所谓敕,出于一时之命也。"上然其言。① 庞安的意见基本上与明太祖的意见相符合,所以明太祖同意他的意见。但是明代自洪武年间起即有需要制定具有特别法及补充法双重性质的条例,这个潮流是挡不住的。

弘治十三年,刑部奏:"洪武末,定《大明律》,刑官始得据依为拟议,轻重画一。后又申明《大诰》诸有罪减等。累朝遵用,而法外遗奸。列圣时推移损益之,而有例。例非律所该,而实大不违远于律,特用辅律,非以破律也。而中外巧法吏,或借以文饰私怒,多引例便己意,而律寝格不用。"于是命尚书白昂、都御史闵珪,会九卿查议条陈,定夺画一,其余冗琐并革。昂等条上,命复详。更上。已,上复摘条例中疑者六条,命复议。已,乃布行。②

弘治十三年,刑部等衙门认为,在律和《大诰》之外,历代皇帝时常推移损益之,因此产生了例。但他们认为,"例非律所谈,而实大不违远于律,特用辅律,非以破律也。"换言之,他们认为例(或条例)是补充法,用以补充律之不足,故曰:"例以辅律,非以破律。"因此,制定《问刑条例》并不违反祖制。但事实上,例(或条例)有特别法与补充法两种性质。就具有补充法性质的例而言,固然是"以例辅例"。但就具有特别法性质的例而言,则是"以例破律"。

弘治十三年以后,律例并行。律未规定而例有规定之事项,自应适用例。

---

① 《明太祖实录》,卷二一二,洪武二十四年九月乙巳。

② 孙承泽:《春明梦余录》,卷四十四,《刑部一》。

律例均有规定事项,适用例而不适用律,此即所谓"以例破律",例之效力恒高于律,惟明代官方始终未明确承认例之效力高于律。有明一代,律例效力孰高孰低问题,始终未获解决。这项争执至清初顺、康、雍时期仍然存在,直至乾隆时始获解决,乾隆谕令,"有例则置其律",确认例之效力高于律。

三　刑部复核程序(附大理寺复核程序)

直隶及各省徒流死罪案件,洪武年间,系由都、布、按三司各自申呈刑部或都察院。永乐以后,渐改由按察使司申呈刑部。正统以后,成为定制。弘治以后,除按察司外,亦有由巡按御史或巡抚申呈刑部者。依明制,直隶及各省各衙门奏闻皇帝有关司法审判案件时,应以题本呈送通政使司,由通政使司奏闻皇帝,经内阁票拟、皇帝批红后,发交刑部或都察院复核。

直隶及各省徒流死罪案件发交到部时,由刑部十三司依其职掌分别审理。《明史·职官志》曰:"十三司各掌其分省及兼领所分京府、直隶(各府)之刑名。"①《大明会典》定曰:"浙江等十三司,各设郎中、员外郎、主事,令各清理所隶布政司刑名,仍量其繁简,带管直隶府州,并在京衙门,凡遇刑名,各照部分送问发落。"②

刑部十三司分理十三布政司之刑名案件,某司即掌理某布政司之刑名案件,如浙江司即掌理浙江布政司之刑名案件,其他各司亦同。至于南北直隶刑名案件,由刑部十三司带管,兹列表说明如下:

刑部十三司复核南北直隶(各府)案件职掌分配表

刑部十三司	南北直隶各府
1. 浙江司	南直隶和州
2. 江西司	南直隶庐州府
3. 福建司	南直隶常州府、广德州
4. 山东司	南直隶凤阳府、滁州
5. 四川司	南直隶松江府、北直隶大名府
6. 山西司	南直隶镇江府、徐州
7. 湖广司	南直隶池州府、宁国府
8. 广东司	南直隶应天府、北直隶延庆州
9. 广西司	南直隶安庆府、徽州府
10. 河南司	南直隶淮安府、扬州府
11. 陕西司	南直隶太平府
12. 云南司	北直隶顺天府、北直隶永平府、广平府
13. 贵州司	南直隶苏州府、北直隶保定府、河间府、真定府、顺德府

---

① 《明史》,卷七十二,《职官一》。
② 《大明会典》,卷一五九,《刑部一》。

刑部十三司各设郎中、员外郎及主事等官,均系法官。刑部十三司官员复核直隶及各省刑名案件时,应依《大明律》及《问刑条例》复核。复核时应注意下列四项断罪原则:

(一) 断罪依新颁律

《明律》第 45 条(断罪依新颁律)规定:"凡律自颁降日为始,若犯在已前者,并依新律拟断。"(本条适用范围,除律以外,应兼及条例。)

(二) 引律比附,议定奏闻

《明律》第 46 条(断罪无正条)规定:"凡律令该载不尽事理,若断罪而无正条者,引律比附,应加应减,定拟罪名,转达刑部,议定奏闻。若辄断决,致罪有出入者,以故失论。"

(三) 断罪不得听从上司主使

《明律》第 60 条(奸党)规定:"若刑部及大小各衙门官吏不执法律,听从上司主使,出入人罪者,罪亦如之。"(本条规定有审判独立之精神,值得注意。)

(四) 断罪引律令

《明律》第 439 条(断罪引律令)规定:"凡断罪皆须引律令。违者,笞三十。若数事共条,止引所犯罪者,听。其特旨断罪,临时处治,不为定律者,不得引比为律。若辄引此,致罪有出入者,以故失论。"

刑部十三司各司内部如何分工,目前尚不明晰。各司官员复核案件时,仍会受到尚书及侍郎之影响,似难完全审判独立。万历十四年(1586)六月庚午,"刑部山西司主事黄道瞻奏:'江西临江府民王民祉、李臣保、原任知府钱若赓罪,坐二犯永戍,似属冤滥。乞敕释放,仍将钱若赓并行原有。'上曰:'若赓打死多命,好民庇护问遣,有何可矜?刑狱重情,自有堂官主张。黄道瞻系司属,如何辄来渎扰!令降一级调外。'"[①] 明神宗认为"刑狱重情,自有堂官主张。"换言之,刑部十三司司官(郎中、员外郎及主事)复核案件时,仍应尊重堂官(尚书及侍郎)之意见。

刑部十三司官员复核案件时,如遇有律例未规定事项,应依《明律》第 46 条(断罪无正条)规定处理,亦即"引律比附,应加应减,定拟罪名,转达刑部,议定奏闻。"但在实务上,刑部官员复核案件时,如遇律例未规定事项,常依《大明律》第 410 条(不应为)规定处理。按《大明律》第 410 条(不应为)规定:"凡不应得为而为之者,笞四十;(谓律令无条,理不可为者。)事理重者,杖八十。"依本条规定,犯罪事理轻者,笞四十。犯罪事理重者,杖八十。

---

① 《明神宗实录》,卷一七五,万历十四年六月庚午。

《大明会典》定曰:"凡内外问刑衙门议拟囚犯,弘治元年奏准,律无正条,情犯深重者,引律比附,奏请定夺,不得一概俱拟不应。供招之外,不许妄加参语。违者,在内科道官纠劾,在外巡按御史参究。御史有违者,本寺查究。"[①] 换言之,如犯重罪,必须引律比附,奏请定夺。

这些引律比附的案例,如有普遍性而有通行必要时,常经由一定程序成为条例。嘉靖年间,大理寺卿刘玉曾上疏论及此事:"问刑衙门固应遵照律例问拟发落,但民伪日滋,或有所犯出于律例所不载者,或情重律轻,或律重情轻,难以照常科断者,节该刑部、都察院及本寺临时议拟上请,奉有钦依发落。历年以来,非止一端。此皆出于圣明参酌情罪,以补旧章之未备,诚宜传之永远,使司刑者有所遵守也。"[②] 刘玉所说"刑部、都察院及本寺临时议拟上请,奉有钦依发落"者,即系三法司就具体个案"引律比附,议定奏闻"。

关于刑部复核直隶及各省刑名案件的基本原则,洪武末年编定的《诸司职掌》已有规定。《诸司职掌》定曰:[③]

> 凡各布政司并直隶府州遇有问拟刑名、笞杖就彼决断,徒、流、迁徙、充军、杂犯死罪解部审录发落。其合的决绞、斩、凌迟处死罪名,各处开坐备细招罪事由,照行事理,呈部详议。比律允当者,则开缘由具本,发大理寺复拟。如复拟平允,行移各该衙门如法监收听候,依时差官审决。如有决不待时重囚,详拟允当,随即具奏,差官前去审决。其有情词不明,或出入人罪失出入者,驳回改正再问。若故出入情弊显然,具奏,连原问官吏提问。

《大明会典》所载洪武二十六年(1393)定例之文字与《诸司职掌》所定刑部复核程序之文字,完全相同,兹不赘引。《诸司职掌》所定刑部复核程序,基本上沿用至明末。

依照《诸司职掌》的规定,刑部十三司复核直隶及各省刑名案件时,可以有下列三种处理方式:

(一)比律允当者,则开缘由具本,(奏闻皇帝,)发大理寺复拟。

(二)其有情词不明,或出入人罪失出入者,驳回改正再问。

(三)若故出入情弊显然,具奏,(奏闻皇帝,)连原问官吏提问。

---

① 《大明会典》,卷二一四,《大理寺》。

② 孙承泽:《春明梦余录》,卷五十,《大理寺》。

③ 《诸司职掌》,《刑部》。

上述第一种处理方式,即由刑部具本,发大理寺复核(即复拟),是最常见的处理方式。上述第二种处理方式,即由刑部驳回原问衙门改正再问,较为少见,兹举一案例说明如下:①

案例:成化四年(1468)夏四月丁未,浙江黄岩县民应昌、俞楷因私怨聚众各五百余攻斗,有司执四十一人坐以徒,巡按御史张敩谓情重法轻,驳之。即而,知府阮勤议比强盗得财律,敩具以闻。事下,刑部以为律有正条,而敩等所议轻重失宜,宜令重鞫,必求至当。从之。

关于刑部驳回原问衙门改正再问一事,《大明会典》定曰:"在外问刑衙门罪至大辟者,皆呈部详议。议允,则送大理寺复拟,复拟无异,然后请旨施行。其情法未当及已送寺驳回者,俱发回所司再问"② 依本项规定,除情法未当者(指情词不明,或出入人罪失出入者),刑部应发回原问衙门改正再问外,经大理寺驳回者,刑部亦应发回原问衙门改正再问。

直隶及各省徒流死罪案件,刑部复核后,"比律允当者,则开缘由具本,发大理寺复拟。"刑部移送之直隶及各省徒流死罪案件,由大理寺左右寺依其职掌分别复审,明人谓之"审录参详"《明史·职官志》曰:"(大理寺)左、右寺分理京畿、十三布政司刑名之事。"③ 明成祖永乐年间至明神宗万历八年,大理寺右寺分管直隶及各省刑名案件。《大明会典》定曰:"万历九年,以二寺事务繁简不均,题准,以刑部十三司、都察院十三道分管衙门,分左右二寺审谳。今左寺审浙江等六司道,右寺审江西等七司道。"④

万历九年后,大理寺左右寺分理十三布政司之刑名案件,左寺分管刑部浙江、福建、山东、广东、四川、贵州六司复核之刑名案件。右寺分管刑部江西、陕西、河南、山西、湖广、广西、云南七司复核之刑名案件。至于由刑部十三司带管之南北直隶刑名案件,不论所带管之司分,统由右寺复核。

大理寺左右寺各设寺丞、寺正、寺副及详事等官,大理寺左右寺官员复核刑部移送之直隶及各省刑名案件时,应依《大明律》及《问刑条例》复核。复核时亦应注意前已述及之四项断罪原则。

关于大理寺复核刑部移送之直隶及各省刑名案件之基本原则,洪武末年编定之《诸司职掌》已有规定。《诸司职掌》定曰:⑤

---

① 《明宪宗实录》,卷五十三,成化四年夏四月丁未。
② 《大明会典》,卷一七七,《刑部十九》。
③ 《明史》,卷七十三,《职官二》。
④ 《大明会典》,卷二一四,《大理寺》。
⑤ 《诸司职掌》,《大理寺》。

凡在外都司、布政司、按察司,并直隶卫、所、府、州一应刑名问拟完备,将犯人就彼监收,具由申达合干上司。都司并卫所申都督府,布政司并直隶府州申呈刑部,按察司呈都察院,其各衙门备开招罪,转行到寺详拟,凡罪名合律者,回报如拟施行。内有犯该重刑,本寺奏闻回报。不合律者,驳回再拟。中间或有招词事情含糊不明者,驳回再问。

《大明会典》所载洪武二十六年定例之文字与《诸司职掌》所定大理寺复核程序之文字,完全相同,兹不赘引。《诸司职掌》所定大理寺复核程序,基本上沿用至明末。

依照《诸司职掌》之规定,大理寺左右寺复核刑部移送之直隶及各省刑名案件时,可以有下列三种处理方式:

(一)凡罪名合律者,回报(刑部)如拟施行。内有犯该重刑,大理寺奏闻(皇帝)回报(刑部)。

(二)不合律者,驳回(刑部)再拟。

(三)招词事情含糊不明者,驳回(刑部,由原问衙门)再问。

上述第一种处理方式,即由大理寺回报刑部如拟施行。其中徒流罪案件,大理寺复核认为罪名合律者,即可结案,由刑部转知原问衙门施行。至于死罪案件,须由大理寺奏闻皇帝奉旨依议后,回报刑部,如拟施行。上述第二种处理方式,即由大理寺驳回刑部再行定拟(再拟)。上述第三种处理方式,即大理寺驳回刑部,请原问衙问再行审问(再问)。后面两种处理方式较为少见。

刑部与大理寺同为法司,两衙门复核意见不同在所难免,隆庆三年(1569),刑部与大理寺曾因适用《大明律》意见不同一事,两衙门发生争执。隆庆三年正月己巳,大理寺左少卿王诤言:"我朝设刑部以掌刑名,又设大理寺以评审之,本以相济而非以相病也。今问刑官不能输心服善,多务求胜,每每违背律例独任意见,或曰难以照常发落,或曰合比某事拟罪,自创一例,略无顾忌。臣请以近事一二征之。"

大理寺左少卿王诤所言之事,其内容如下:[①]

其一:"律文所谓:'凡奉制书有所施行而违者,杖一百。'本指制诰而言,今则操军违限,守卫官军不入直,开场赌博,概用此律。臣尝驳之,则执称律例皆制书也。然则《大明律》皆不必用,独用制书有违一句足矣!"

其二:"律文犯奸条下所谓:'买休卖休和娶人妻'者,本指用财买求其夫,

---

① 《明穆宗实录》,卷二十八,隆庆三年正月己巳。

使之休卖其妻,因而娶之者言也,故律应离异归宗,财礼入官。至若夫妇不合者,律应离异,妇人犯奸者,律从嫁卖,则后夫凭媒用财娶为妻者原非奸情,律所不禁矣。今则概引买休卖休和娶之律,悉令离异,财礼入官。臣尝驳之,则又执称买休卖休和娶人妻原不系奸情。然则何为载于犯奸条下也?"

其三:"律文所谓:'不应得为而为之者,笞四十,重者杖八十。'盖为律文该载不尽者方用此律也?若所犯明有正条,自当依本条科断。今人之所犯有手足殴人成伤者,应笞三十,以他物成伤者应笞四十,此罪名之当得者也,今之议罪则曰:'某除殴人成伤轻罪不坐外,合依不应得而为之,事理重者律,杖八十。'夫既除殴人轻罪不坐,则无罪可坐矣!而又坐以不应得为,臣不知其所谓不应得为者何事也。人命至重,宪典昭然,恐不应附会偏执如此。"

对于王诤的法律意见,上"令刑部、都察院公议以闻",刑部尚书毛恺执奏部拟皆是:[1]

> 买休卖休,及本夫卖无罪之妻为义绝,本妇从嫁卖之命为失节,买休人娶有夫之妇为苟婚,故彼此俱罪本妇归宗也。若犯奸,自有正律,不当傅此。京操班军违限,乃题准事例,非制书有违而何?事变无穷,律文有限,则有不应得为而为之律,盖成法也。事有情重律轻者,则难以照常发落;罪有律无正条者,则比附律条奏请,亦成法也,而曰:"自创一例,略无顾忌。"何耶?

上述大理寺与刑部关于适用《大明律》意见不同的争执,就法言法,大理寺的法律意见较为合法妥当。当时这项争执,"都察院左都御史王廷、刑科左给事中陈行健等皆以诤议为是。"最后的结果是,"上乃命更议买休卖休律,而戒恺等今后问拟评驳务协心详审,以副朝廷钦恤之意。"[2]

明代三法司中,刑部之权较重。明代末年,部权尤重,刑部已渐凌驾都察院与大理寺之上。大理寺虽职司驳正,有权复核刑部及都察院移送之刑名案件,但刑部每每不予尊重。明代中期以后,这种情形日趋明显。嘉靖四十二年(1563)四月,刑科都给事中李瑜纠大理失平反之职,言:"国家设大理寺以审谳,盖付之以天下之平也。近闻该寺谳囚,非不间有参驳,苟见该部执拗,即以无词复之。甚至狱词已付廷评,而该部意有出入,辄复追改,寺臣

---

① 《明穆宗实录》,卷二十八,隆庆三年正月己巳。

② 同上。

亦径从之。此于政体果安在哉？"①

对于大理寺的驳回再问，直隶及各省问刑衙门亦多弁髦视之，不愿认真再行审问。成化年间，"给事中白昂言：'大理寺审录有词称冤人犯，驳回在外衙门再问，多偏执己见，不与辩明，或用非法重刑，锻炼成狱。囚人虑其驳回，必加酷刑，虽有冤枉，不敢再言。今后有问招不明，拟罪不当者，俱乞改调相应官员问理，不许锻炼成狱。违者，虽无赃，亦依律问罪。'从之。"②

上述成化年间给事中白昂奏陈之事，应系成化七年(1471)之事，《明会要》所载较详：③

> 成化七年，刑科给事中白昂等奏言："大理寺审录有词称冤人犯，驳回再问者多，行移调问者少。及巡抚、巡按官并在外衙门详议所属申详囚犯，内有情弊者，亦皆驳回再问。致被偏执己见，不与辨明，多用非法重刑，锻炼成狱。囚人虑其驳回必加酷刑，虽有冤枉，不敢再言。今后乞命在内法司，使遵诸司职掌事例行之。在外参审所属申详囚犯，中间如有问招不明，拟罪不当，及有词称冤者，俱听改调别衙门问理，不许仍行原问官问理。

依刑科给事中白昂等之奏言，直隶及各省巡抚、巡按官并在外衙门详议所属申详囚犯，如有情弊，多驳回原问衙门再问。依此可以推断，大理寺复核刑部所移送之直隶及各省案件，遇有招词事情含糊不明，驳回再问者，直隶及各省巡按、巡抚或按察司，亦多驳回原问衙门再问。驳回再问时，原问衙门多偏执己见，不与辨明。故白昂等乞令在外问刑衙门遇有问招不明等情事时，应改调别衙门问理，此即所谓"行移调问"。

四　都察院复核程序(附大理寺复核程序)

明代三法司中，都察院的地位非常重要，都察院是兼理刑名的中央司法审判机关。刑部与都察院是"平行的两组司法审判系统"，一组是刑部与大理寺，另一组是都察院与大理寺。第一组以民人案件为主，兼及职官案件。第二组以职官案件为主，兼及民人案件。

都察院与大理寺形成另一组的司法审判复核系统，是明初历史演变形

---

①　孙承泽：《天府广记》，卷二十四，《大理寺》。
②　孙承泽：《春明梦余录》，卷五十，《大理寺》。
③　《明会要》，卷六十五，《刑二》。

成的结果,是逐渐形成的,而不是一次确立的。洪武十年(1377)秋七月乙巳,"诏遣监察御史巡按州县。"① 洪武二十六年(1393)定,"(都察院)其属有十二道监察御史。凡遇刑名,各照道分送问发落。其有差委监察御史,出巡、追问审理、刷卷等事,各具事目,请旨点差。"② 此所谓"出巡、追问审理",即系钦差监察御史审理直隶及各省刑名案件的依据。

明初,巡历直隶及各省所属各府州县一事,并非巡按监察御史所专属,按察司分巡官亦有权巡历。《大明会典》定曰:"国初,监察御史及按察司分巡官,巡历所属各府州县,颉颃行事。洪武中,详定职掌,正统间,又推广申明,著为《宪纲》及《宪体》、《相见礼仪》,事例甚备。迨后按察司官,听御史举劾,而御史始专行出巡之事。"③ 按察司官听御史举劾一事,应系正统末年之事。正统末年后,巡按监察御史始专行出巡之事。

洪武末年编定的《诸司职掌》规定"钦差监察御史出巡追问"事宜。《诸司职掌》定曰:④

> 凡在外军民人等赴京,或击登闻鼓,或通政司投状,陈告一应不公冤枉等事。钦差监察御史,出巡追问,照出合问流品官员,就便请旨拿问,带同原告,一到追问处所。着令原告,供报被告干连人姓名、住址立案。令所在官司,抄案提人。案验后,仍要抄行该吏书名画字。如后呈解原提被告人到,不许停滞。即于来解内立案,将原被告当官引问,取讫招供服辩,判押入卷,明立文案。开具原发事由,问拟招罪,照行事理。除无招笞杖轻罪,就彼摘断,徒流死罪,连人卷带回审拟,奏闻发落。余并与问拟刑名同。

《大明会典》将上述规定称为"追问公事"。《大明律》第5条(职官有犯)规定:"凡京官及在外五品以上官有犯,奏闻请旨,不许擅问。六品以下,听分巡御史、按察司并分司取问明白,议拟闻奏区处。"在外军民人等赴京,或击登闻鼓,或赴通政司投状,呈告冤枉等事。各衙门奏闻皇帝后,视案情钦差监察御史出巡追问。这种案件多系直隶及各省案件,又多牵涉职官犯罪案件。案件如牵涉五品以上官员,钦差监察御史依《大明律》须请旨拿问。

---

① 《明太祖实录》,卷一一三,洪武十年秋七月乙巳。
② 《大明会典》,卷二〇九,《都察院一》。
③ 同上书,卷二一〇,《都察院二》。
④ 《诸司职掌》,《都察院》。

钦差监察御史应带同原告齐赴追问处所,问明原告及被告后,问拟招罪。笞杖罪案件,钦差监察御史即可断罪结案。徒流死罪案件,钦差监察御史须连人卷,带回京师由都察院审拟(复核),奏闻皇帝发落。

在《诸司职掌》一书"追问"条目下,其最末一句为"余并与问拟刑名同"。换言之,洪武年间,钦差监察御史赴直隶及各省追问公事时,徒流死罪案件,应带回京师都察院审拟(复核),颇为耗费人力。此时,钦差监察御史带回京师之直隶及各省案件,即成为京师案件,应依京师案件审判程序审理。故曰"余并与(都察院)问拟刑名同"。

宣德以后,皇帝定期派遣监察御史巡按府州县成为定制,原则上一年一更。皇帝钦差监察御史赴直隶及各省追问公事之事因耗费人力,渐少派遣,遇有此类案件(如上述京师之鼓状或通状案件),皇帝多发交直隶及各省巡按御史审理。此时,巡按御史成为初审机关,都察院则成为复核机关。巡按御史所审理者多为职官犯罪案件,申报都察院复核者亦多为职官犯罪案件。

直隶及各省职官犯罪案件发交到院时,由都察院十三道依其职掌分别审理。《大明会典》定曰:"(都察院)十三道,各理本布政司及带管内府监局在京各衙门、直隶府州卫所刑名等事。"[1]

都察院十三道分理十三布政司之刑名案件,某道即掌理某布政司之刑名案件,如浙江道即掌理浙江布政司之刑名案件,其他各道亦同。至于南北直隶刑名案件,由都察院十三道带管,兹列表说明如下:

都察院十三道复核南北直隶(各府)案件职掌分配表

都察院十三道	南北直隶各府
1. 浙江道	南直隶庐州府
2. 江西道	直直隶淮安府
3. 福建道	南直隶常州府、池州府
4. 四川道	南直隶松江府、广德州
5. 陕西道	南直隶和州
6. 云南道	北直隶顺天府、永平府、广平府
7. 河南道	南直隶扬州府,北直隶大名府
8. 广西道	南直隶安庆府、徽州府,北直隶保定府、真定府
9. 广东道	北直隶延庆州,南直隶应天府
10. 山西道	南直隶镇江府、太平府
11. 山东道	南直隶凤阳府、徐州、滁州
12. 湖广道	南直隶宁国府
13. 贵州道	南直隶苏州府,北直隶河间府、顺德府

---

[1]　《大明会典》,卷二○九,《都察院一》。

都察院十三道各设监察御史若干员,均系法官。都察院十三道官员复核直隶及各省职官犯罪案件时,应依《大明律》及《问刑条例》复核。复核时亦应注意四项断罪原则,均如同刑部十三司复核直隶及各省刑名案件之情形。

依照《诸司职掌》的规定,刑部十三司复核直隶及各省刑名案件时,可以有下列三种处理方式:

(一) 比律允当者,则开缘由具本,发大理寺复拟。

(二) 其有情词不明,或出入人罪失出入者,驳回改正再问。

(三) 若故出入情弊显然,具奏,连原问官吏提问。

笔者认为,上述刑部十三司复核直隶及各省刑名案件的三种处理方式,基本上,都察院都可以准用。

都察院复核之直隶及各省职官犯罪案件,有由镇巡官申报者,有由按察司申报者,有由巡按御史申报者,其情形不一。兹分别举例说明如下:

(一) 由镇巡官申报者

例一:正德七年(1512)十二月壬戌,"初辽东三卫鞑子为恍惚鞑子所逐,驱其牲畜入境以避难,守备宁远部指挥佥事马骠与百户钱成谋邀杀之,而分取其所有,诡称犯边,以希升赏。即而三卫丑类夷人叩边索偿,镇巡官审诘,具得其实情以闻。都察院议:'三边夷人为边境藩篱,骠等贪利妄杀,开惹衅端,法不可贷,当斩。'狱上,得旨:'骠、成依律处决,官舍听骠指使者,俱发边卫充军。'"① (本案系职官犯罪案件)

例二:正德元年(1506)六月己巳,"四川松藩副总兵韩雄克减赏番布帛。致番夷截路杀伤守备官军,令千户马昂督敌而昂临阵先退。镇巡官劾奏逮问,昂坐斩,雄当充边军。都察院复奏,得旨:'昂如拟,雄并妻子谪陕西固原卫。'"② (本案系职官犯罪案件)

例三:正德十一年(1516)六月庚午,"山东平原县人胡文智以妖术往来卫、辉等处,……将图不轨,为辉县知县朱卿所收捕,逮赴河南镇巡官鞫问,得实,都察院议复,文智、德厚、端、净和皆凌迟枭首,族属财产没官。伯川等四十九人以谋叛未行,坐绞及流者有差。"③ (本案系民人谋反犯罪案件)

(二) 由按察司申报者:

案例:弘治十一年(1498)七月壬子,"先是,宁夏右屯卫指挥佥事钟亮挟

---

① 《明武宗实录》,卷九十五,正德七年十二月壬戌。

② 同上书,卷十四,正德元年六月己巳。

③ 同上书,卷一三八,正德十一年六月庚午。

仇妄打罚守军人邓连沿身虚怯等处七百有余,即时身死。陕西按察司佥事李端澄拟,(钟亮)赎杖还职。都察院复奏,令再问。端澄执议如初。本院又奏:'据亮招词,自有官怀挟私仇故勘平人致死斩罪正律,宜仍行巡抚、巡按等官从公鞫问,改拟如律。原问官端澄议拟不当,亦乞治罪。'命巡按监察御史逮治之。"①(本案系职官犯罪案件)

(三)由巡按御史申报者:

例一:正德元年(1506)正月癸卯初,"福佑之乱,云南守臣委都指挥使刘桓领兵至贵州平夷卫戍守。……至是,巡按御史董钥坐晟斩,桓罢职充军,孟吉赎杖还职。又言原情则晟有可矜,桓、孟吉俱难轻贷。都察院复奏,当桓永远充军,革世袭;孟吉降级。诏是之,免晟死,与桓俱谪戍南海卫,孟吉降三级,带俸差操。"②(本案系职官犯罪案件)

例二:正德元年(1506)二月壬戌,"分守金腾参将卢和性贪暴,挟索夷人金宝以万计……下巡按御史验问,俱拟斩;和所用千户李纶坐与夷通市,叙所用土官镇抚谢宏、越钺坐强索财物,俱拟永远充军。都察院复奏,和及纶、宏、钺如拟;叙减降充军。诏是之,发叙充孝陵神宫监军。"③(本案系职官犯罪案件)

例三:正德二年(1507)二月壬午,"万全卫纳粟都指挥佥事倪镇坐守备不设,下巡按御史逮问,拟谪戍。都察院复奏,镇部下有斩获功,且失事不多,乃令赎杖还职。"④(本案系职官犯罪案件)

例四:正德十年(1515)十一月辛丑,"宁备郴、桂部指挥佥事卢振以广东流贼入境,畏缩不能剿捕,贼退,又执平民为盗,多死者,下巡按御史逮问,拟斩。都察院复奏。诏如拟,监候。"⑤(本案系职官犯罪案件)

例五:嘉靖七年(1528)十月甲辰初,"徐州卫指挥佥事徐爵以侵克军粮被讼于州。知府王邦瑞得爵奸状,欲抵爵监守自盗律。爵潜走京师,邦瑞因即遣人诣京师踪迹其事,具告于中城御史张璠。璠笞爵,递解回州。爵乃诬奏邦瑞枉法,且言邦瑞遣人赂璠,故璠为邦瑞出力。事下巡按御史王鼎问状,璠回籍听候。鼎按爵所奏皆无验,仍拟爵赃罪,邦瑞准赎,璠复职。至是,都察院复奏,爵等罪皆允当……得旨:'依拟发落,张璠仍行巡抚都御史

---

① 《明孝宗实录》,卷一三九,弘治十一年七月壬子。

② 《明武宗实录》,卷九,正德元年正月癸卯。

③ 同上书,卷十,正德元年二月壬戌。

④ 同上书,卷二十三,正德二年二月壬午。

⑤ 同上书,卷一三一,正德十年十一月辛丑。

逮问。'"① （本案为职官犯罪案件）

直隶及各省职官犯罪案件，都察院复核后，应比照刑部复核程序，"比律允当者，则开缘由具本，发大理寺复拟。"都察院移送之直隶及各省徒流死罪案件，由大理寺左右寺依其职掌分别审理。明成祖永乐年间至明神宗万历八年，大理寺右寺分管直隶及各省刑名案件。《大明会典》定曰："万历九年，以二寺事务繁简不均，题准，以刑部十三司、都察院十三道分管衙门，分左右二寺审谳。分左寺审浙江等六司道，右寺审江西等七司道。"②

万历九年后，大理寺左右寺分理十三布政司之刑名案件，左寺分管都察院浙江、福建、山东、广东、四川、贵州六道复核之刑名案件。右寺分管都察院江西、陕西、河南、山西、湖广、广西、云南七道复核之刑名案件。至于由都察院十三道带管之南北直隶刑名案件，不论所带管之道分，统由右寺复核。

关于大理寺复核都察院移送之直隶及各省刑名案件之基本原则，洪武末年编定之《诸司职掌》已有规定。《诸司职掌》定曰：③

> 凡在外都司、布政司、按察司，并直隶卫、所、府、州一应刑名问拟完备，将犯人就彼监收，具由申达合干上司。都司并卫所申都督府，布政司并直隶府州申呈刑部，按察司呈都察院，其各衙门备开招罪，转行到寺详拟，凡罪名合律者，回报如拟施行。内有犯该重刑，本寺奏闻回报。不合律者，驳回再拟。中间或有招词事情含糊不明者，驳回再问。

《大明会典》所载洪武二十六年定例之文字与《诸司职掌》所定大理寺复核程序之文字，完全相同，兹不赘引。《诸司职掌》所定大理寺复核程序，基本上沿用至明末。

依照《诸司职掌》之规定，大理寺左右寺复核都察院移送之直隶及各省刑名案件时，可以有下列三种处理方式：

（一）凡罪名合律者，回报（都察院）如拟施行。内有犯该重刑，大理寺奏闻（皇帝）回报（都察院）。

（二）不合律者，驳回（都察院）再拟。

（三）招词事情含糊不明者，驳回（都察院，由原问衙门）再问。

大理寺复核都察院移送之直隶及各省刑名案件，其处理方式与大理寺

---

① 《明世宗实录》，卷九十三，嘉靖七年十月甲辰。
② 《大明会典》，卷二一四，《大理寺》。
③ 《诸司职掌》，《大理寺》。

复核刑部移送之直隶及各省刑名案件之处理方式相同,兹不赘述。

大理寺复核都察院移送之直隶及各省刑名案件时,驳回都察院再拟之案例并不多见,兹举一案例说明之:

案例:永乐初年,"都察院论诓骗罪,准洪武榜例,枭首以徇。大理寺少卿虞谦奏:'比奉诏,准律断罪。诓骗当杖流,枭首非诏书意。'帝从之。"①

五　皇帝裁决

大理寺复核刑部或都察院移送之直隶及各省刑名案件,凡罪名合律者,一般徒流罪案件,大理寺回报刑部或都察院,如拟施行。惟犯重刑(死罪)者,大理寺须奏闻皇帝后再回报刑部或都察院。后者,大理寺应以题本奏闻皇帝。这类题本通常至会极门递本,由司礼监收本,将题本呈送皇帝亲览。但事实上,皇帝多不亲览,而交由司礼监秉笔太监代为处理,司礼监秉笔太监决定发交内阁票拟,或不发交内阁票拟。一般言之,绝大多数题本均发交内阁票拟,仅少数案件不发交内阁票拟。

大理寺题本如发交内阁票拟,则由内阁依其规制票拟后,奏闻皇帝。大理寺题本如不发交内阁票拟,则易发生弊端。皇帝(或皇帝授权的司礼监太监)或"留中不发",即将题本留存于宫中,既不发交,也不批示。或自行批发,即所谓"内批"。内批或出于皇帝之手,或出于司礼监之手,外臣难以得知,弊端即由此而生。

隆庆年间,大学士高拱曾上疏乞将一应章奏,俱发内阁看详。高拱曰:②

国朝设内阁之官,看详章奏拟旨,盖所以议处也。今后伏望皇上将一应章奏俱发内阁看详拟票上进,若不当上意,仍发内阁再详拟上。若或有未经发拟,自内批者,容臣等执奏明白,方可施行,庶事得停当,而亦可免假借之弊。其推升庶官,及各项陈乞,与凡一应杂本,近年以来,司礼监径行批出,以其不费处分,而可径行也。然不知推升不当,还当驳正;其或情事有欺诡,理法有违犯,字语有乖错者,还当惩处。且内阁系看详章奏之官,而章奏乃有不至内阁者,使该部不复,则内阁全然不知,岂不失职。今后,伏望皇上命司礼监除民本外,其余一应章奏,俱发内阁看详,庶事体归一,而奸弊亦无所逃矣。

---

① 《明史》,卷一五○,《虞谦传》。
② 孙承泽:《春明梦余录》,卷二十三,《内阁一》。

对于皇帝发交内阁票拟的三法司有关司法审判的题本,内阁大学士即得经由票拟,表示其处理意见。内阁大学士对三法司有关司法审判之题本,得依实际情形定拟出各种处理意见,或拟准,或拟驳,或拟以其他方式处理。透过票拟权之行使,内阁大学士有权审核三法司定拟之判决,是否妥当或合法。票拟权之行使是内阁大学士参与司法审判的重要方式。

三法司有关司法审判的题本连同内阁大学士的票拟一并奏闻皇帝后,皇帝应以朱笔将其裁决批示于题本之上,皇帝的批示称为"批朱"或"批红",这是皇帝处理政务(含司法审判)的最高裁决权。因各衙门题本数量极为庞大,宣德以后,多数题本授权司礼监太监代为批朱,仅少数题本由皇帝亲批。司礼监太监取得批朱权后,俨然成为皇帝的代理人。内阁始终受制于司礼监,司礼监太监的权势凌驾于内阁大学士之上。

一般言之,皇帝(或皇帝授权的司礼监太监)多依法司定拟之判决意见及内阁之票拟意见加以裁决。皇帝所为之裁决绝大多数系"钦依"之裁决,即 1. 依法司定拟判决之裁决。但皇帝亦可能为:2. 命法司再行复核之裁决,3. 命三法司会同复核(会核)之裁决,4. 另为处置之裁决。兹分述如下:

(一)依法司定拟判决之裁决

直隶及各省案件经刑部或都察院复核后,移送大理寺复核。一般徒流罪案件,大理寺复核平允后,回报刑部或都察院,如拟施行。其中死罪案件,大理寺须再度奏闻皇帝,奏旨钦依(即依法司定拟之判决)后,该死罪案件始为结案,刑部或都察院可转知直隶及各省依一定程序执行死刑。

(二)命法司再行复核之裁决

直隶及各省案件,法司定拟判决意见并经内阁票拟后,皇帝如认法司定拟之判决意见并不妥当或合法,可命法司再行复核之裁决.兹举例说明之:

例一:天启三年(1623)七月辛卯,"山东巡抚赵彦参英国公远族张枢假英国公名,招党骚驿,违抗官司,包揽津关,封占田宅,闯入滕邑,假旨领兵洗城,恐吓滕民,拟戍。诏令(法司)从重拟。所司拟假传圣旨妖言惑众律处斩。"①

例二:万历十年(1582),歇人杨文学"僭用官服,私造批牌,逼死平民。事发,浙江抚按问拟文学诈称官律奏闻。上以其罪深重,令法司改拟。于是刑部引诈传诏旨律及私自净身律以请。文学枭示,喜坐斩。"②

---

① 《明熹宗实录》,卷三十六,天启三年七月辛卯。
② 《明神宗实录》,卷一二八,万历十年九月戊寅。

（三）命三法司会同复核（会核）之裁决

直隶及各省案件，法司定拟判决意见并经内阁票拟后，皇帝如认案情重大，须由三法司会同复核者，可命三法司会同复核。兹举一案例说明之：

案例：正德八年（1513）十一月辛巳，广东南海县因田土侵占杀人事牵连大学士梁储之子梁次摅、故工部尚书之子戴缙之子戴仲明，府按官审勘问后，上命"给事中刘禔、刑部郎中张大麟会巡抚都御史林廷选、巡按御史高公韶勘之。"案件奏闻皇帝后，"乃下三法司议拟。左都御史陆完、刑部尚书张子麟等复奏：各犯依拟，次摅仍行镇巡官逮问"①。

（四）另为处置之裁决

直隶及各省死罪案件，法司定拟判决意见并经内阁票拟后，皇帝如认法司定拟之判决意见并不妥当或合法，皇帝得自行另为处置。在明代，君主至上，帝权至高无上，皇帝握有司法审判的最高裁决权，或为加重其刑之裁决，或为减轻其刑之裁决，或为赦免之裁决，或为其他之裁决。皇帝另为处置之裁决，其内容多种多样，难以尽述。对于皇帝任意加减其刑的情形，明代三法司官员多不赞成，正统年间，大理寺卿刘球即曰②：

> 近者，法司所上狱状，有奉敕旨减重为轻、加轻为重者，法司既不敢执奏；至于讯囚之际，又多有所观望，以求希合圣意，是以不能无枉。臣窃以为一切刑狱宜从法司所拟，设有不当，调问得情，则罪其原问之官。……宜令法司：今后文武之臣，除犯公罪许赎外，其余俱依律问拟。则刑赏申而宪典彰矣。

万历年间，刑部尚书舒化亦曰：③

> 《大明律》一书，高皇帝揭诸两庑，手为更定，今未经详断者，有从重拟罪之旨，已经定议者，有加等处斩之旨，是谓律不足用也。去冬雨雪不时，两京皇城之内频见不戢之灾，咎当在此。

在君主政治之下，君权至上，君权压倒一切，三法司官员的上书建言终归是无效的，明代皇帝在司法审判上始终拥有极大的权力。对明代皇帝而

---

① 《明武宗实录》，卷一〇六，正德八年十一月辛巳。
② 孙承泽：《春明梦余录》，卷四十五，《刑部二》。
③ 《明神宗实录》，卷一五八，万历十三年二月丙辰。

言,现代人所称的"审判独立"是难以存在的。但对中央三法司及在外问刑衙门而言,现代人所称的"审判独立"仍有部分的拘束力,也是他们努力的目标。

兹就直隶及各省案件,皇帝另为处置之裁决,举例说明如下:

1. 加重其刑之裁决

案例:弘治六年(1493)十月乙酉,直隶大名府滑县县民程宣仁及陈凯教唆无赖子殴打知县冯允中一案,"事闻,都察院拟罪奏请。上以此辈拥众行凶,辱打监临官,吓财物不畏法度,律轻情重,命杖凯与宣仁等七人各一百,并家属械发边卫永远充军。"①

2. 减轻其刑之裁决

案例:万历四十四年(1616)十一月戊寅朔,原任凤阳巡抚李三才有罪案发,"上怒,下法司拟罪。于是刑部右侍郎张问达、都察院署院事、吏部左侍郎李志、大理寺右少卿王士昌,会审各犯……有旨:'李三才既属回籍官,不思省躬修行,辄敢盗卖皇木,侵占厂基,瞻天欺君,且数逞狂妄,挠乱计典,本当处以重辟,念系大臣,姑从轻革职为民,余依拟发落。'"②

3. 赦免之裁决

案例:洪武六年(1373)秋七月己巳,"淮安卫点旗因习射误重军人致死。都督府以过失杀之论之。上曰:'习射公事也,邂逅致死,岂宜与过失杀人同罪。特赦勿问。'"③

4. 其他裁决

皇帝于加减其刑等裁决外,亦得为其他裁决。兹举一案例说明如下:

案例:宣德九年(1434)九月庚辰,"巡抚侍郎于谦及巡按河南监察御史等奏请处决强盗二十一人。敕谦等同三司再会审,果无冤则依律处决。如有冤抑,即与伸理。"④(本件案例系皇帝裁决发回地方原问衙门再问。)

在极少数的情况下,直隶及各省案件,法司定拟判决意见并经内阁票拟后,奏闻皇帝时,皇帝(或司礼监太监)也有可能将三法司题本及内阁票拟均"留中不发",即将该案件全部文件留存于宫中,不作批示。这种作法使得该案件悬而不决,有碍三法司司法审判之正常运作。其详细内容俟后论及"京师案件审理程序"时再作申述。

---

① 《明孝宗实录》,卷八十一,弘治六年十月乙酉。
② 《明神宗实录》,卷五五一,万历四十四年十一月戊寅朔。
③ 《明太祖实录》,卷八十三,洪武六年秋七月己巳。
④ 《明宣宗实录》,卷一一二,宣德九年九月庚辰。

第三节　直隶及各省案件恤刑程序
——审录及五年审录

一　审　录

(一) 审录的类型

明代典制上所称的"审录"有多种类型。笔者整理分析《大明会典》三法司中有关审录的条目后得知,明代直隶及各省案件的"审录"至少有三种类型(广义的审录):

1. 各地提刑按察司或巡按御史就直隶及各省案件所为之复审。

2. 大理寺就直隶及各省各类人犯之复核(即一般正常程序下的大理寺复核)。

3. 三法司官员奉旨前往直隶及各省,就直隶及各省各类人犯之复审。

前二种类型的审录,本书已详述于第三章第二节。本节所述之审录,系第三种类型的审录,亦即狭义的审录。

(二) 审录的起源与目的

关于直隶及各省案件的审理期限,《大明令》吏令规定:"凡内外衙门公事,小事伍日程,中事七日程,大事十日程,并要限内结绝。若事干外郡官司追会,或踏勘田土者,不拘常限。"违反上述规定者应予刑罚。《大明律》第71条(官文书稽程)定曰:"凡官文书稽程者,一日,吏典笞一十,三日加一等,罪止笞四十。首领官各减一等。"

《大明令》虽规定有结绝公事的期限,《大明律》亦有官文书稽程的规定,但实际上,直隶及各省案件长期拖延不决,人犯长期监禁的情形十分普遍。此一现象,明人称为"淹禁"。为解决淹禁问题,明代遂实施审录制度。

关于直隶及各省人犯淹禁的情形,兹条列说明如下:

1. 正统六年(1441)四月甲午,敕曰:"在外三司并卫、所、府、州、县监禁轻囚……动经二三年或七八年监系不决。岁月既久,生死难保。"①

2. 景泰六年(1455)闰六月丙午,南京监察御史苗穗奏言:"臣见南直隶府州县卫所问刑官,不问罪之轻重,一概监禁。有一年不决者,有半年不理者。"②

---

① 《明英宗实录》,卷七十八,正统六年四月甲午。
② 同上书,卷二五五,景泰六年闰六月丙午。

3. 成化十四年(1478)八月二十四日,礼部尚书邹题:"各府县牢狱,不分轻重囚犯,动辄淹禁半年、一年以上,不行问结。"①

(三) 差官审录

明代于各省设提刑按察司,号称"外台",本有审录罪囚之责。洪武十年(1377)秋七月乙巳,"诏遣监察御史巡按州县。"② 亦有审录罪囚之责。洪武十四年(1381),"差监察御史分按各道罪囚。凡罪重者,悉送京师。③ 洪武十六年(1383)秋七月辛亥,"遣监察御史往浙江等处录囚。"④ 洪武十四年及洪武十六年差遣监察御史至各省系专为录囚,与洪武十年差遣监察御史巡按州县之情形不同。但真正由皇帝差遣三法司官员赴直隶及各省审录罪囚,始自洪武二十四年(1391),称为"差官审录"。

《大明会典》曰:"凡在外,五年审录。"⑤ 又曰:"洪武二十四年,差刑部官及监察御史,分行天下,清理刑狱。"⑥ 洪武二十四年所差之审录官系刑部及都察院二法司之官员,正统六年(1441),大理寺官员亦奉旨赴直隶及各省审录罪囚。《大明会典》载:"正统六年,令监察御史及刑部、大理寺官,分往各处会同先差审囚官,详审疑狱。"⑦ 所谓"先差审囚官",是指巡按御史。正统十二年(1447),差官审录之制又变,皇帝不再差遣监察御史,而仅差遣刑部及大理寺二法司官员赴直隶及各省审录罪囚。

《大明会典》载:"(正统)十二年,差刑部、大理寺官往南北直隶及十三布政司,会同巡按御史、三司官审录。死罪可矜可疑,及事无证佐可结正者,具奏处置。徒流以下,减等发落。若御史别有公务,督同所在有司审录。原问官故入等罪,俱不追究。"⑧ 皇帝之所以仅差遣刑部及大理寺二法司官员赴直隶及各省审录罪囚,系因皇帝原已差遣巡按监察御史赴直隶及各省,毋须重复差遣监察御史也。

成化七年(1471)以前,皇帝差官审录直隶及各省罪囚,无固定年分,并非定制。皇帝认为有需要时,即可降旨差官审录直隶及各省罪囚。成化八年(1472),差官审录始定为五年一次,成为定制。

---

① 《皇明条法事类纂》,卷四十六,《刑部类》,《淹禁》。
② 《明太祖实录》,卷一一三,洪武十年秋七月乙巳。
③ 《大明会典》,卷二一一,《都察院三》。
④ 《明太祖实录》,卷一五五,洪武十六年秋七月辛亥。
⑤ 《大明会典》,卷一七七,《刑部十九》。
⑥ 同上。
⑦ 同上。
⑧ 同上。

兹选录洪武二十四年至成化七年差官审录之事例如下，以明成化以前差官审录之实际情形：

1. 洪武二十四年(1391)，"差刑部官及监察御史，清审天下狱讼。"①

2. 永乐九年(1411)夏四月癸巳，"刑部、都察院言：'各布政司、按察司所鞫重囚，审复明白者，请遣官临决。'上曰：'虽云审复明白，然能保其中悉无冤乎？……其再遣人审复来闻，而后遣官决之。'"② 此所谓"审复"即是审录复奏。

3. 宣德八年(1433)八月十八日，皇帝敕谕刑部、都察院、大理寺："今尔等处决天下重狱，夫犯者既皆在外，但凭所具之词，即行处决，其词宁无虚饰者乎？人命至重，死即不可复生。其遣的当官，分临各处，同三司、巡按监察御史及府州县，公同详细审实。若情犯深，果无冤枉，听从处决。如情有可矜、狱有可疑及审异不服者，仍监候具奏，与之辨理。"③ 此所谓"遣官审录"即遣官审录处决(审决)，亦即差官审决。

4. 正统六年(1441)夏四月甲午，"敕监察御史等官详审天下疑狱。……奏令分往各处，会同先遣审囚官及巡按御史、按察司官，于凡囚犯事可疑、情可矜者悉心审谳，务在平恕。"④ 此次审录，三法司官员均奉旨赴各省审录。

5. 正统十二年(1447)，"差刑部、大理寺官往南北直隶及十三布政司，会同巡按御史，三司官审录。"⑤

6. 成化四年(1468)奏准："差本寺寺正及刑部郎中等官，往南北直隶，会同巡按御史审录。"⑥

7. 成化五年(1469)九月癸未，"刑部郎中陈俨审录南直隶狱囚，死罪之有冤者十人……俨皆为辩明，具狱上请，从之。"⑦

二　五年审录

前述皇帝不定期差官审录直隶及各省各类人犯之作法，成化八年(1472)开始制度化。《大明会典》载："成化八年奏准，今后五年一次，请敕差

① 《大明会典》，卷二一一，《都察院三》。
② 《明太宗实录》，卷一一五，永乐九年夏四月癸巳。
③ 《皇明诏令》，卷之八，载《中国珍稀法律典籍集成》，乙编，第三册。
④ 《明英宗实录》，卷七十八，正统六年夏四月甲午。
⑤ 《大明会典》，卷一七七，《刑部十九》。
⑥ 同上书，卷二一四，《大理寺》。
⑦ 《明宪宗实录》，卷七十，成化五年九月癸未。

官往两直隶、各布政司录囚。"① 依据这项敕令,五年举行一次审录。但事实上,五年审录未必如期举行。正德元年(1506)夏四月癸丑,掌大理寺工部尚书杨守随奏:"五年一审录事例详于在京,而略于在外。"② 嘉靖十五年(1536)为办理直隶及各省审录事宜,朝廷并发给恤刑官审录关防。《大明会典》载:"(嘉靖)十五年,铸审录关防十五颗给恤刑官。"③ 五年审录制度益形制度化。

成化八年以后的五年审录制度,《大明会典》定曰:"国朝慎恤刑狱……其在外,则遣部寺官,分投审录。北直隶一员,南直隶江南北各一员。浙江、江西、湖广、河南、山东、山西、陕西、四川、福建、广东、广西各一员,云南、贵州共一员。各奉敕会同巡按御史行事。"④ 定制后的五年审录工作,《大明会典》定曰:"(成化)八年奏定,每五年一次,法司请敕差官,往两直隶、各布政司审录见监一应罪囚。真犯死罪,情真无词者,仍令原问衙门监候呈详,待报取决。果有冤枉,即与辩理。情可矜疑者,陆续奏请定夺。杂犯死罪以下,审无冤枉,即便发落。"⑤

明代的五年审录制度有其制度上的缺失。关于其缺失,嘉靖二十年(1541)三月丙午,刑科给事中庞遂以五年差官审录上言:⑥

> 狱者,民命所关,事至重也。顷司刑之官,苛刻者锻炼深入,苟简者因袭抄誊。上司不察而误信,冤民哀挖而无从。积滞之冤,上干天和,所望以察诬枉、宣德泽者,惟此五年审录之举耳。今差去诸臣复拘泥成案苟且竣事,外有审录之名,内无矜详之实,欲断狱得情难矣。又查差官审事例,原勘原问官出入等罪悉免究问。明例所在,实有深意,若乃明知其枉而顾忌原问,私避嫌谤,故不与辩,或诬入重情,必致之死,此其残忍欺罔之罪,将推诿哉?乞敕所司移文所遣官各会同巡按御史、三司等官,凡一应重囚,务虚心研审,必得情实,有可辩理释放,发遣豁者,皆速与施行。若果有冤枉而初为审辨官所辨出者,原勘原问官仍置不论;如审辨官明知冤抑不与辨,或忌原问而诬入,后为他官所辨出,原问经审官皆宜追论;若本无冤枉而徇私曲纵者,亦宜谴。如此,庶朝廷钦

---

① 《大明会典》,卷一七七,《刑部十九》。
② 《明武宗实录》,卷十二,正德元年夏四月癸丑。
③ 《大明会典》,卷一七七,《刑部十九》。
④ 同上。
⑤ 同上书,卷二一四,《大理寺》。
⑥ 《明世宗实录》,卷二四七,嘉靖二十年三月丙午。

恤之典为虚,而天下可无冤民矣。

嘉靖二十二年(1543)四月壬午,刑部主事江满亦上言五年审录之缺失:①

> 臣等分方谳狱,期广圣恩,但臣所驳问者,所司类不速报,其矜疑大辟奉旨遣发者,复辄易立。……请申禁各省司府,如有仍前怠缓偏执,及已奉钦依擅自更易者,听本部参究诏罪。(报可)

刑部主事江满所说的审录官审录结果"已奉钦依擅自更易"的缺失,嘉靖二十六年(1547)曾敕令地方官改正。《大明会典》载:"(嘉靖)二十六年令,凡经审录官奏审过重囚,奉有钦依饶死者,抚按官即遵照发遣,不许仍执决单,故行奏扰。二司官如有故违钦恤,敢为番异,竟致人于死者,巡按御史指实具劾,本部察访参奏。"②

直隶及各省五年审录完结后,审录官应奏闻皇帝裁决。前已言之,各地提刑按察司及巡按御史本即有审录罪囚之责,皇帝差官赴直隶及各省审录各类人犯,审录人犯一事即有重复之嫌,按察司及巡按御史与审录官(即恤刑官)于审录权责上难免扞格。万历十五年(1587)初,山东巡按御史即曾就审录官与巡按御史之权责建言:"审有矜疑,行有司问明通详,巡按衙门参酌停妥,然后奏请。"同年三月庚戌,刑部认为:③

> 夫矜疑必请详于御史报可,始许具题,是恤刑官为御史一理刑官也,何谓专敕?审过矜疑若干,令法司复行,恤刑官照数具题。是恤刑官尽受成于御史也,何谓钦差?且宪臣主于执法,部臣主于宽恩,各有所重,原不相制。若一一尽专于御史,惟一御史足矣!又何须五年特遣部臣恤刑为?

上述万历十五年有关五年审录权责之争执,奉旨:"巡按御史及恤刑官审录,各照旧行事,不必纷更。今合候命下,使事权各有所属,职司两不相妨。"至于万历年间直隶及各省五年审录的程序,大致如下:

---

① 《明世宗实录》,卷二七三,嘉靖二十二年四月壬午。
② 《大明会典》,卷一七七,《刑部十九》。
③ 《明神宗实录》,卷一八四,万历十五年三月庚戌。

1.（审录官）据原招以别矜疑,允驳听之部议。

2. 法司之奉旨议复也,据原奏以定允驳,可否请自上裁。

五年审录之业务由刑部主办,但皇帝差官审录直隶及各省各类人犯时,直隶及各省地方官因系原勘原问官,责任攸关,故常有掣肘情形。万历十九年(1591)四月辛丑,针对五年审录恤刑制度,刑部题恤刑四款:

> 一、恩恤宜广。奉差官须虚心详审,惟求至当,不拘人数。本部题复,亦惟详其恤之当否,不得以数多参驳。
>
> 二、鞫审宜慎。狱情变伪无穷,须不厌烦劳,吊取始末卷案,前后招对细简严查,临审时详问证佐,务得真情以洗沈冤。
>
> 三、平反宜公。恤臣主于原情,按臣主于执法,各不相戾,苟为摘一二按臣所经参驳之狱以为矜恤,安用恤录为哉! 宜去雷同尚平允,按臣亦宜和衷,共沛德意。
>
> 四、事权宜重。每恤臣所历地方,专责理刑一员听其委分驳勘。府、州、县正官俱不得相抗玩忽。违者揭呈,重则参奏。恤录官事竣,亦听该科分别考核。

直隶及各省案件本应由地方官员自行依限审结,巡按御史又系中央派往地方审录人犯之官员,无论是不定期或五年一次由皇帝差官审录直隶及各省各类人犯,均系叠床架屋,亦容易引起审录官与原问官之矛盾或冲突,并非妥适作法。不定期审录或五年审录制度,清代废弃不用。

第四节　直隶及各省应秋后处决死罪人犯慎刑程序——差官审决

一　差官审决的沿革

明代的死刑制度,洪武初就已分成真犯死罪和杂犯死罪两种。真犯死罪是指极重大的死罪案件,杂犯死罪是指其他非重大的死罪案件。真犯死罪人犯应决不待时,杂犯死罪人犯则多免死戍边。依《大明会典》记载,洪武初定,真犯死罪六十五项,杂犯死罪十三项。洪武三十年定,决不待时七项,秋后处决五十一项,工役终身四十二项。永乐元年定,迁发种田八十八项。① 洪武初定的真犯死罪,洪武三十年(1397)改为决不待时。洪武初定的杂犯死罪,洪武三十年改为秋后处决。

明代的死刑制度在弘治十年(1497)又进行了一次全面的大修正。弘治十年那一年把死刑分为三种:

(一)真犯死罪,决不待时:此即立决,又分为:1. 凌迟处死:共十二项。2. 斩罪:共三十五项。3. 绞罪:共十三项。

(二)真犯死罪,秋后处决:此即监候,又分为:1. 斩罪:共九十三项。2. 绞罪:共七十五项。

(三)杂犯死罪:又分为:1. 斩罪:共四项。2. 绞罪:共七项。

嘉靖二十九年(1550)及三十一年(1552)增定,真犯死罪中,增斩罪十八项,绞罪十一项。万历十三年(1585)增定,真犯死罪中,增斩罪八项,绞罪四项。②

洪武三十年(1397)所定"决不待时"即系"立决",而所定"秋后处决"即系"监候"(监禁候决之意)。"立决"与"监候"之别应即起于洪武三十年。《大明律》上并无"决不待时"与"秋后处决"的区分,此种区分来自明太祖的敕令。"秋后处决"(简称秋决)的传统历史悠久,西汉时代已有此种作法。

明初,各省及直隶应秋后处决死罪人犯定案后,执行前,皇帝常"差官审决"。洪武二十三年(1390)秋七月辛亥,即有事例。洪武二十五年(1392),"令刑部详审在外呈详狱囚,务得真情,然后差官审决。惟云南路远,令本处会官详审处决。"③ 这是明代差官审决(审理处决)敕令的最早记载。洪武三十年(1397),《大明律》颁行天下。《大明律》第435条(有司决囚等第)规定:"至死罪者……直隶去处,从刑部委官,与监察御史;在外去处,从布政司委官,与按察司官,公同审决。"明律第四三五条的规定与洪武二十五年的敕令大体相同。

关于差官审决一事,《大明会典》载:"永乐元年令,各布政司死罪重囚,至百人以上者,差御史审决。"④ 此项敕令已与《大明律》第435条(有司决囚等第)之规定不同。《大明会典》又载:"宣德八年谕法司:'天下重囚,遣的当官,分临各处,公同巡按御史,详审处决。'"⑤ 此项谕旨亦与《大明律》第435条(有司决囚等第)之规定不同。

---

①　参见《大明会典》,卷一七三,《刑部十五》。

②　同上。

③　《大明会典》,卷一七七,《刑部十九》。

④　同上书,卷二一一,《都察院三》。

⑤　同上。

直隶及各省应秋后处决死罪人犯差官审决制度,正统四年(1439)又变,《大明会典》载：①

> 凡各都司、布政司所属并直隶府、州、县军民诸衙门,应有罪囚,追问完备,杖罪以下,依律决断;徒流死罪议拟,备申上司详审。直隶听刑部、巡按监察御史,在外听按察司并分司,审录无异。徒流罪名,就便断遣,至死罪者,议拟奏闻。事内干连人数,先行摘断不须对问者,发落宁家。必合存留待对者,知在听候。直隶去处从刑部委官与巡按监察御史,在外从都司、布政、按察司及巡按监察御史,公同审录处决。如番异原招、事有冤抑者,即与从公办理。若果冤抑,并将原问(原)审官吏按问。其应请旨者,奏闻区处。若审录无异,故延不决,及明称冤枉,不与伸理者,并依律罪之。

很明显的,正统四年的敕令也与《大明律》第 435 条(有司决囚等第)不同。明代差官审决直隶及各省应秋后处决死罪人犯乙事定制于弘治二年(1489)。弘治二年(1489),"令法司每年立秋时,将在外监候一应死罪囚犯,通行具奏。转行各该巡按御史,会同都布按三司,并分巡分守。南北直隶行移差去审刑主事,会同巡按御史,督同都司府卫从公研审,除情真罪当者,照例处决。果有冤抑者,即与辩理。情可矜疑者,径自具奏定夺。其未转详者,责令转详。未问结者,督同问结。俱要遍历衙门,逐一研审。"②

从上述弘治二年的敕令,可以看出应秋后处决死罪人犯差官审决之变革：

(1)各省应秋后处决死罪人犯之审决,由巡按御史、都布按三司及分巡分守道公同为之。

(2)南北直隶应秋后处决死罪人犯之审决,由刑部主事、巡按御史及都司府卫公同为之。(南北直隶无布、按二司。)

依弘治二年敕令,各省应秋后处决死罪人犯之审决,已不再另差官员审决,而由巡按御史为之。仅南北直隶应秋后处决死罪人犯之审决,仍然另差官员审决。弘治二年后,各省应秋后处决死罪人犯之审决,系由各省巡按御史主审。此项"审决"制度兼含"审理"与"处决"两部分,且系于立秋以后为之,实质上系各省应秋后处决死罪人犯之"秋审"与"秋决",惟当时无"秋审"

---

① 《大明会典》,卷二一一,《都察院三》。
② 同上书,卷一七七,《刑部十九》。

之名而已。①

二　差官审决的程序

自弘治二年始,差官审决制度成为定制。惟南北直隶与十三省之差官审决颇有差异,南北直隶之差官审决以刑部主事及巡按御史为主,十三省之差官审决以巡按御史为主。弘治十三年(1500)定:"每岁,奏差审决重囚官,北直隶一员,南直隶,江南、江北各一员。"② 又嘉靖三十八年(1559)题准:"大同系重镇,应决重囚合改行宣府地方,比照南直隶,江南、江北事例。北直隶添差关内一员,关外一员。以后每年立秋后,刑部照例选差前去,务要霜降后俱到地方,会同巡按御史审决重囚。"③ 由上述史料可知,每年差官审决,弘治十三年起,刑部原差北直隶一员,南直隶二员。嘉靖三十八年起,刑部改差北直隶二员,南直隶则仍为二员。

直隶及各省每年以决单将应秋后处决死罪人犯奏闻皇帝,皇帝差官审决应秋后处决死罪人犯。情真者,自应处决。矜疑者,则应缓决。番异称冤者,亦应缓决。每年差官审决,应秋后处决死罪人犯情真者、矜疑者及番异称冤者,俱应奏闻皇帝裁决。以嘉靖四十一年(1562)差官审决为例,矜疑死囚不在少数。《明世宗实录》载:④

> 嘉靖四十一年十二月戊寅,法司类奏天下矜疑重囚之数:刑部十五人,南京刑部二人,北直隶九十八人,南直隶七十七人,浙江二十二人,江西四十六人,福建十八人,湖广五十二人,河南七十二人,广东二十七人,陕西五十八人,山东十九人,四川一百人,山西九十六人,广西十六人,云南十七人。

关于每年差官审决时,应秋后处决死罪人犯何者应处决,何者应缓决,洪武末年即有定例,惟未形成制度。依前述正统四年(1429)敕令,似仅有情真与番异两种情形。成化二十三年(1487)七月戊午,刑部奏请差官审决时,皇帝曾谕令:"其情真罪当者,依律处决;番异称冤及可矜疑者,具实奏闻,毋致诬枉。"⑤ 又依前述弘治二年(1489)敕令,已有情真、冤抑及矜疑三种情形。

---

① 参见那思陆:《中国司法制度史》,第296页。
② 《大明会典》,卷一七七,《刑部十九》。
③ 同上。
④ 《明世宗实录》,卷五一六,嘉靖四十一年十二月戊寅。
⑤ 《明宪宗实录》,卷二九二,成化二十三年七月戊午。

对于差官审决,"审决"一词的含意及应有作法,万历十一年(1583)十月戊午,刑部复礼科给事中李以谦题:[1]

> 每岁录囚不曰处决,而曰审决。恐临决之有冤抑而再加详审也。近年各省直逼审决之期,但择情重者决之,是处决而非审决也。宜行巡按御史虚心详谳,有情与律背,事与招违者,即为办理。事虽不冤,执词不服者,亦缓决,以待下年再审,不得一概行刑。至于元恶大憝,有会审批允十数年不到部院者,应将稽迟官吏坐赃重究,庶狡恶者不得幸免。(上是之)

南北直隶差官审决时,刑部官员应先赴内府领精微批文。《明世宗实录》嘉靖二十二年(1543)八月戊戌载:[2]

> 南北直隶决囚,原系刑部编定外号为一籍,用印给各府分贮。每遇秋后,则刑部先期奏请,遣官赴内府领精微批文,以批号比内号,底簿号同,赍诣各地方,会同巡按御史审决。

---

① 《明神宗实录》,卷一四二,万历十一年十月戊午。
② 《明世宗实录》,卷二七七,嘉靖二十二年八月戊戌。

第四章　明代中央司法审判程序之二
——京师案件审理程序

第一节　京师案件司法审判制度概说

一　京师案件司法审判机关

明代京师案件司法审判机关以三法司(刑部、都察院、大理寺)为主,但除三法司外,中央各部院均拥有部分司法审判权。除三法司官员外,五府、六部、九卿、内阁大学士及司礼监太监均得参与司法审判。吏、户、礼、兵、工等五部尚书、侍郎得奉旨各别参与审判与其业务职掌有关之案件,亦得奉旨全体参与审判重大案件,六科给事中亦得奉旨各别或全体参与审判重大案件。至于都察院奉旨派赴直隶及各省之巡按监察御史,更是"代天巡狩",凌驾三司之上,握有极大的司法审判权。而通政使司则得收受诉状,奉闻皇帝,移送刑部或都察院审理。

明代中央司法审判之核心在三法司。就京师案件而言,刑部或都察院是京师案件的初审机关,大理寺是京师案件的复审机关。原则上,京师案件只有上述二个审级,但遇有京师情节重大案件时,皇帝得令三法司会审该案件。三法司会审京师情节重大案件,本系明代京师案件审理程序之特殊情形,它可能是刑部或都察院初审完结后的第二审,也可能是刑部或都察院初审、大理寺复审后的第三审。在特殊情形下,它也可能是京师情节重大案件的第一审。

明代京师案件的司法审判,也是采行"平行的两组司法审判系统"。嘉靖年间,刑科都给事中刘济等言:"国家置三法司,专理刑狱,或主鞫问,或主评审,权奸不得以恩怨出入,天子不得以喜怒重轻。"① 刘济所说"主鞫问"的法司是刑部及都察院,他所说"主评审"的法司是大理寺。刘济所说的分工,即是针对京师案件司法审判的分工而言。

---

① 《明世宗实录》,卷三十三,嘉靖二年十一月辛卯。

北京城内设中、东、西、南、北五城兵马指挥司。每城各指挥一人（正六品），副指挥四人（正七品），吏目一人。《明史·职官志》曰："指挥巡捕盗贼，疏理街道沟渠及囚犯、火禁之事。凡京城内外各画境而分领之。境内有游民、奸民则逮治。"① 五城兵马司指挥等官仅负责缉捕盗贼，囚禁人犯等事项，并无审判权。五城兵马司指挥等官之监察由都察院巡视五城御史任之。

都察院巡视五城御史（即巡城御史）仅系监察五城兵马指挥司之官员，亦无审判权。正统十三年（1448）令："五城巡视御史，凡事有奸弊，听其依法受理送问（法司）。"② 正统以后虽逐步取得侦查权，仍无法定之审判权。

成化四年（1468）令："锦衣卫、五城兵马司，禁约赌博，缉捕盗贼。巡城御史，通行提调。"③ 迟至万历十四年，巡城御史始得受理民间词讼小事，即得受理轻微案件及户婚、田土案件，但巡城御史于京师刑名案件仍无司法审判权。

原则上，一般京师案件须经刑部或都察院初审，奏闻皇帝发交大理寺复审。大理寺复审后，刑部或都察院再具本奏闻皇帝。经皇帝裁决后，京师案件始为定案。所谓京师案件是指犯罪发生在京师（内城及外城）的案件以及直隶及各省移送人犯至京师审理的案件，两类案件均属于京师案件，于此先行叙明。

兹将京师案件司法审判机关之概况分述如下：

（一）初审的司法审判机关

1. 刑部

刑部的组织及职掌均见本书第二章第一节（三法司）中，兹不赘述。惟须说明者，明代刑部之审判权大于都察院及大理寺，有明一代始终如此。洪武十五年（1382）十二月丙戌诏："吏、礼、兵、户、工部，凡有逮系罪人，不许自理，俱付刑部鞫问。"④ 换言之，五部不得受理刑名案件，凡有刑名案件，必须移送刑部审理。表面上看来，刑部之审判权似乎甚大，但事实上，所有京师案件，刑部审理完结后，均须送大理寺复审，大理寺复审完结后，再由刑部奏闻皇帝，俟皇帝裁决，只有皇帝才有最终的裁决权。

对于一切京师案件，刑部均无结案权，即使是笞杖罪轻微案件，刑部也无结案权，都必须奏闻皇帝裁决。有明一代，这项不合理的制度一直持续有

---

① 《明史》，卷七十四，《职官三》。
② 《大明会典》，卷二一〇，《都察院二》。
③ 同上。
④ 《明太祖实录》，卷一五〇，洪武十五年十二月丙戌。

效。万历二十年(1592)八月辛亥,刑部尚书孙丕扬等言:[①]

> 折狱欲速而待折之民常苦于迟,由文移牵制故耳,议断案既成,部寺各立长单,本部送审挂号,次日即送大理。大理审允挂号,次日即还本部。恭差各自究处,庶事体一而夙弊消。至于打断相验,例会御史,而罪人以速结为愿,狱魂以早出为安。三六九日照例会同,余日止会寺官,以速发落。徒流而上,部寺审鞫不厌其详。笞杖小过,听堂簿(部?)处分,不为纵也,命如议行。

万历皇帝虽然接受了孙丕扬的建议,但这项建议并未成为条例或敕令,刑部对于京师笞杖罪案件仍无结案权。孙丕扬的建议七年之后,又有变化。万历二十七年(1599)闰四月丁酉,都察院左都御史温纯等疏请申饬宪纲:[②]

> 国家设三法司,又使御史巡视五城,为都城内外民杂讼繁,欲轻重得其平也。然有宜重而轻者,如以人命付兵马司官员也。此辈智暗识短,即利啖势惕,皆可使之轻重其情。宜专遣刑部司属复简,或分委顺天府推知鞫讯,此重狱之当议者。又有宜轻而重者,如以笞杖与重辟同评是也。夫郡县笞杖得自裁决,民苦便之,大司寇秩至隆重,一笞杖而不能自裁,何其轻也。廷尉天下之平,平其重者耳。一笞杖而必经平允,又何其琐也。臣等以为笞杖徒罪,宜自司呈堂发落,免送寺可也,是轻刑所当议者。容与刑部、大理寺再议,请旨遵行。

京师笞杖罪案件,刑部尚书(大司寇)不能自行裁决,而必须大理寺卿(廷尉)复核,繁琐至此,确属可议。左都御史温纯等人的建议有其道理,但明神宗的处理方式是"留中"。这可能是因为明神宗不愿意将其司法审判的最高裁决权,分权于三法司。

2. 都察院

都察院的组织及职掌均见本书第二章第一节(三法司)中,兹不赘述。前已言之,明代刑部之审判权大于都察院及大理寺。都察院原名御史台,自秦汉以来,御史台皆兼理刑名。明太祖吴元年(1364)置御史台,洪武十三年(1380)罢御史台,洪武十五年(1382)更置都察院。依洪武末年制定之《诸司

---

① 《明神宗实录》,卷二五一,万历二十年八月辛亥。
② 同上书,卷三三四,万历二十七年闰四月丁酉。

职掌》观之,都察院即系兼理刑名。故建文初年方孝儒《御史府记》曰:"(洪武十五年)以诉状繁,易御史台号都察院,与刑部分治庶狱。"① 方孝儒认为"然专任(御史府)以刑狱,则自近代始。"其实明代中央的司法审判始终是由刑部及都察院分别掌理,都察院(或御史台)系兼理刑名,从未专任刑狱。

明代京师案件的司法审判,也是采行"平行的两组司法审判系统"。在"平行的两组司法审判系统"中,刑部及大理寺这一组的审理范围较广,以民人案件为主,兼及职官案件。都察院及大理寺这一组的审理范围较狭,以职官案件为主,兼及民人案件。

对于明代的皇帝来说,刑部及都察院是皇帝司法审判的左右手,其重要性是相等的。从《明实录》等史料中可以发现,同一案件,皇帝如认为原发交审理之刑部审理不当时,皇帝可将该案件移交都察院审理,反之亦然。在明代中央的司法审判,皇帝可以在刑部及都察院两组司法审判系统中,自由的交互运作。

(二)复审的司法审判机关——大理寺

大理寺的组织及职掌均见本书第二章第一节(三法司)中,兹不赘述。元代不设大理寺达九十年,九十年间,宋代大理寺司法审判的历史经验无法传承。明太祖吴元年(1364)置大理司,洪武元年(1368)革。洪武十四年(1381)复置大理寺,洪武二十九年(1396)又罢。建文初复置,成祖初仍置大理寺。由上述大理寺的设置沿置沿革可以看出,明太祖对于大理寺的设置是游移不定的,设置与罢革各二次,前后共四次之多。

笔者认为,在元代废置大理寺九十年后,宋代大理寺司法审判的运作方式,明初君臣已无法正确掌握其内容。明代在刑部与都察院之外,是否有必要设置大理寺?确实成为一项困扰人的问题。基于恢复唐宋旧制的理想,明太祖两度设置大理寺。洪武末年制定《诸司职掌》时,刑部及都察院被定位为初审机关,大理寺被定位为复审机关,原则上确立"平行的两组司法审判系统"。这是明代的创制,与唐宋旧制不同。数年之后,洪武二十九年又罢大理寺,罢革的原因可能是为了减少层级,加速司法审判的速度。

洪武十九年(1386)十二月乙酉,明太祖诏:"自今诸司应死重囚,俱令大理寺复奏听决。著为令。"② 这是明代首次规定天下内外诸司死罪人犯均应由大理寺复核或复审后,奏闻皇帝裁决。洪武末年制定《诸司职掌》,大理寺的复核或复审的职掌再行扩大。大理寺复核或复审后,应奏闻皇帝。大

---

① 孙承泽:《春明梦余录》,卷四十八,《都察院》。
② 《明太祖实录》,卷一七九,洪武十九年十二月乙酉。

理寺虽职司京师案件之复审,但大理寺并非刑部及都察院之上司衙门,三法司仍系平行衙门。

明代弘治以后,大理寺对京师案件的复审权受到削减。大理寺复审权受到削减的原因有二:

1. 部分京师案件无须送大理寺复审。

弘治十二年(1500)议准:"近例,凡奉旨送法司问者,由本寺详审具题,送刑部拟罪者。则该部径题。"① 依本项敕令,凡奉旨"送刑部拟罪"者,则该案件无须送大理寺复审,刑部审理完结后,得迳行具题,奏闻皇帝裁决。如此一来,刑部之职权为之扩大,而大理寺之职权为之减少。

2. 大理寺复审京师案件时,囚徒俱不到寺。

弘治以前,大理寺复审京师案件时,囚徒应到寺复审。大理寺备有刑具,得拷讯囚徒。大理寺拷讯囚徒之权,弘治年间曾引起争议。弘治十七年(1504)八月乙丑,刑部主事朱瑄奏:②

> 旧例,刑部所问罪囚议拟既成,送大理寺审录,有拟罪不当、狱情未明及囚人称冤者,则驳之。乃者,左右二寺分外用刑,使更其狱辞展转淹滞;甚者不能全生。乞令仍遵旧规,毋得擅加拷掠。

大理寺卿扬守随复奏:③

> 本寺之职虽止于参驳,然所审罪囚每有受财私和、隐匿重情者,问刑之官或察究不详,以致狱辞牵合,本寺往往审得其实,而囚徒奸顽不服,未免量加刑罚。况本寺亦号法司,自永乐年间额设刑具,岂为分外?亦岂有情罪已明而复加刑罚,使改其狱词者乎?……今瑄所奏,虽以修省为由,恐其心未必尽出公道。但问刑者固有自用聪明,而审刑者亦或至于过当,宜申明禁戒,令两京法司各遵《诸司职掌》问拟审录,务在同寅协恭,不许徇私怠忽。其所用刑罚亦各量情轻重,毋得彼此执拗,以致滥刑久禁。

对于刑部与大理寺的争执,明孝宗接受了大理寺的意见,命:"今后各遵

---

① 《大明会典》,卷二一四,《大理寺》。
② 《明孝宗实录》,卷二一五,弘治十七年八月乙丑。
③ 同上。

《职掌》旧制,毋得互相偏拗,有乖体统。"① 由弘治十七年这项争执可以得知,当时大理寺复审京师案件时,囚徒仍到寺复审。惟《明史·职官志》曰:"弘治以后,止阅案卷,囚徒俱不到寺。"②《明史·职官志》的这段论述,应是错误的。京师案件移送大理寺复审,囚徒俱不到寺,应是正德以后的事。

二 京师案件司法审判程序

京师案件与直隶及各省案件不同,直隶及各省案件移送至三法司后,三法司仅须分两阶段复核该案件,人犯俱不到庭,京师案件则不然。弘治以前,一切京师案件均应由刑部或都察院初审,由大理寺复审。京师案件的初审及复审,人犯均须到庭。正德以后,大理寺审理京师案件,人犯方才俱不到庭,此种审理已非复审而系复核。

京师案件的司法审判程序,大致可以分为下列几个程序:1. 审前程序,2. 初审程序,3. 复审程序(或复核程序)。

刑部或都察院受理京师案件,须经通政使司准行或各衙门参送。《大明会典》定曰:"凡在京问刑衙门大小词讼,非经通政司准行,非由各衙门参送,不许听理。"③ 事实上,通政司准行前,多先奏闻皇帝钦依,各衙门参送前,亦多先奏闻皇帝钦依。质言之,几乎一切京师案件均系由皇帝发交刑部或都察院审理。但京师重大案件,皇帝通常先发交锦衣卫侦讯。

移送刑部或都察院审理之京师案件,有由通政使司准行的,称为"通状"。亦有由各衙门参送的。各衙门参送的,有下列几种情形:

1. 五城兵马指挥司移送者。

2. 五城御史移送者。

3. 锦衣卫移送者。

4. 东厂移送者。

5. 六科给事中移送者。(六科给事中轮值登闻鼓,所收之状称为"鼓状"。)

6. 其他五府及六部等衙门移送者。

除上述各衙门移送刑部或都察院审理案件之六种情形外,遇有特殊情形时(如叩阍案件),皇帝亦得直接交审特定案件于刑部、都察院或锦衣卫。

移送刑部或都察院审理京师案件的各衙门,在移送以前,多数衙门已开

---

① 《明孝宗实录》,卷二一五,弘治十七年八月乙丑。
② 《明史》,卷四十九,《职官三》。
③ 《大明会典》,卷二一四,《大理寺》。

始进行审前程序,兹简述如下:

1.五城兵马指挥司,职司"指挥巡捕盗贼"、"逮治奸民"、"检验尸伤"、"讯囚取供"及"移送法司拟罪"。大体言之,五城兵马司是警察机关(公安机关)。五城兵马司的主要工作是侦查犯罪,逮捕嫌犯。

2.五城御史是五城兵马司的监察机关,对于五城兵马司的"指挥巡捕盗贼"、"逮治奸民"、"检验尸伤"及"移送法司拟罪",五城御史有指挥监督之权责。遇有特殊案件,五城御史得奏闻皇帝后,移送刑部或都察院审理。

3.锦衣卫掌"巡察、捕缉"、"缉捕、刑狱"及"(偕三法司)鞫狱、录囚、勘事"。事实上,锦衣卫有关司法审判职掌非常广泛,计有:(1)侦缉,(2)拘提,(3)逮捕,(4)监禁,(5)审讯,(6)移送拟罪,(7)拟罪,(9)执行。其中第一项至第五项系审前程序,锦衣卫是特务机关,也是军事审判机关。除三法司外,锦衣卫参与司法审判特多,皇帝常敕令三法司会同锦衣卫审理案件。至明末,皇帝甚至视三法司与锦衣卫皆系刑官,换言之,锦衣卫是明代中央三法司之外的第四个司法审判机关。依典制,京师案件经锦衣卫审讯后,仍应移送刑部或都察院初审。但事实上,有少数京师案件,经锦衣卫审讯后,即自行拟罪,奏闻皇帝裁决,皇帝则以"内批"裁决之。这种不经过三法司审理的事例,是破坏典制的。

4.东厂掌"缉访谋逆、妖言、大奸恶"、"缉盗贼、诘奸宄"、"察该不轨、妖言、人命、强盗重事"、"掌刺缉刑狱之事"。东厂有关司法审判职掌亦非常广泛,计有(1)缉事,(2)告劾,(3)缉捕,(4)监禁,(5)审讯,(6)移送审讯,(7)移送拟罪,(8)监视审讯,(9)奉旨会审大狱。其中第一项至第五项系审前程序。东厂与锦衣卫合称"厂卫",两衙门系明代中央司法审判的弊政。大体言之,东厂是国家安全机关,亦即特务机关。依典制,京师案件经东厂审讯后,仍应移送锦衣卫审讯。但东厂亦有时于京师案件审讯后迳送刑部或都察院审理。

5.六科给事中掌"直登闻鼓"。登闻鼓案件,洪武年间系由都察院监察御史轮值。永乐年间,此项工作移至六科给事中。军民人等如击登闻鼓告御状,六科轮值官(共六人)得受状后,具题本封进,奏闻皇帝。奉钦依后,由六科直鼓官送刑部或都察院审理。

6.五府及六部等衙门各有其职掌,偶亦牵涉司法审判。各衙门因案逮系之人犯,应移送刑部或都察院审理。

上述各衙门移送刑部或都察院审理案件之六种情形,以及皇帝直接交审特定案件于刑部、都察院或锦衣卫时,各衙门均依其职掌进行各项审前程序。京师衙门众多,各衙门有关审前程序的职掌亦未尽相同,故京师案件的审前程序之复杂性远超过直隶及各省案件的审前程序。

第二节　京师案件审前程序

一　总　论

（一）原告、被告与代告

命案原告又称为"苦主"，盗案原告又称为事主。至所谓"代告"则系代表原告陈告之人。依《大明律》第 362 条（现禁囚不得告举他事）后段规定，1. 年八十以上之人，2. 十岁以下之人，3. 笃疾者，4. 妇人等四类人，其诉讼能力受有限制。《大明律》第 362 条（现禁囚不得告他事）后段规定："其年八十以上、十岁以下及笃疾者，若妇人，除谋反、逆叛、子孙不孝，或己身及同居之内为人盗诈、侵夺财产及杀伤之类，听告。余并不得告。官司受而为理者，笞五十。"

《大明律》第 362 条（现禁囚不得告举他事）后段禁止上述四类人控告，系因老、幼、废疾（即笃疾）及妇人犯罪俱得收赎或免刑。《大明律》第 21 条（老小废疾收赎）规定："凡年七十以上、十五以下及废疾，犯流罪以下，收赎。若造畜蛊毒，采生拆割人、杀一家三人，家口会赦犹流者，不用此律。其余侵损于人，一应罪名，并听收赎。八十以上、十岁以下，及笃疾，犯杀人应死者，议拟奏闻，取自上裁。盗及伤人者，亦收赎。余皆勿论。九十以上、七岁以下，虽有死罪，不加刑。"

妇人原则上虽不能自行陈告，但遇有特殊情形时，得请人代告，或亲自陈告。《大明令》刑令规定："一应婚姻、田土、家财等事，不许出官告状，必须代告。若夫亡无子，方许出官理对；或身受损害，无人为代告，许令告诉。"

（二）回避

刑部或都察院于初审京师案件时，应遵守有关回避之规定。官吏于诉讼人（原告或被告）为其 1. 有服亲及婚姻之家，2. 受业师，3. 旧有仇嫌之人时，官吏应自行回避。若不自行回避，则有处分。《大明律》第 358 条（听讼回避）规定："凡官吏于诉讼人内，关有服亲及婚姻之家，若受业师，及旧有仇嫌之人，并听移文回避。违者，笞四十。若罪有增减者，以故出入人罪论。"

按《大明令》刑令规定："凡官吏于诉讼人内，关有服亲及婚姻之家，并受业师及旧有仇嫌之人，俱合回避。"本条规定仅为训示规定，违反者并无刑责规定。

（三）证据

刑部或都察院初审京师案件时，亦重视证据。证据可分为人证及物证，人证又可分为"证人之供"及"被告之招"，兹分述如下：

1. 证人之供

证人之供即证人之陈述，得为司法审判之证据。证人又称为证佐或干证。《大明律》规定，下列人等不得为证：

（1）得相容隐之人：《大明律》第428条（老幼不拷讯）规定："其于律得相容隐之人……皆不得令其为证。违者，笞五十。"所谓"得相容隐之人"，《大明律》第31条（亲属相为容隐）规定："凡同居，若大功以上亲，及外祖父母、外孙、妻之父母、女婿、若孙之妇、夫之兄弟及兄弟妻，有罪相为容隐；奴婢、雇工人为家长隐者，皆勿论。若漏泄其事，及通报消息，致令罪人隐匿逃避者，亦不坐。其小功以下相容隐，及漏泄其事者，减凡人三等，无服之亲减一等。若犯谋逆以上者，不用此律。"

（2）老幼笃疾：《大明律》第428条（老幼不拷讯）规定："年八十以上、十岁以下，若笃疾皆不得令其为证。违者，笞五十。"

（3）被告之亲属及配偶：《大明令》刑令规定："凡告事者，告人祖父不得指其子孙为证，告人兄不得指其弟为证，告人夫不得指其妻为证，告人本使不得指其驱奴婢为证。违者，治罪。"

2. 被告之招

被告之招即被告之自白，亦即被告承认自己有罪之陈述，得为司法审判之证据。被告之招系被告之供之一种，被告之供范围较大，包括被告之招。被告之招，极为重要，为司法审判之重要证据。刑部或都察院初审京师案件时，或由被告自写招草，或由吏典为被告代写招草。吏典为人改写及代写招草时，应俱实代写，不得增减情节。违反者，则有刑罚。《大明律》第447条（吏典代写招草）规定："凡诸衙门鞫问刑名等项，若吏典人等，为人改写及代写招草，增减情节，致罪有出入者，以故出入人罪论。若犯人果不识字，许令不干碍之人代写。"

明代民间识字人不多，大多数案件的被告招草系由吏典记录，被告看过后，再行画押。被告亲自撰写招草者，并不多见。

二　审前程序

（一）陈告（告言、申诉、告举）

《大明律》与《问刑条例》对京师案件原告之陈告有详细规定，违反律例者，即有刑罚。《大明律》诉讼门有关陈告之规定较少，《问刑条例》有关陈告之规定较多。洪武三十年(1397)颁行《大明律》以后,原有诉讼门之规定渐不敷适用,弘治以后,制定《问刑条例》,以为补充或修正。兹就《大明律》及《问刑条例》分述京师案件原告陈告之有关规定。

1. 词讼须自下而上陈告

前已言之,京师案件须经通政使司准行或各衙门参送。刑部或都察院并不直接受理军民人等陈告案件,故军民人等于京师陈告案件多向五城兵马司、五城御史或通政使司陈告。军民人等遇有冤案或惨案,亦得击登闻鼓或叩阍,此即所谓"告御状",自与一般军民人等之陈告不同。

《大明律》第 355 条(越诉)前段规定:"凡军民词讼,皆须自下而上陈告。若越本管官司,辄赴上司称诉者,笞五十。"对于《大明律》这一条基本规定,《问刑条例》越诉条及违禁取利条附例有不少补充规定:

(1)江西等处客人在于各处买卖生理,若有负欠钱债等项事情,止许于所在官司陈告,提问发落。若有蓦越赴京奏告者,问罪,递回。奏告情词,不问虚实,立案不行。

(2)凡土官门人等,除叛逆机密,并地方重事,许差本等头目赴京奏告外,其余户婚、田土等项,俱先申合干上司,听与分理。若不与分理及阿徇不公,方许差人奏告,给引照回,该管上司,从公问断。若有蓦越奏告及已奏告,文书到后三日,不出官听理,与已问话,不待归结,复行奏告者,原词俱立案不行。其妄捏叛逆重情,全诬十人以上,并教唆受雇,替人安告,与盗空纸用印奏诉者,递发该管衙门,照依土俗事例发落。若汉人投入土夷地方,冒顶亲属、头目名色,代为奏告,报仇、占骗财产者,问发边卫充军。

(3)各处军民词讼,除叛、逆、机密等项重事,许其赴京奏告,其有亲邻全家被人残害及无主人命,官吏侵盗系官钱粮,并一应干己事情,俱要自下而上陈告。若有蓦越奏告者,俱问罪。除四川行都司所属及云贵、两广各给引照回,若四川其余地方并南北直隶、浙江等处,各递回所司听理。若将不干己事,混同开款奏告者,法司参详,止将干己事件开款施行,其不干己事者,明白开款,立案不行。

(4)为事官吏、军民人等,赴京奏诉一应事情,系被人奏告,曾经巡抚,巡按或两京法司见问未结者,仍行原问各该衙门,并问归结。若曾被人在巡抚、巡按官或两京法司具告,事发却又朦胧赴隔别衙门告理,或隐下被人奏告缘由,牵扯别事赴京奏行别衙门勘问者,查审,俱将奏告情词,立案不行。仍将犯人转发原问衙门,收问归结。若已经巡抚、巡按官或两京法司问结发落,人犯赴京奏诉冤枉者,方许改调无碍衙门,勘问办理。

(5)各处军民奏诉冤枉事情,若曾经巡按御史、布、按二司官问理,及法司查有原行见监重囚,或在配所拘役等项,今家人抱赍奏告者,免其问罪,给引照回。其被人诬枉重情,见监未结,法司查无原行者,并军役、户婚、田土等项干己事情,曾经上司断结不明,或亲身及令家人、老幼、妇女抱赍奏告者,各问罪,给引照回,奏词转行原籍官司,候人到提问。

(6)凡负欠私债,两京不赴法司而赴别衙门……俱问罪,立案不行。若两京别衙门听从施行者,一体参究,私债不追。

2.诉状须写明原告姓名

《大明律》第356条(投匿名文书告人罪)规定:"凡投隐匿姓名文书,告言人罪者,绞。见者,即便烧毁。若将送入官司者,杖八十。官司受而为理者,杖一百。被告言者,不坐。若能连文书捉获解官者,官给银一十两充赏。"依本条规定之反面解释,诉状文书必须写明原告姓名。不写明原告姓名,即所谓"隐匿姓名文书告言人罪",其罪至重,应处绞。

3.诉状须亲自递送

《问刑条例》越讼条附例规定:"军民人等干己词讼,若无故不行亲赍,并隐下壮丁,故令老幼、残疾、妇女、家人抱赍奏诉者,俱各立案不行。仍提本身或壮丁问罪。"依本条规定,军民人等之诉状须亲自递送。

4.现禁囚不得告举他事。

《大明律》第362条(现禁囚不得告举他事)前段规定:"凡被囚禁,不得告举他事。其为狱官、狱卒非理凌虐者,听告。若应囚禁被问,更首别事,有干连之人,亦合准首。依法推问科罪。"依本条规定,现禁囚即不得告举他人。

5.老幼笃疾妇人不得告举。

《大明律》第362条(现禁囚不得告举他事)后段规定:"其年八十以上、十岁以下及疾者,若妇人,除谋反、逆叛、子孙不孝,或己身及同居之内为人盗诈、侵夺财产及杀伤之类,听告。余并不得告。官司受而为理者,笞五十。"依本条规定,老幼笃疾妇人不得告举他人。

6.叩阍、迎车驾及击登闻鼓申诉之特别规定

所谓"叩阍"是指军民人等至宫阙申诉冤枉。所谓"迎车驾"是指军民人等至皇帝车驾前申诉冤枉,至所谓"击登闻鼓",前已述及,兹不赘述。《大明律》第355条(越诉)后段规定:"若迎车驾及击登闻鼓申诉,而不实者,杖一百;事重者,从重论;得实者,免罪。"关于叩阍,《大明律》并无规定,《问刑条例》越诉条附例则规定:"擅入午门、长安等门内,叫诉冤枉,奉旨勘问得实者,问罪,枷号一个月。若涉虚者,仍杖一百,发口外卫分充军。其临时奉旨,止将犯人拿问者,所诉情词不分虚实,立案不行。仍将本犯枷号一个月

发落。"

《大明律》第355条(越诉)禁止军民人等越诉,除对越诉者科以刑罚外,宣德年间并曾定例,追究主使教诱及代书词状之人。宣德四年(1429)夏四月庚子,上御奉天门谕行在都察院右都御史顾佐等曰①:

> 旧例,军民词讼自下而上,不许越诉,近来奸顽小人或因利忿辄造虚词,擅动实封,或募人赴京递状,廉吏良民多被诬枉,四川尤甚。既已命禁约,仍榜谕天下,今多机密重事有实绩,方许实封奏闻,其余事应受理者必须自下而上,若仍前越诉,不问虚实,法司一体治之,仍究主使教诱及代书词状之人,俱杖一百,并家属悉发戍辽东,永为定例。

(二)检验

京师人命案件之检验多由五城兵马司为之。《大明会典》定曰:"凡刑部、都察院照勘、提人、检尸、追赃,分委该司(五城兵马司)承行。"②《大明律》第436条(检验尸伤不以实)虽将检验尸伤分为初检及复检,但京师人命案件之检验原仅有初检而已。《大明会典》定曰:③

> 凡刑部遇有应检尸伤,该司付行照磨所,取到部印尸图一幅,先时止行顺天府大兴、宛平二县委官,如法检验填图,各取结状缴报。今多行委五城兵马,如尸伤不一,及执词不服者,然后改委府县。其自缢身死无词者,止行城相验。如情词不一,仍行检验。若尊长殴死卑幼,据律不应偿命者,亦止相验,不检。

京师人命案件之检验分为初检及复检,始自嘉靖三十九年(1560)。《大明会典》载:"嘉靖三十九年奏准,凡遇检验尸伤,必择该城廉干兵马一员,先行检验。再调各城复检。如有前后尸伤不一,原被告不服者,方再改委京县知县或京府推官,复行详检。"④

《问刑条例》检验尸伤不以实新题例规定:"万历十八年三月题奉钦依:凡遇告讼人命,除内有自缢、自残及病死而妄称身死不明,意在图赖、挟财

---

① 《明宣宗实录》,卷五十三,宣德四年夏四月庚子。
② 《大明会典》,卷二二五,五城兵马指挥司。
③ 同上书,卷一七七,《刑部十九》。
④ 同上。

者,究问明确,不得一概发检,以启弊害外,其果系斗殴、故杀、谋杀等项当检验者,在京初发五城兵马,复检则委京县知县。"由此一条例可知,万历十八年以后,京师人命案件,初检由五城兵马司为之,复检由两京县知县为之。

关于京师人命案件的免检,《大明令》规定有三种情形可以免检,详见本书第三章第一节之二。又关于京师人命案件之检尸图式,《大明令》规定颇详,亦见本书第三章第一节之二。五城兵马司检验尸伤系由刑部或都察院分委,但五城兵马司检验尸伤常未能确实。万历三十七年(1609)五月戊戌,"刑部以热审届期言,五城兵马官多有人命重情,奉委简报。其间,或器不合伤,伤不合器,该城吏书有明申发保之文,暗系无名之狱,百姓安得不冤。"①

（三）拘拿（拘提、逮捕）

刑部或都察院通常并不自行拘拿人犯,通常两衙门系经由五城兵马司或锦衣卫拘拿人犯。《大明会典》定曰:"凡奉旨提取罪犯,本卫(锦衣卫)从刑科给驾帖,都察院给批,差官前去。其差官就于该直千百户内具名上请。"② 依典制而言,锦衣卫拘拿人犯前,应先从刑科领取驾帖,并从都察院领取批文(非精微批文),始可拘拿人犯。但实际上并非如此,锦衣卫拘拿人犯通常仅持驾帖为之,无需批文。更有甚者,有时锦衣卫并无驾帖,却违法拘拿人犯。明代皇帝有时直接下达谕令拘提人犯,此种拘提特称为"钦提"。

明代精微批文是指由内府(司礼监)盖精微印后发给各衙门据以办理公事的公文书。《大明会典》并未集中一处详细规定精微批文的有关事项,有关事项仅散见于六科(卷二一三)条目。精微批文或称"内府精微批文",或称"内府批文"。依《大明会典》所载,内府发给精微批文时,须经由六科,事毕付六科销缴。户科、礼科、兵科及刑科均有此项职掌。锦衣卫拘拿人犯时,是否需要精微批文,《大明会典》并未规定明确。弘治以前,锦衣卫拘拿人犯似乎必须同时持有精微批文及驾帖。"弘治元年,刑部尚书何乔新言:'旧制提人,所在官司必验精微批文,与符号相合,然后发遣,此祖宗杜渐防微深意也。近者中外提人,止凭驾帖,既不用符,真伪莫辨,奸人矫命,何以拒之? 请给批如故。'帝曰:'此祖宗旧例不可废。'命复行之。"③

精微批文系为办理重大公事防伪防弊而设。弘治十五年(1502)以后,锦衣卫拘拿人犯仅需持有驾帖即可。"(弘治)十五年奏准,凡奉旨于在京拿人,锦衣卫给驾帖,刑科批日。若差人出外提人、取物、勘事,皆给精微批,赍

---

① 《明神宗实录》,卷四五八,万历三十七年五月戊戌。
② 《大明会典》,卷二二八,《上二十二卫》。
③ 《明史》,卷九十四,《刑法二》。

赴所在官司，比号相同，然后行事。如不同，就擒解京。其法司提在京人犯，止用手本，差办事吏或防军，将原告押送各衙门，认拿被告人犯。其情轻干证，及妇女不系奸盗者，著落店家保领听牌，情尤轻者，照出听牌。"①

嘉靖年间，锦衣卫与刑科为签发驾帖一事争执。《明史·刘济传》曰："故事，厂卫有所逮，必取原奏情事送刑科签发驾帖。千户白寿赍帖至，济索原奏，寿不与，济亦不肯签发。两人列词上。帝先入寿言，竟诎济议。中官崔文仆李阳凤坐罪，已下刑部。帝受文诉，移之镇抚。济率六科争之，不听。"②

锦衣卫拘拿人犯必须持有驾帖乙事，直至明末，依然不变。《三垣笔记》曰："予入刑垣，见一切廷杖拿送并处决，必锦衣卫送驾帖至科，俟签押持去。予初谓故套，及署印，以赴廷推归，见校尉森列，持杖不下，一应杖官已解衣置地。予问何俟，答曰：'非科签驾帖，则不得杖耳。'然后知此为封驳设也。今仅作承行耶！予召数老书手问封驳云何，皆云不知。"③

至于五城兵马司拘拿人犯，应持信牌。《大明律》第 80 条（信牌）规定："凡府州县俣牌，量地远近，定立程限，随事销缴。"本条规定亦适用于五城兵马司拘拿人犯。刑部或都察院拘提人犯时，常委托五城兵马司执行，故《大明会典》定曰："凡刑部、都察院照勘、提人、检尸、追赃，分委该司（五城兵马司）承行。"④

锦衣卫的拘拿人犯，原以京师地区为原则。但明初以来，皇帝时常差遣锦衣卫官员赴直隶或各省拘拿人犯，骚扰四方，荼毒民间，三法司官员亦常向皇帝建言罢遣锦衣卫官员赴直隶及各省拘拿人犯。嘉靖七年（1528）正月壬寅，礼科给事中蔡经等上言⑤：

> 国家内设刑部、大理寺、外设抚按、按察司等官，皆陛下奉三尺法者，故内外有犯，责之推鞫，在诸臣者亦足办矣。今陛下时差官校逮系罪人，此属假势作威，淫刑黩货，譬则虎狼蛇虺，遇者无不被其毒噬；至于地方之骚扰，驿递之需求，又不可胜言。愿自今罢勿遣。（刑部尚书胡世宁请从其议。上纳之。）

---

① 《大明会典》，卷一七七，《刑部十九》。
② 《明史》，卷一九二，《刘济传》。
③ 李清：《三垣笔记》，《崇祯》。
④ 《大明会典》，卷二二五，五城兵马指挥司。
⑤ 《明世宗实录》，卷八十四，嘉靖七年正月壬寅。

（四）缉捕（缉拿）

京师命盗案件人犯逃匿无踪时，缉事衙门应行缉捕。缉捕或缉拿之"缉"系指"查"或"侦查"，明代中央的缉事衙门（东厂及锦衣卫）实即侦查不法情事的机关。明代京师职司缉捕盗贼及研究的机关是锦衣卫，《大明会典》定曰："凡缉捕京城内外盗贼，本卫指挥一员，奉敕专管，领属官五员，旗校一百名。凡缉访京城内外奸宄，本卫掌印官，奉敕专管，领属官二员，旗校八十名。其东厂内臣奉敕缉访，别领官校，俱本卫差拨。"① 至于一般的京师人命案件，人犯逃匿时，应由五城兵马司缉捕。

锦衣卫缉捕人犯，或于京师地区行之，或于直隶及各省行之，兹举例说明如下：

例一：永乐十八年（1420）二月，山东蒲台县唐赛儿起事，命安远侯柳升等讨之，击败起事人民，惟唐赛儿遁走未获。三月戊戌，"上以唐赛儿久不获，虑削发为尼，或混处女道士中，遂命法司凡北京、山东境内尼及女道士悉逮至京诘"②。五月丁丑，"上惩妖妇唐赛儿诵经扇乱，遂命在外有司，凡军民妇女出家为尼及道姑者，悉送京师。"③ 唐赛儿事件平定后，明成祖即曾谕令天下内外诸司缉捕唐赛儿。

例二：万历三十年（1602）闰二月乙卯，"礼科都给事中张问达疏劾，'李贽壮岁为害，晚年削发，近又刻《藏书》、《焚书》、《卓吾大德》等书惑乱人心……近闻贽且移至通州，距都下仅四十里，倘一入都门，招致蛊惑，又为麻城之续。望敕礼部，檄行通行地方官，将李贽解发原籍治罪。……'得旨：'李贽敢倡乱道，惑世诬民，便令厂卫五城严拿治罪。'……已而，贽逮至，惧罪，不食死。"④ 此所谓"严拿"，实为"缉拿"。

至于京师地区缉捕人犯之权责属于五城兵马司及锦衣卫。五城兵马司以缉捕盗贼及一般人犯为主，锦衣卫以缉捕盗贼及钦命人犯为主。

五城兵马司及锦衣卫共同职掌"缉捕盗贼"，惟五城兵马司为文职衙门，锦衣卫为武职衙门。依明代典制，两衙门互不隶属，惟洪武以来，锦衣卫之权势始终大于五城兵马司。关于"缉捕盗贼"一事，锦衣卫事实上是五城兵马司的上司衙门，与巡城御史相同。

《大明会典》定曰："国初捕盗，在外无专官。惟在京设五城兵马指挥司，

---

① 《大明会典》，卷二二八，《上二十二卫》。
② 《明太宗实录》，卷二二四，永乐十八年三月戊戌。
③ 同上书，卷二二五，永乐十八年五月丁丑。
④ 《明神宗实录》，卷三九六，万历二十年闰二月乙卯。

以巡逻京城内外地方为职。其后在京添用锦衣卫官校。成化末，加拨营军。"① 关于五城兵马司与锦衣卫的关系，三法司的官员认为是"各有巡缉之责"。万历十一年(1583)六月乙卯，巡视南城御史黄钟言②：

> 锦衣卫与兵马司各有巡缉之责。原非以兵马司隶之锦衣卫，而使为千百户为旗校者，皆得以奔走而奴隶之也。乞丞赐禁革。俾各循职守，毋得相侵，以滋扰害。

对于南城御史黄钟的建言，万历皇帝认为："锦衣卫严督五城兵马，昼夜巡逻等项事宜，原开载敕内，如何说职守相侵？"③ 皇帝并把黄钟的奏章发交所司，实际上是，皇帝不采纳黄钟的建言，皇帝认为，依照皇帝的敕令，锦衣卫本即有严督五城兵马司巡缉(巡捕)之责。

(五) 监禁(羁押)

京师案件案情重大者，皇帝得将人犯下刑部狱，或下都察院狱，或下锦衣卫狱。明代中央仅刑部、都察院及锦衣卫设有监狱。大理寺虽为三法司之一，但无监狱。《明史·职官志》曰："明初，(大理寺)犹置刑具、牢狱。"④ 所谓"明初"是指明太祖洪武年间。按洪武二十九年(1396)第二次罢大理寺，建文初复置，永乐初仍置大理寺。永乐年间，大理寺应已无监狱。

明代之监禁实系今日之羁押。应监禁之人犯，洪武元年(1368)所颁《大明令》即有规定，《大明令》刑令定曰："凡牢狱禁系囚徒，年七十以上、十五以下、废疾，散收。轻重不许混杂。……有官者犯私罪，除死罪外，徒、流锁收，杖罪以下散禁，公罪自流以下皆散收。"至于妇女犯罪，除重大犯罪应监禁外，其余犯罪则予责付有服宗亲。《大明令》刑令定曰："凡妇人除犯恶逆、奸盗、杀人入禁，其余杂犯，责付有服宗亲收领听候。"又《大明会典》定曰："其男女罪囚，须要各另监禁。"⑤

被监禁人犯应依其案情轻重加以戒具，依《大明律》第419条(囚应禁而不禁)所示戒具只有枷、锁、扭。依《大明律集解附例》第419条(囚应禁而不禁)纂注之解释，"其在禁囚，徒以上应扭，充军以上应锁，死罪应枷，惟妇人

---

① 《大明会典》，卷一三六，《兵部十九》。
② 《明神宗实录》，卷一三八，万历十一年六月乙卯。
③ 同上。
④ 《明史》，卷七十三，《职官二》。
⑤ 《大明会典》，卷一七八，《刑部二十》。

不枷。"①

　　被监禁人犯如果患病,监狱官员应给药治疗,并得依其案情斟酌处理。《大明会典》载:"洪武元年令……若狱囚患病,即申提牢官验实,给药治疗。除死罪枷杻外,其余徒、流、杖罪囚人,病重者开疏枷杻,令亲人入视。笞罪以下,保管在外医治,治痊,依律断决。如事未完者,复收入禁,即与归结。"②

　　锦衣卫狱(即镇抚司狱)与刑部狱、都察院狱不同,所监禁者多为钦犯或奸盗重犯。人犯入此狱,拷讯最惨。《万历野获编》曰:"镇抚司狱亦不比法司,其室卑入地,其墙厚数仞,即隔墙嘷呼,悄不闻声,每市一物入内,必经数处验查,饮食之属十不能得一,又不得自举火,虽严寒不过啖冷炙,披冷衲而已。家人辈不但不得随入,亦不许相面,惟拷问之期得于堂下遥相望见,盖即唐之丽景门,宋之内军巡院类也。"③

　　明代皇帝有时会把上疏谏诤者或与皇帝意见相左者下锦衣卫狱,以为威吓震慑。有关事例历朝均有,不胜枚举,兹举其中最著事例如下:

　　例一:弘治九年(1496)四月戊子,"下六科给事中庞泮等四十二人、十三道监察狱史刘绅等二十人于锦衣卫。"④(先是……泮等言:"且锦衣卫官校系朝廷亲军,非谋为不轨及妖言重情,祖宗以来,未尝轻遣。乞令法司行镇巡官员察勘,则事之曲直自不能掩。"上谓一州官为亲王所奏,方有旨逮问,而科道官辄交章奏阻,为不谙事体。故有是命。)

　　例二:嘉靖三十一年(1552),兵部武选司员外郎杨继盛上疏劾奏严嵩十项大罪,"疏入,帝已怒。嵩见召问二王语,喜谓可指此为罪,密构于帝。帝益大怒,下继盛诏狱。"⑤

　　例三:嘉靖四十五年(1566)二月,海瑞上疏谏诤皇帝,疏中有"盖天下之人不直陛下久矣"一语。"帝得疏,大怒,抵之地,顾左右曰:'趣执之,无使得遁。'宦官黄锦在侧曰:'此人素有痴名。闻其上疏时,自知触忤当死,市一棺,诀妻子,待罪于朝,僮仆亦奔散无留者,是不遁也。'帝默然。少顷复取读之,日再三,为感动太息,留中者数月……遂逮瑞下诏狱,究主使者。"⑥

①　《大明律集解附例》,卷二十八,《囚应禁而不禁》。
②　《大明会典》,卷一七八,《刑部二十》。
③　沈德符:《万历野获编》,卷二十一,《禁卫》。
④　《明孝宗实录》,卷一一二,弘治九年四月戊子。
⑤　《明史》,卷二〇九,《杨继盛传》。
⑥　同上书,卷二二六,《海瑞传》。

(六) 审讯(侦讯)

明代司法审判并未严格区分侦查与审讯,明代官书(如《大明会典》及《明实录》),均将锦衣卫等缉事衙门之讯问人犯称为"审讯"故可知明代锦衣卫等缉事衙门之审讯,实即今日之"侦讯"。东厂或锦衣卫审讯(侦讯)后,仍应送法司(刑部或都察院)审讯。

洪武初年,锦衣卫原有审讯人犯之权,洪武二十年(1387),明太祖下令"焚锦衣卫刑具"。《明太祖实录》载:①

> 洪武二十年春正月癸丑,焚锦衣卫刑具。先是,天下官民有犯者俱命属法司,其有重罪逮至京者或令收系锦衣卫审其情辞,用事者因而非法凌虐。上闻知怒曰:"讯鞫者法司事也,凡负重罪来者或令锦衣卫审之,欲先付其情耳,岂令其锻炼耶? 而乃非法如是,命取其刑具悉焚之,以所系囚送刑部审理。"

洪武二十六年(1393),明太祖再度"申明锦衣卫鞫刑之禁:'凡所逮者,俱属法司理之。'"② 明成祖即位后,恢复锦衣卫审讯人犯之制。历朝三法司官员虽常上疏力谏此事,但终不获皇帝接纳。

明代内外问刑衙门依《大明律》规定,原有拷讯人犯之权。但拷讯人犯有法律限制,其有关规定见本书第三章第一节之二,兹不赘述。惟锦衣卫审讯人犯时,几无不严刑拷讯。锦衣卫拷讯人犯之方法与次数,并无限制,弊病丛生。

锦衣卫拷讯人犯亦有用刑程度之别,《万历野获编》曰:"凡厂卫所廉谋反、弑逆及强盗等重辟,始下锦衣之镇抚司拷问。寻常止云'打着问',重者加'好生'二字,其最重大者,则云'好生着实打着问'。必用刑一套,凡为十八种,无不试之。"③

《明史·刑法志》曰:"凡内外问刑官,惟死罪并窃盗重犯,始用拷讯,余止鞭扑常刑。酷吏辄用挺棍、夹棍、脑箍、烙铁及一封书、鼠弹筝、拦马棍、燕儿飞,或灌鼻、钉指,用径寸嫩杆、不去棱节竹片,或鞭脊背,两踝致伤以上者,俱奏请,罪至充军。"④ 上述这些拷讯人犯的酷刑,锦衣卫拷讯时,自应行于

---

① 《明太祖实录》,卷一八○,洪武二十年春正月癸丑。

② 同上书,卷二二八,洪武二十六年六月丁酉。

③ 沈德符:《万历野获编》,卷二十一,《禁卫》。

④ 《明史》,卷九十四,《刑法二》。

人犯。

锦衣卫拷讯人犯之方法有所谓"昼夜用刑"及"全刑"者,兹分述如下:

1. 昼夜用刑:"嘉靖四十五年,户部主事海瑞上疏规切上过,已下锦衣拷问,刑部拟绞,其疏留中久不下,户部司务何以尚者疏请宽宥之。上大怒,杖之百,下锦衣镇抚司狱,命昼夜用刑。"① 所谓"昼夜用刑"是指"以木笼四面攒钉内向,令囚处其中,少一转侧,钉入其肤,囚之膺此刑,十二时中但危坐如偶人。"②

2. 全刑:所谓"全刑",《明史·刑法志》曰:"全刑者曰械,曰镣,曰棍,曰拶,曰夹棍。五毒备具,呼謈声沸然,血肉溃烂,宛转求死不得。"③

万历末年,锦衣卫四出,逮问人犯,四海骚动,人民痛苦不堪,刑科都给事中杨应文曾上疏力谏。万历二十九年(1601)四月丁亥,刑科都给事中杨应文言:④

> 旧制镇抚司囚犯,凡经打问过者,俱送法司定罪,奏闻发落。自税珰开钳结之祸,而缇骑四出,为藩司,为守令,为推官、经历、举人、生员,为武弁、齐民,被逮者不下百十余人,虽打问,未经过法司,奸禁森严,水火不入,疫疠之气,充斥囹圄,上干和气,莫甚于,此,乞赐矜恤,以回天意。(上不报)

依明代典制,东厂或锦衣卫审讯后仍应送法司(刑部或都察院)审讯议拟,至明末依然。嘉靖年间给事中沈汉即言:"祖宗设法司以理庶狱,即镇抚司所鞫,亦必赴法司议拟。"⑤ 惟皇帝有时亦破坏典制,不移送法司拟罪。

成化元年(1465)以前,锦衣卫移送法司时,并不能附加参语(参酌之语,意即拟罪意见)。成化元年以后,移送时得附加参语。《大明会典》曰:"凡(锦衣卫镇抚司)鞫问奸恶重情,得实,具奏请旨发落。内外官员有犯送问,亦如之。旧制俱不用参语,成化元年,始令复奏用参语。"⑥ 锦衣卫有了附加参语之权后,等于有了准拟罪权。《明史·刑法志》即曰:"镇抚职理狱讼……然大狱经讯,即送法司拟罪,未尝具狱词。成化元年始令复奏用参语,

① 沈德符:《万历野获编》,卷二十一,《禁卫》。
② 同上。
③ 《明史》,卷九十五,《刑法三》。
④ 《明神宗实录》,卷三五八,万历二十九年四月丁亥。
⑤ 《明世宗实录》,卷六十四,嘉靖五年五月壬寅。
⑥ 《大明会典》,卷二二八,《上二十二卫》。

法司益掣肘。"①

　　锦衣卫镇抚司审讯后,将审讯结果奏闻皇帝,绝大多数情形,皇帝均将案件发交刑部或都察院,惟亦有少数情形,皇帝将案件发交三法司会审。亦有极少数情形,皇帝不移送法司拟罪,而迳以内批裁决案件。兹举案例说明如下:

　　例一:正德二年(1507)正月乙丑,尚宝司卿崔璿、湖广副使姚祥、工部郎中张玮违例有罪,"为东厂侦事者所发,下镇抚司拷讯。狱具,请付法司拟罪,内批令枷两月,满日奏之。"②

　　例二:万历十六年(1588)十一月癸未,"镇抚司打问给事中李沂,奏上,御批:'李沂既刑究明白,拿在午门前,杖六十,斥为民。'文书官刘成将本到阁,阁臣申时行等大惊,欲具疏救,且留御批未发。刘成不可,竟持去。而上已遣太监张诚出监杖矣……竟杖之。"③

第三节　刑部初审程序(附大理寺复审或复核程序)

一　刑部初审程序

　　洪武年间,绝大多数京师案件即系由刑部初审。洪武十五年(1382)十二月丙戌,诏"吏、礼、兵、户、工部,凡有逮系罪人,不许自理,俱付刑部鞫问。"④ 刑部受理京师案件,须经通政使司准行或各衙门参送。《大明会典》定曰:"凡在京问刑衙门大小词讼,非经通政使司准行,非由各衙门参送,不许听理。"⑤

　　各衙门参送的京师案件,有下列几种情形:1.五城兵马指挥司移送者。2.五城御史移送者。3.锦衣卫移送者。4.东厂移送者。5.六科给事中移送者。6.其他五府及六部等衙门移送者。除上述各衙门移送刑部者外,皇帝有时亦直接交审特定案件于刑部。

　　京师案件与直隶及各省案件不同,京师案件审理时须经初审及复审(或复核),初审机关为刑部或都察院,复审(或复核)机关则同为大理寺。直隶及各省案件移送中央时,须经刑部或都察院第一次复核,再由大理寺第二次

---

①　《明史》,卷九十五,《刑法三》。
②　《明武宗实录》,卷二十二,正德二年闰正月乙丑。
③　《明神宗实录》,卷二〇六,万历十六年十一月癸未。
④　《明太祖实录》,卷一五〇,洪武十五年十二月丙戌。
⑤　《大明会典》,卷二一四,《大理寺》。

复核。就案件的重要性而言,直隶及各省重大案件常移送至中央直接审理,此时此类案件即成为京师案件,故京师案件除发生于京师之案件外,另包括发生于直隶及各省而移送中央直接审理之案件。

京师案件移送或发交到部时,由刑部十三司带管,但并非依京师行政区(五城三十六坊)而为管辖之区分。所有到部之京师案件系由刑部十三司轮流签分,故某一城坊的案件并非固定由刑部某司审理。

刑部十三司系各自分别直接审理京师案件,原则上,刑部某司应自始至终审理签分到司之某一特定案件。遇有特殊情况(如皇帝谕令调问,或依典制应调问者等情形),已签分到司之某一特定案件,亦可能调问至他司,亦即由甲司调至乙司问拟。

刑部遇有案情重大之京师案件,亦可加委他司官员会同审讯。如隆庆六年(1572)九月,指挥周世臣被盗劫杀,"原任刑部署印左侍郎翁大立催该司郎中潘志伊速结此狱。"志伊以狱情重大,请委官会问。及委郎中王三锡、徐一忠研审,而王奎与荷花、卢锦俱坐凌迟,万历四年十月处决矣①(后捉获盗贼朱国臣等,自供认手刃周世臣,始知错杀王奎等人)。当年本案之审理即系由刑部三个司共同审理。

又有明一代,刑部十三司曾共同审理京师重大案件,惟此系惟一特例,并非常制。如万历四十三年(1615)五月丁巳,刑部十三司司官会审张差梃击案,"各司同拟张差比依宫殿射箭放弹,投掷砖石伤人律斩,秋后处决,加等,决不待时,呈堂。"②后刑部提牢主事王之寀私审张差,得知内情,遂出揭言事,刑部于是复委司再问。

此外,刑部审理京师案件,如有不公不法等特殊情况时,皇帝亦得敕令调都察院审理。如景泰七年(1456)夏四月戊午,"有卒为怨家指其用伪印验放班匠,工部收付刑部。署员外郎彭广按之,以为诬。刑部尚书俞士悦俾(责?)广,坐以斩,广具以闻,调都察院、锦衣卫鞫之,广所按是。士悦及待郎孔文英等皆被劾。"③

关于刑部审理京师刑名件的基本原则,洪武末年编定的《诸司职掌》已有规定。《诸司职掌》定曰:④

---

① 《明神宗实录》,卷八十五,万历七年三月癸亥。
② 同上书,卷五三二,万历四十三年五月丁巳。
③ 《明英宗实录》,卷二六五,景泰七年夏四月戊午。
④ 《诸司职掌》,《刑部》。

凡鼓下并通政司等衙门,送原告连状到部,先于原告簿内,附写告人姓名、乡贯、住址,并将告词于词状簿内,全文抄毕,连人状判送该部承行。该部先行立案,责差皂隶将引原告前去召保听候提人对问,取讫保状附卷。照出合问人数,具呈本部,具手本赴内府刑科给批差人提取,及提人到部,判送该部归问,先将犯人名数立案,责令司狱司监收,听候引问。仍差原告召保皂隶前去拘唤原告,与被告通行对问,复行案呈本部,将原给批文,赴内府刑科销缴。

其引问一干人证,先审原告词因明白,然后放起原告拘唤被告审问。如被告不服,则审干证人。如干证人供与原告同词,却问被告,则审干证人。如干证人供与原告同词,却问被告。如各执一词,则换原被告干证人,一同对问,观看颜色,察听情词,其词语抗厉,颜色不动者,事理必真。若转换支吾,则必理亏。略见真伪,然后用笞决勘。如又不服,则用杖决勘。仔细磨问,求其真情。若犯重罪,赃证明白,故意恃顽不招者,则用讯拷问,情状既实,取讫供招服辩,判押入卷,明立文案,开具原发事由,问拟招罪,照行事理。

死罪徒流者,具写奏本。笞杖罪名,止具公文,连囚牒发大理寺审候平允回报,复行立案,除十恶重囚,决不待时外。余令司狱司仍前监收,听候依时复奏处决。其余各赴该部发落。其有发回宁家者,主事厅出批送应天府经历司交割,给引宁家。

《大明会典》所载洪武二十六年(1393)定例之文字与《诸司职掌》所定刑部初审程序之文字,完全相同,兹不赘引。《诸司职掌》所定刑部初审程序,基本上沿用至明末。

刑部十三司审讯京师案件时,其审讯原则有三:

(一)依告状鞫狱

《大明律》第 430 条(依告状鞫狱)规定:"凡鞫狱,须依所告本状推问。若于状外别求他事,摭拾人罪者,以故入人罪论。同僚不署文案者,不坐。若因其告状或应掩捕搜检,因而检得别罪,事合推理者,不在此限。"

(二)依法拷讯

《大明律》第 420 条(故禁故勘平人)规定:"依法拷讯者,不坐。若因公事干连平人在官,事须鞫问,及罪人赃仗证佐明白,不服招承,明立文案,依法拷讯,邂逅致死者,勿论。"所谓依法拷讯是指:1. 须为得拷讯之人,2. 须依法定刑具拷讯。其详细内容均见本书第三章第一节二,兹不赘述。《诸司职掌》规定,刑部拷讯人犯先用笞决勘,再用杖决勘。惟事实上未必如此。

（四）狱囚取服辩

《大明律》第440条（狱囚取服辩）规定："凡狱囚徒流死罪，各唤囚，及其家属，具告所断罪名，仍取囚服辩文状。若不服者，听其自理，更为详审。"刑部审理京师案件完结后，应取囚服辩文状，即狱囚信服刑部所办之具结文书。如狱囚不服辩不肯具结，刑部应令调他司详审。此一"取服辩"程序，狡黠人犯得利用此一程序拖延案件之审理。

刑部十三司官员审理京师案件时，应依《大明律》及《问刑条例》审理。刑部定拟判决时应注意下列四项定拟判决原则：

（一）断罪依新颁律。

（二）引律比附，议定奏闻。

（三）断罪不得听从上司主使。

（四）断罪引律令。

上述四项定拟判决原则之详细内容，请参照本书第三章第二节之三，兹不赘述。

刑部十三司审理京师刑名案件完结后，应定拟判决呈堂官（侍郎及尚书）核阅。刑部十三司审理京师刑名案件完结后，可以有下列二种处理方式：

（一）死罪、徒、流者，具写奏本，奏闻皇帝，连囚牒发大理寺。

（二）笞杖罪名，止具公文，连囚牒发大理寺。

上述第一种处理方式，即由刑部具本，奏闻皇帝，发大理寺复审。上述第二种处理方式仅限于笞杖轻罪，刑部得止具公文，移送大理寺复审，而无须奏闻皇帝。两种处理方式均须将人犯移送大理寺复审，惟此项移送人犯复审之原则，弘治年间已有例外。弘治十三年（1500）议准："两法司囚犯，若奉特旨令'问了来说'者，开具召由，奏发本寺审录。其余'拟罪来说'，具本，发本寺审允，奏请发落。近例，凡奉旨送法司问者，由本寺详审具题。送刑部拟罪者，则该部径题。"[①]

依照弘治十三年议准的规定，刑部（或都察院）奉旨审理京师案件时，应分两种情形处理：

（一）奉特旨令"问了来说"者，开具招由，奏发大理寺审录。

（二）若奉特旨令"拟罪来说"者，具本发大理寺审允，奏请发落。

皇帝在京师案件发交刑部（或都察院）审理前，若先降旨："问了来说"，尚属合理妥当，若先降旨："拟罪来说"，则似皇帝已于审理案件前认定人犯

① 《大明会典》，卷二一四，《大理寺》。

有罪,有未审先判之嫌。于此可见,明代皇帝司法审判权之巨大。

又依照弘治十三年议准规定的后段,京师案件是否送大理寺复审,"近例"又有新的规定。据笔者考察,所谓"近例"是指弘治十三年以后,正德四年(1509)颁布《大明会典》以前的新例。依照"近例"的规定,刑部(或都察院)奉旨审理京师案件时,应分两种情形处理:

(一)奉旨"送法司问"者,刑部(或都察院)初审后,由大理寺评审(即复审)具题。

(二)奉旨"送刑部拟罪"者,由刑部径题。

上述第一种处理方式,仍维持京师案件初审及复审的规定。上述第二种处理方式,则京师案件于刑部初审后,即由刑部迳行具题,奏闻皇帝裁决,不再由大理寺复审。换言之,弘治末年以后,京师重大案件奉旨"拟罪来说"者,刑部审理后,即可直接具题,奏闻皇帝裁决,这是明代中央司法审判制度的重大变化。这使得弘治末年以后,刑部之权大为扩张,部权特重,刑部凌驾都察院及大理寺之上。

又《明史·职官志》曰:"弘治以后,(大理寺)止阅案卷,囚徒俱不到寺。"[①] 但依《明孝宗实录》弘治十七年(1504)八月乙丑,刑部主事朱塗奏:"左右二寺分外用刑",大理寺卿杨守随复奏:"本寺亦号法司,自永乐年间额设刑具,岂为分外?"[②] 可见《明史·职官志》所称:"弘治以后,(大理寺)止阅案卷,囚徒俱不到来。"一节,与史实不合。"囚徒俱不到寺"一事,应在弘治十八年(1505)以后,亦即"正德以后"。

综合上述史料言之,自弘治十八年至正德四年的五年间,明代三法司的运作有了重大变化:

(一)京师一般案件,刑部(或都察院)初审后,移送大理寺复核,人犯不到大理寺。大理寺之审理方式由言词审理变为书面审理。

(二)京师重大案件(指奉旨送刑部拟罪者),刑部审理后,得直接具题,奏闻皇帝裁决,无须大理寺复核。

二 大理寺复审或复核程序

明初,大理寺的存废及职掌,几经变化。大理寺置而废,废而复置,复置而复废。洪武二十九年(1396),复罢大理寺,尽移案牍于后湖(大理寺设置沿革请参见本书第二章第一节之四)。

---

① 《明史》,卷七十三,《职官二》。
② 《明孝宗实录》,卷二一五,弘治十七年八月乙丑。

明代大理寺复核直隶及各省案件,定制于洪武十七年(1384)。洪武十七年,明太祖谕法司曰:"布政、按察司所拟刑名,其间人命重狱,具奏转达刑部、都察院参考,大理寺详拟。著为令。"[①] 由这项谕令可以推知,洪武十七年,大理寺也同时取得京师案件的复审权。

洪武末年制定《诸司职掌》,规定大理寺复审刑部及都察院移送的京师案件,从此确立"平行的两组司法审判系统"。但约三四年后(即洪武二十九年),明太祖复罢大理寺。在明太祖复罢大理寺的期间(洪武二十九年至洪武三十一年),明代京师案件的初审机关是刑部、都察院及五军都督府,至于复审则以"多官会审"方式行之。严格言之,"多官会审"并非复审机关。

洪武三十年(1397)六月辛巳朔,置政平、讼理二幡,审谕罪囚。上谕刑部官曰:[②]

> 人言法家少恩,此后世用法之过,故有是言。朕观唐虞之世,好生之德洽于民心,安有是言哉。尔等每论囚,引至朕前,虽详其致罪之由,然一时裁决,恐未得其平。自今论囚,惟武臣死罪,朕亲审之。其余不必亲至朕前,但以所犯来奏,然后引至承天门外,命行人持讼理幡,传旨谕之。其无罪应释者,持政平幡宣德意遣之。继令五军都督府、六部、都察院、六科给事中、通政司、詹事府详加审录。冤者即为奏闻,无冤,实犯死罪以下,悉如律,其杂犯死罪者准赎。

建文初(洪武三十一年九月)复置,成祖初(洪武三十五年秋七月),仍置大理寺。明成祖虽然延续建文旧制,仍置大理寺,但在永乐十八年(1420)以前,大理寺并非单独进行京师案件的复审。在永乐十八年以前,大理寺得会同各衙门复审刑部及都察院移送的京师案件。《大明会典》定曰:[③]

> 凡两法司囚犯,永乐七年以后,令大理寺官,每月引赴承天门外。行人司持节传旨,会同五府、六部、通政司、六科等官审录。输情服罪者,如原拟发遣。其或称冤有词,则仍令有司照勘推鞠。

大理寺得单独进行京师案件的复审,是在永乐十九年(1421)。《大明会

---

① 《明史》,卷九十四,《刑法二》。
② 《明太祖实录》,卷二五三,洪武三十年六月辛巳朔。
③ 《大明会典》,卷二一四,《大理寺》。

典》定曰："永乐十九年奏准,刑部、都察院问拟囚犯,仍照洪武年间定制,送本寺审录发遣。"[①] 这项敕令所称的"洪武年间定制"就是《诸司职掌》。从永乐十九年开始,明代三法司审理京师案件,基本上遵照《诸司职掌》的规定,即由刑部及都察院初审京师案件,并由大理寺复审刑部及都察院移送之京师案件。

京师案件(无论案件轻重),刑部初审后,应送大理寺复审,明人谓之:"详拟罪名"。关于大理寺复审京师案件的程序,《明史·职官志》曰:[②]

> 凡刑部、都察院、五军断事官所推问狱讼,皆移案牍,引囚徒,诣寺详谳。左、右寺寺正,各随其所辖而复审之。既按律例,必复问其款状,情允罪服,始呈堂准拟具奏。不则驳令改拟,曰照驳。三拟不当,则纠问官,曰参驳。有牾律失入者,调他司再讯,曰番异。犹不惬,则请下九卿会讯,曰圆审。已评允而招由未明,移再讯,曰追驳。屡驳不合,则请旨发落,曰制决。凡狱既具,未经本寺评允,诸司毋得发遣。误则纠之。

又《明史·刑法志》亦载有关大理寺复审京师案件的程序,惟较《明史·职官志》为简略,语焉不详。《明史·刑法志》曰:[③]

> (京师案件,)情词不明或失出入者,大理寺驳回改正,再问驳至三,改拟不当,将当该官吏奏问,谓之照驳。若亭疑谳决,而囚有番异,则改调隔别衙门问拟。二次番异不服,则具奏,会九卿鞫之,谓之圆审。至三四讯不服,而后请旨决焉。

《明史·职官志》曰:"不(否也,指情罪不允服)则驳令改拟,曰照驳。三拟不当,则纠问官,曰参驳。"《明史·刑法志》则曰:"再问驳至三,改拟不当,将当该官吏奏问,谓之照驳。"《明史·职官志》所定义的"照驳"和"参驳"是正确的,《明史·刑法志》所定义的"照驳"是错误的。

又《明史·职官志》曰:"有牾律失入者,调他司再讯,曰番异。"《明史·刑法志》则曰:"若亭疑谳决,而囚有番异,则改调隔别衙门问拟。""调他司再讯"或"改调隔别衙门问拟"两者均系"调问",所谓"番异"是指人犯翻供(推

---

① 《大明会典》,卷二一四,《大理寺》。
② 《明史》,卷七十三,《职官二》。
③ 同上书,卷九十四,《刑法二》。

翻原招），告诉冤枉而言。《明史·职官志》所定义的"番异"是错误的,《明史·刑法志》所说的"番异"及"调问"是正确的。必先有人犯番异,方有改调隔别衙门问拟。

又《明史·职官志》曰:"下九卿会讯,曰圆审。"《明史·刑法志》则曰:"会九卿鞫之,谓之圆审。"两制所定义的"圆审"基本上相同,都是正确的。至于《明史·职官志》曰:"屡驳不合,则请旨发落,曰制决。"与《明史·刑法志》所称"至三四讯不服,而后请旨决焉"。基本上相同,都是正确的。

明代弘治以前,大理寺复审京师案件的程序,应以《诸司职掌》所载者为准。《明史·职官志》及《明史·刑法志》所载者,既欠详尽又欠确实,只能作为次要的参考资料。明代弘治以前,大理寺复审京师案件的程序,洪武末年编定的《诸司职掌》定曰[①]:

> 凡刑部十二部、都察院十二道、五军都督府断事官五司,问拟一应囚人,犯该死罪徒流者,具写奏本发审。笞杖罪名者,行移公文发审。俱由通政司挂号,另行入递。预先差人连案同囚,送发到寺。照依该管地方,先从右右寺审录。若审得囚无冤枉者,取讫各囚服辩在官,案呈本寺,连囚引领赴堂圆审无异。取据原问衙门司狱司印信收管入卷。将囚连案责付原押人收领回监,听候发落。候递到各项奏本公文到寺,将奏本抄白立案,务要仔细参详情犯罪名,比照律条。
>
> 如罪名合律者,准拟。本寺依式具本,同将原来奏本缴送该科给事中,编号收掌。然后印押平允,仍由通政司回报原衙门,如拟施行。如罪名不合律者,依律照驳。亦依式具本,将原来奏本缴送该科收编,驳回原衙门再拟。如二次改拟不当,仍前驳回议拟。但三次改拟不当,照例将当该官吏,具奏送问。或中间招情有未明者,必须驳回再问。若公文不必抄白,就即立案。其参详罪名,准拟合律,照驳不合律,及送问等项,并如前行。
>
> 若审得囚人告诉冤枉,果有明白证佐,取责所诉词状,案呈本寺。连囚引领赴堂圆审相同,将囚连案依前发回原问衙门,听候发落。待奏本公文到寺,将原来奏本,依式具本,如前缴送该科。公文止留本寺立案,然后仰令左右寺抄案,备开囚人供词,行移隔别衙门再问。若二次番异者,再取本囚供状在官,照例具奏。会同六部、都察院、通政司等衙门堂上官圆审回奏施行。

---

① 《诸司职掌》,《刑部》。

《大明会典》所载洪武二十六年定例之文字与《诸司职掌》所定大理寺复审程序之文字,完全相同,兹不赘引。《诸司职掌》所定大理寺复审程序,基本上沿用至弘治末年。正德初年以后,京师人犯俱不到大理寺,言词审理变为书面审理,大理寺之复审变为复核。京师重大案件(指奉旨送刑部拟罪者),刑部审理后,得直接具题,奏闻皇帝裁决,无须大理寺复核。

依照《诸司职掌》之规定,大理寺左右寺复审刑部移送之京师刑名案件时,可以有下列三种处理方式:

(一) 如罪名合律者,准拟。

(二) 如罪名不合律者,依律照驳,驳回原衙门再拟。(如二次改拟不当,则仍照驳,驳回再拟。如三次改拟不当,则行参驳。若人犯招情有未明者,则驳回原衙门再问。)

(三) 若囚人告诉冤枉番异,且大理寺会审相同,将原案发回原问衙门,由大理寺行移隔别衙门再问。(如二次番异者,具奏后,会同各衙门堂上官会审,奏闻皇帝裁决)。

大理寺复审京师案件的处理方式在景泰六年(1455)及弘治十七年(1504)有一些重大变化。

(一) 景泰六年(1455)六月己亥,"南京大理寺右寺寺正向敬言:'比者两法司鞫囚有二弊:其一,推情论罪不当、审不允者,辄调问,痛加箠楚。至三四次,仍依原拟,不免有冤。请自今三次不允,送别衙门推鞫,原问不当者罪之……乞禁令如律。'从之。"① (北京三法司亦同)

(二) 景泰六年(1455)冬十月丁卯,"南京大理寺右寺正向敬言:'臣见本寺审录南京刑部、都察院轻重罪囚,间有情罪不当诉冤驳回问理者,原问及调问官往往衔之,痛肆箠楚,迫其曲承。是致刑狱多冤,伤和召异。乞敕法司,今后本寺驳回诸囚,原问官务在详谳,不许箠楚及辄呈堂调问。其驳回三次者,本寺照《诸司职掌》备具供词,移文调问。或原问官情有增减,罪有出入,并许誊正其罪。'从之。"② (北京三法司亦同)

(三) 弘治十七年(1504),刑部复准:"各该司、道必先推鞫明白,问罪送审。中间倘有冤枉,不肯画字,或招情未明,驳回三次,改调司、道。或原问官事涉嫌疑,虽未及三次,亦许调问,悉遵前项《诸司职掌》并见行事例施行。"③

---

① 《明英宗实录》,卷二五四,景泰六年六月己亥。

② 同上书,卷二五九,景泰六年冬十月丁卯。

③ 孙承泽:《春明梦余录》,卷五十,《大理寺》。

（四）弘治十七年（1504）（大理寺）奏准："（凡驳问罪囚,）原问官事涉嫌疑,或有偏拗者,不拘一次、二次,听本寺驳调问理。若不改,本寺径行隔别衙门问理。又驳回犯人若不须提人者,轻事限五日,重事限十日完报。若故意淹禁,致情轻犯人累死者,听本寺指寔参奏。"①

依景泰六年的规定观之,大理寺复审京师案件驳回刑部三次时,大理寺得调问别衙门。又依弘治十七年的两项规定观之,大理寺复审京师案件,人犯或"倘有冤枉,不肯画字,或招情未明",或"原问官事涉嫌疑,或有偏拗者",大理寺得驳回刑部（或都察院）再拟或再问。但依《诸司职掌》,只要"囚人告诉冤枉番异,且大理寺会审相同"一次,大理寺即得行移隔别衙门再问。换言之,《诸司职掌》有关调问的规定比较宽松,弘治十七年的敕令比较严格,又弘治十七年刑部复准的敕令,须大理寺驳回三次,刑部（或都察院）始须改调司（道）复审。《诸司职掌》上所称"三次改拟不当,照例将当该官吏,具奏送问。"一节（即所谓参驳）几成具文。

据笔者考察,正德初年以后,大理寺复审京师人犯时,人犯俱不到寺。既然人犯俱不到寺,则《诸司职掌》所称《囚人告诉冤枉》（即番异）或"二次番异"已无可能发生。《诸司职掌》有关"番异"或"二次番异"几成具文。

嘉靖年间,大理寺卿刘玉曾上疏奏言"祖宗良法废坏殆尽",并建言依《诸司职掌》"照驳"及"调问",并依条例"三法司及锦衣卫会审"。大理寺卿刘玉疏：②

（我朝）既设刑部以掌邦禁,又设都察院以司纠察,兼之问刑,又设大理寺以专审录。凡问过罪囚,具招送审。凡招不协情,情不合律,驳回三次,改拟不当,将当该官吏具奏送问,谓之照驳。照者,照其情律也。若问有冤枉,囚自翻异不服,则取供行移,改调隔别衙门问拟。二次翻异不服,则具奏会同九卿圆审。详载《诸司职掌》与《大明会典》,为制甚密。及查见行条例,遇有重囚称冤,原问官员辄难辩理者,许该衙门移文会同三法司、锦衣卫堂上官,就于京畿道会问辩理。果有冤枉,及情可矜疑者,奏请定夺。……奈何丰豫之余,人心玩愒……以求寔理为怪异,以论旧章为狂愚,遂使祖宗良法废坏殆尽,臣等有难尽言者……

伏望皇上特敕法司,今后问刑,凡有拟议未当者,容臣等查照旧规,

① 孙承泽：《春明梦余录》,卷五十,《大理寺》。
② 同上。

照驳再问。驳回三次,改拟不当,将当该官吏具奏送问。若问有冤枉,囚自翻异不服,取供改调隔别衙门问拟。二次不服,止照条例,会同三法司及锦衣卫上官会审。十分重情,遵照《会典》,会同九卿圆审。原问官及改问官若容私偏向,仍有冤枉不明者,一体参提问罪。其余事情,均乞敕本寺及各衙门钦遵施行。

关于《诸司职掌》所定大理寺复审京师案件的三种处理方式(按适用期间自洪武二十六年至弘治十八年前后),兹详述如下:

（一）关于罪名合律时的处理方式

《诸司职掌》定曰:"如罪名合律者准拟。本寺依式具本,同将原来奏本,缴送该科给事中,编号收掌。然后印押平允,仍由通政使司回报原衙门,如拟施行。"①（《大明会典》所载文字与《诸司职掌》相同。）至其复审作业方式,《大明会典》定曰:②

  凡两法司发审罪囚,本寺承行历事监生,即于来文上,粘小方纸一幅。横列本寺卿、少卿寺丞之姓于上,寺正、寺副及该掌行评事之姓于其下,若奏本,粘于护纸上。连囚犯先送评事看详审复。若情词不悖,议拟相符,囚犯服辩,文移停当,即书允字于姓之下。

大理寺复审京师案件,罪名合律的案例颇多,兹举例说明如下:

例一:成化二十三年(1488)二月丁酉,巡按山东监察御史刘规、按察司副使潘瑄有罪下狱,"刑部论罪俱当赎杖,规前坐事当徒,得免论;瑄时已去官,犹坐之。大理寺以具狱上,报可。"③

例二:弘治元年(1489)十一月甲申,京师妖僧继晓有罪下狱,"至是,刑部拟晓罪死,妻子流二千里。以犯在赦前,请发原籍为民。大理寺审允。"④

（二）关于罪名不合律时的处理方式

《诸司职掌》定曰:"如罪名不合律者,依律照驳。亦依式具本,将原来奏本缴送该科收编,驳回原衙门再拟。如二次改拟不当,仍前驳回议拟。但三次改拟不当,照例将当官吏,具奏送问。或中间招情有未明者,必须驳回再

---

① 《诸司职掌》,《大理寺》。
② 《大明会典》,卷二一四,《大理寺》。
③ 《明宪宗实录》,卷二八七,成化二十三年二月丁酉。
④ 《明孝宗实录》,卷二十,弘治元年十一月甲申。

问。"① (《大明会典》所载文字与《诸司职掌》相同。)至其复审作业方式,《大明会典》定曰:②

> (凡两法司发审罪囚,)其或情词有异,议拟未当,囚犯番异,文移舛错,则直随其事明白批之。次以传于寺正、寺副各批讫。承行监生呈于卿、少卿、寺丞,复各看详。若可允,即各书行于其姓之下。不然,亦随事批下该寺附案。候圆审相同,或参驳,或调问,各依《诸司职掌》定制施行。

《诸司职掌》定有《合律照驳式》。(《大明会典》所载文字与《诸司职掌》相同。)所谓"合律照驳式"是指大理寺复审京师案件时,所为"合律"及"照驳"文字的范式。亦即大理寺对于刑部初审的京师案件定拟出"合律"及"照驳"的复审判决意见的范式。兹抄录《诸司职掌》所载"合律照驳式"如下③:

　合律照驳式

　大理寺卿臣某等谨奏为李甲不应事,刑部某部问拟李甲等一十六名,数内合律一十五名,不合律张丙一名,有照驳,谨具奏。

　一照驳

　前件本寺照律,张丙合得计赃准窃盗一贯之上律,杖七十,罪无出人。其刑部某部却依不应律,笞四十,未审故失,已出张丙杖罪三十,所据不当。官吏除尚书某、侍郎某取自上裁,其子部某部官吏某人合送法司问罪,仍令改正。

　一准拟

　事内干连人王乙等合得笞罪十名,陈丁等合得杖罪四名,李甲一名,无罪释放。

　洪武　　　年　　月　　日

依《诸司职掌》所定,大理寺复审京师案件,认为不合律或招情未明,得驳回原问衙问再拟(再行定拟)或再问(再行审问)。但实际上,除不合律或招情未明两种情形外,"囚人称冤"时,大理寺亦得驳回原问衙门再问。弘治十七年(1504)八月乙丑,"刑部主事朱塾奏:'旧例,刑部所称问罪囚议拟既

---

① 《诸司职掌》,《大理寺》。
② 《大明会典》,卷二一四,《大理寺》。
③ 《诸司职掌》,《大理寺》。

成,送大理寺审录,有拟罪不当、狱情未明及囚人称冤者,则驳之.'"① 由朱
垕所说的情形看来,在弘治十七年以前,大理寺遇有"囚人称冤"者,即得驳
回原问衙门(刑部)再问。依笔者考察,至迟景泰年间,即已如此。如此一
来,"囚人称冤"番异者,即无可能行移隔别衙门再问(即所谓"调隔别衙门问
拟")。

大理寺复审京师案件,认有不合律或招情未明时,得驳回原问衙门再拟
或再问。原问衙门如"调他司问拟",此种调问系广义之调问。大理寺复审
京师案件时,如遇"囚人告诉冤枉"(即番异)时,得行移隔别衙门再问,此种
调问系狭义之调问。洪武末年订定《诸司职掌》时,仅规定狭义之调问,并未
规定广义之调问。广义之调问系永乐以后逐渐发展出来的。

关于大理寺复审京师案件驳回刑部再拟或再问的情形,兹举例说明如
下:

例一:景泰二年(1455)八月丙戌,"尚宝司丞杨寿因责家奴不服,殴死
之。奴乃宣宗皇帝赐其祖少保溥者也。事觉,刑部尚书俞士悦谓:'寿罪虽
律当徒,然议由恩赐,又祖所遗爱者。今寿杀之,有亏忠孝,请勿以常律论。'
大理寺卿萧维祯驳之,以为傅致非罪,请一依律断。从之。"②

例二:成化七年(1471)四月丙寅,"浙江嘉善县知县林弘伏诛。弘初在
任时贪虐,以县吏周显尝讼己,以挟私诬己罪,杖杀显一家四人,并其亲属被
累死者十八人。显妻孕将产,既死,孕在腹尚动,逼焚其尸。既而为仇家所
发,下狱。岁久屡辩,法司得实,拟罪坐斩。大理寺审录,以有正律驳回再
拟,遂坐以凌迟处死。"③

例三:弘治十七年(1504)八月乙丑,刑部与大理寺因复审京师案件意见
不同一事发生争执,大理寺卿杨守随即以二例说明大理寺之驳审:(一) 有
张文学者,因殴人而践死其幼女,乃略其人以求解,妄称有驴惊蹄之而死,而
本司听之。(二) 有高三汉者,盗其未婚之嫂,事觉而逃,本司仍令其兄代
议,左右二寺皆究其实验之。④

大理寺复审京师案件的驳审意见,皇帝或采纳或不采纳,兹举一案例说
明如下:

案例:万历十三年(1585),王用汲为大理寺少卿,"会法司议胡槚、龙宗

① 《明孝宗实录》,卷二一五,弘治十七年八月乙丑。
② 《明英宗实录》,卷二○七,景泰二年八月丙戌。
③ 《明宪宗实录》,卷九十,成化七年四月丙寅。
④ 《明孝宗实录》,卷二一五,弘治十七年八月乙丑。

武杀吴仕期狱，傅以谪戍。用汲驳奏曰：'按律，刑部及大小官吏，不依法律、听从上司主使、出入人罪者，罪如之。盖谓如上文，罪斩，妻子为奴、财产皆入官之律也。仕期之死，樉非主使者乎？宗武非听上司主使者乎？今仅谪戍，不知所遵何律也。'上欲用用汲言，阁臣申时行等谓仕期自毙，宜减等，狱遂定。"①

关于大理寺复审京师案件，大理寺驳审，调隔别衙门（都察院）问拟的情形颇为少见，兹举一案例说明如下：

案例：正统八年（1443）秋七月乙卯，"坐大理寺左少卿薛瑄死罪。初有妇，其夫死，人告其妇魇魅所致。锦衣卫指挥马顺鞫送刑部议罪，坐以凌迟处死，瑄等驳，调都察院问，亦如之。"②（本案上命下群臣廷鞫，瑄论斩）。

大理寺"掌审谳平反刑狱之政令"③，永乐年间，吏部尚书蹇义论大理疏："刑部、都察院职典刑名，而大理寺尤专详谳。"④《春明梦余录》亦曰："（大理寺）职专审录天下刑名，凡刑部、都察院问拟内外刑名，俱送寺复审。"⑤ 大理寺之职责不可谓之不重，但弘治末年，大理寺的职权受刑部侵夺，渐渐失去与刑部平起平坐的地位。嘉靖年间大理寺卿刘玉即言⑥：

> 法司所以专理刑名，至于大理寺，职司参驳，关系尤重。凡任两寺官，非精律例，见出原问官员之上，何以评其轻重，服其心乎？近见两寺官，其间历年既久，谙谏事体，尽心职业者固多；亦有初入仕途，律之名例尚未通晓，即却断按庶狱，未免有差。原问官因得指摘罅漏，借为口实。至于参驳，本寺亦不降心听从，辄逞雄辩，往复数次，淹累囚众。至不得已，只得将就允行。亦有彼此腾谤，遂相挤陷，本缘公务，反成私隙，以致刑狱不清，多此故也。

对于大理寺的驳回刑部再拟或再问，嘉靖年间订有一些新的敕令，规定刑部的再拟或再问：

（一）嘉靖十一年（1532），刑部题，奉钦依："今后奏诉冤抑，与称冤不服，调问人犯。中间果有冤枉者，问官即与辩问改拟，不得避嫌畏忌，因袭前

① 《明史》，卷二二九，《王用汲传》。
② 《明英宗实录》，卷一〇六，正统八年秋七月乙卯。
③ 《明史》，卷七十三，《职官二》。
④ 孙承泽：《春明梦余录》，卷五十，《大理寺》。
⑤ 同上。
⑥ 同上。

弊。其招拟未当,该寺驳回再问者,原问官即当更改,不得偏执己见。如招情已明,罪无出入,该寺即与平允,不得驳论一文一字,以致往返驳辩,有累罪犯。"①

(二)嘉靖十二年(1533),大理寺奏准:"法司堂上官将原问官员严加戒饬,仍将发问囚犯,按驳行查。凡经驳回再问者,照依《大明令》,小事五日,中事七日,大事十日,并要限内结绝。如原问官员敢有负气挟司,似前停阁淹延,凌虐罪囚者,听本寺指寔参奏。其名司擅准词状,径自发落,既不呈堂具报,送寺审录,又已经审允,而擅拟改变者,俱听本寺及科道官参究。"②

(三)关于"番异"时的处理方式

《诸司职掌》定曰:"若审得囚人告诉冤枉,果有明白证佐,取责所诉词状,案呈本寺。连囚引领赴堂(本寺)圆审相同,将囚连案依前发回原问衙门,听候发落。……(本寺)行移隔别衙门再问。若二次番异者,再取本囚供状在官,照例具奏。(本寺)会同六部、都察院、通政司等衙门堂上官圆审回奏施行。"③(《大明会典》所载文字与《诸司职掌》相同)至其复审作业方式,《大明会典》定曰:④

> (凡两法司发审罪囚,)其或情词有异,议拟未当,囚犯番异,文移舛错,则直随其事明白批之。次以传于寺正、寺副各批讫。承行监生呈于卿、少卿、寺丞,复各看详。若可允,即各书行于其姓之下。不然,亦随事批下该寺附案。候圆审相同,或参驳,或调问,各依《诸司职掌》定制施行。

依《诸司职掌》的规定,囚人告诉冤枉,即番异时,大理寺得为下列两种处理方式:

1. 一次番异,大理寺圆审(会审)相同后,行移隔别衙门再问。
2. 二次番异,大理寺会同各衙门堂上官圆审(会审)后,奏闻皇帝裁决。

但《大明会典》对于"囚犯番异"的处理方式却是"候(大理寺)圆审(会审)相同,或参驳,或调问。"依《大明会典》的规定,"囚犯番异,(大理寺)圆审相同"时,得或为参驳,或为调问,这项规定与《诸司职掌》规定不同。遇有番

---

① 孙承泽:《春明梦余录》,卷五十,《大理寺》。
② 同上。
③ 《诸司职掌》,《大理寺》。
④ 《大明会典》,卷二一四,《大理寺》。

异时,依《诸司职掌》规定,大理寺仅得为调问,亦即行移隔别衙门再问。但依《大明会典》规定,大理寺得或为参驳,或为调问。换言之,大理寺未必即为调问,亦得仅为参驳。

弘治末年以后,大理寺于人犯一次番异时已改变处理方式,并未依照《诸司职掌》规定办理。大理寺于人犯二次番异时,更未依照《诸司职掌》规定,会同各衙门堂上官圆审(会审)。《诸司职掌》所定大理寺复审京师案件的处理方式几成具文,造成这种"典制与现实不符合"的情形,可能是因为京师案件移送大理寺复审时,人犯番异的情形很多,大理寺无法依典制来处理这些京师番异案件,亦即无法行移隔别衙门再问。

《诸司职掌》定有"番异式"及"二次番异式",(《大明会典》所载文字与《诸司职掌》相同。)兹抄录如下:

番异式

大理寺卿臣某等,谨奏为某事。某衙门问拟某人一名,审问番异原招。某囚合隔别衙门再问,谨具奏闻。

洪武　　年　　月　　日

二次番异式

大理寺卿臣某等,谨奏为某事。某衙门问拟某人等二名。除审拟允当外,数内某人一名,先为某衙门具本发审。(若原系公文者,则云公文发审。)本囚告诉冤枉,取责供词在官,已经照例行移隔别衙门再问去后。今据某衙门发审,仍前执称冤枉,除再取供词在官外。本囚合照例会各衙门堂上官圆审。谨具奏闻。

准拟某人合得某罪一名。

洪武　　年　　月　　日

据笔者考察,正德初年以后,因大理寺审理京师案件时,人犯俱不到寺,大理寺之审理系书面审理,而非言词审理,故大理寺之审理应称为"复核",而非"复审"。《诸司职掌》所定有关"合律"、"不合律"的规定,大体上仍能适用,但有关"番异"、"二次番异"的规定,已无适用可能。

至于大理寺驳问原问衙门,三次改拟不当,即行参驳(或称参问)一事,早在成化年间,即已未必照典制施行。按成化五年(1469),大理寺评事言:"大理之设,所以审录刑部、都察院鞫问重囚。其间,或拟罪不当者,一再驳还,并令改拟;或仍不当,许参问。此系旧制。近见南京法司,多用严刑,迫囚诬服。其被纠者,亦止改正而无罪。乞自今许本寺参问。"寺卿王概复奏如议。① 据笔者考察,正德初年以后,已不施行参驳之制。

三 皇帝裁决

大理寺复审或复核京师案件完结后,大理寺应将审理情形奏闻皇帝裁决。皇帝通常均将大理寺题本发内阁票拟,内阁票拟后再奏闻皇帝,皇帝或亲自批示,或授权司礼盛太监批示。大理寺题本经朱批后,案件即为确定。其详细内容,请参阅本书第二章第二节(内阁)及第三节(司礼监),兹不赘述。

明代皇帝处理国家政务(含司法审判),有时在三大殿,即奉天殿(嘉靖四十一年改称皇极殿)、华盖殿(嘉靖四十一年改称中极殿)及谨身殿(万历四十一年改称建极殿),有时在文华殿或武英殿,并无一定。明代朝会有常朝(早期)与午朝两种,皇帝常朝(早期)时,或于奉天殿及华盖殿两大殿举行,或于奉天门(即嘉靖四十一年后之皇极门举行)。在两大殿举行之常朝,宣德以后即不举行。在奉天门(即皇极门)所举行的仪式称为"御门听政",皇帝有时经由御门听政处理国家政务(含司法审判)。惟正德以后,御门听政即少举行。《大明会典》定有"常朝御门仪",关于洪武初年至弘治初年的"常朝御门仪",《大明会典》定曰②:

> 洪武初定:凡早朝文官自左掖门入。武官自右掖门人。如奉天门朝,至金水桥南,各依品级东西序立。候鸣鞭讫。以次随行,至丹墀内,东西相向序立。守卫官先行礼毕,东西序立。文武官人班行礼,有事者,以次进奏。无事奏者,随即入班。朝退,卷班分东西出。

至于弘治末年以后的"常朝御门仪",《大明会典》定曰:③

> 凡早朝,鼓起。文武官各于左右掖门外序立,候钟鸣开门,各以次进。过金水桥,至皇极门丹墀,东西相向立。候上御宝座,鸣鞭。鸿胪寺官替入班,文武官俱入班,行一拜叩头礼。分班侍立,鸿胪寺官宣念谢恩见辞人员。传替午门外行礼毕,鸿胪寺官唱奏事。各衙门应奏事件,以次奏讫。御史序班纠仪。(无失仪,则一躬而退。)鸿胪寺官跪奏

---

① 《明会要》,卷三十五,《职官七》。
② 《大明会典》,卷四十四,《礼部二》。
③ 同上。

奏事毕,鸣鞭。驾兴,百官以次出。

关于明代的"御门听政",万历初年,大学士高拱曾上疏建言:[1]

> 祖宗旧规,御门听政,凡各衙门奏事,俱是玉音亲答,以见政令出自主上,臣下不敢预也。隆庆初,阁臣拟令代答,以致人心生玩,甚非事体。昨皇上于劝进时,荷蒙谕答,天语庄严,玉音清亮,诸臣无不忭仰。当日即传偏京城,小民亦无不欢悦,则其所关系可知也。若临朝时不一亲答,臣下必以为上不省理,政令皆出他人之口,岂不解体。合无今后令司礼监每日将该衙门应奏事件,开一小揭帖,明写某件不该答,某件该答,某件该某衙门知道,及是知道了之类。皇上御门时收入袖中,待各官奏事,取出一览,照件亲答。至于临时裁决,如朝官数少,奏请查究,则答曰:"着该衙门查点。"其纠奏失仪者,重则锦衣卫拿了,次则法司提了问,轻则饶他,亦须亲答。如此则政令自然精彩,可以系属人心,伏乞圣裁。

大学士高拱除对御门听政有所建言外,另对"面奏"一事有所建言。高拱建言:[2]

> 事必面奏,乃得尽其情理。况皇上新政,尤宜讲究,天下之事始得周知。伏望于每二、七日临朝之后,一御文华殿,令臣等随入叩见,有当奏者,就便陈奏,无则叩头而出。此外若有紧急密切事情,容臣等不时请见。其开讲之时,臣等皆日侍左右,有当奏者,即于讲后奏之。如此,则事得精详,情无壅蔽,不惟睿聪日启,亦且权不下移,而诸司之奉行者者当自谨畏,不敢草率塞责矣,伏乞圣裁。

大理寺将题本奏闻皇帝后,经内阁票拟,送皇帝(或皇帝授权的司礼监太监)裁决。皇帝所为之裁决,主要有下列几种:1. 依刑部定拟判决之裁决;2. 命法司再拟或再问之裁决;3. 命多官会审之裁决;4. 另为处置之裁决。兹分述如下:

---

① 孙承泽:《春明梦余录》,卷二十三,《内阁一》。
② 同上。

（一）依刑部定拟判决之裁决

京师案件经刑部初审，大理寺复审（或复核）平允后，大理寺奏闻皇帝裁决，奉旨钦依（即依刑部拟之判决），该京师案件始为结案。其中死罪案件，刑部即可依一定程序执行死刑。

（二）命法司再拟或再问之裁决

皇帝如认案件拟罪不合律，得命法司再行定拟判决意见。皇帝如认案情未明，得命法司再行审问人犯。

1. 命法司再拟之裁决

皇帝命法司再拟，多系命刑部再拟，兹举例说明如下：

例一：正统三年（1438）各十月丁丑，"行在兵部主事章文昭有罪，坐纹。初文昭怒妻侄□约生通其妾，杀约生，佯言为贼所害，令义男天禄告官，遂推罪天禄。文昭嘱刑部主事徐禄锻炼成狱。事觉，法司拟文昭赎罪复职，上不从，（刑部）乃更拟绞"①。

例二：嘉靖三十四年（1555）闰十一月庚辰，山东道御史曾佩有罪，上命锦衣卫执付镇抚司严讯。"镇抚司以佩不谙宪典复，下法司拟罪。坐佩违例，宜黜为民。上以所拟太轻，应从重别议。于是（刑部）改议谪戍边卫。诏可，仍杖而遣之"②。

2. 命法司再问之裁决

皇帝命法司再问，有系命刑部再问，有系命都察院再问，有系命大理寺再问。兹举例说明如下：

例一：宣德六年（1431）六月丁未，"行在刑部奏：'钱成孙党与王忠相殴，忠妻郭氏从旁救之，误坠所抱婴儿，伤脑死。忠诬成孙踢杀，论以绞罪。'大理审允具奏。上以为狱有疑，命再鞫之，具得实状，成孙得免死"③（本案系送大理寺再问）。

例二：宣德六年（1431）六月庚子，"初，直隶定兴县民王林子锁定虚实输草实收，事觉，行在刑部逮林，当斩罪，以瞽得赎，大理寺审允以闻。上曰：'瞽者能输草乎？更详审之，勿使辜受枉，奸慝幸免。'命刑部再问。"④（本案系送刑部再问）

（三）命多官会审之裁决

皇帝命多官会审时，其会审官员组成方式不一。其方式多种多样，兹举

---

① 《明英宗实录》，卷四十七，正统三年冬十月丁丑。
② 《明世宗实录》，卷四二九，嘉靖三十四年闰十一月庚辰。
③ 《明宣宗实录》，卷八十，宣德六年六月丁未。
④ 同上书，卷八十，宣德六年六月庚子。

例说明如下：

例一：弘治元年(1488)十一月甲申，京师妖僧继晓有罪案发，"至是，刑部拟罪死，妻子流二千里，以犯在赦前，请发原籍为民。大理寺审允。有旨：'令科道官看详。'"①

例二：弘治五年(1492)四月癸卯，陕西巡抚都御史韩文奏陕西巡按御史李兴"陵侮方面，不朝亲王，酷刑致死人命诸事。命锦衣卫民往械兴至京下狱……上以兴酷暴过期，命拟罪以闻。刑部拟兴赎杖为民。上以为未当，命法司会官廷鞫之。"②（本案系由皇帝直接命刑部拟罪，故本案未经大理寺复审）

例三：正德元年(1506)十月甲戌，"天寿山守备太监贾性所为多不法，淫刑致死无罪者六人，为东厂所发，下锦衣卫镇抚司逮问。狱具，送刑部拟徒，（大理寺审允，）诏以所拟未当，令部察院会锦衣卫堂上官及科道官于阙下会审，改拟斩。"③

（四）另为处置之裁决

关于皇帝另为处置之裁决，兹举例说明如下：

1. 加重其刑之裁决

例一：宣德四年(1429)八月庚寅，"浙江道监察御史宋准奉命盘粮至金华，娶妾又索官白金及私通民妇。事觉，妄奏求免。行在刑部以所犯在赦前，但坐奏事不以实，应徒。上曰：'愿佐已劾此人贪淫无耻，其追所受赃，杖之，发戍辽东。'"④

例二：天顺七年(1463)闰七月庚午，锦衣卫鞫问浙江宁波府知府陆阜侵盗粮米等事，"刑部论罪赎斩为民。上曰：'陆阜贪婪虐民如此，不可以常例处，赎罪毕，发广西南丹卫充军。'"⑤

例三：嘉靖三十五年(1556)二月戊午，吏部尚书李默与大学士严嵩颇为异同，严嵩义子赵文华告讦李默谤讪，"上览疏大怒，诏礼部三法司及该科参看，复称默偏执自用，失大臣礼，至其策问引汉唐事尤非所宜言。……刑部尚书何鳌遂坐默比拟子骂父者律纹。上曰：'律不著臣骂君父，谓必无也。今有之，其加等处斩，锢于狱。'……默竟瘐死狱中。"⑥

---

① 《明孝宗实录》，卷二十，弘治元年十一月甲申。

② 同上书，卷六十二，弘治五年四月癸卯。

③ 《明武宗实录》，卷十八，正德元年十月甲戌。

④ 《明宣宗实录》，卷五十七，宣德四年八月庚寅。

⑤ 《明英宗实录》，卷三五五，天顺七年闰七月庚午。

⑥ 《明世宗实录》，卷四三二，嘉靖三十五年二月戊午。

2．减轻其刑之裁决

案例：成化二十年(1484)六月壬申，监察御史许潜及监察御史戴仁有罪案发，"命下潜、仁锦衣卫狱问状。刑部拟潜故勘平人至死罪斩；仁嘱托且诬告人罪徒。狱上，有旨：'潜减死，发口外卫分充军；仁免赎，发原籍为民。'"①

3．赦免之裁决

例一：永乐二年(1404)秋七月甲寅，刑部尚书郑赐等劾奏："太子太师曹国公李景隆包藏祸心，不守臣节，隐匿凶命蒋阿演等二十八人。"又景隆常语其家人杨思美曰："善养此辈，后将得用。"夫春秋无将，将则必诛。乞置景隆于法。"上曰："勿问。"令送所匿于官。②

例二：天顺二年(1458)八月甲戌，都督枉忠有罪案发，"下锦衣卫狱，复究得忠尝诬良民李清喜谋反，赂尚书陈汝言不下千金。狱具，太监曹吉祥为之祈恩，上特宥之。"③

例三：嘉靖四年(1525)十二月庚戌，给事中陈洗凌雪乡人，为怨家奏诸不法事，上遣官鞫问之，"具列罪状以闻。法司复审无异，坐洗以大辟，上特宥洗死，发回原籍为民。"④（陈洗上疏辩言，因抗议大礼，以致群奸侧目，上动之）

　　皇帝对于京师案件加减其刑或赦免其罪，基本上是对三法司的司法审判(依律问罪拟刑)有所干扰。对于皇帝的干扰，明代的官员偶亦上疏谏言。正统八年(1443)，翰林院侍讲刘球上疏言："迩者法司上狱状，有奉敕旨减重为轻，加轻为重者，法司既不能执奏，及讯他囚，又因有所观望以轻重之，岂得无冤。臣以为既任法司，刑狱宜从其所拟。其或徇私不当，则加以罪。"⑤

　　又万历二十四年(1596)二月戊寅，大学士赵志皋等亦曾上疏："朝廷所守者，祖宗之法度，刑官所据者，钦定之律令，近日刑部问拟囚犯，据律定罪，而明旨每有加重，司官且被严谴，此虽皇上惩奸锄恶之意，而使执法之臣无所措手，似亦可暂而不可久，夫法不可纵，亦不可枉。"⑥

　　对于官员的上疏谏言，明代的皇帝大多采取不理会的态度。此外，皇帝对于京师案件亦得以内批裁决之。所谓"内批"是指未经内阁票拟而由皇帝

---

① 《明宪宗实录》，卷二五三，成化二十年六月壬申。
② 《明太宗实录》，卷三十三，永乐二年秋七月甲寅。
③ 《明英宗实录》，卷二九四，天顺二年八月甲戌。
④ 《明世宗实录》，卷五十八，嘉靖四年十二月庚戌。
⑤ 《明英宗实录》，卷一〇五，正统八年六月丁亥。
⑥ 《明神宗实录》，卷二九五，万历二十四年二月戊寅。

（或皇帝授权的司礼监太监）直接裁决的批示。关于内批之弊，万历初年，内阁大学士高拱疏言[①]：

> 国朝设内阁之官，看详章奏拟旨，盖所以议处也。今后伏望皇上将一应章奏俱发内阁看详拟票上进，若不当上意；仍发内阁再详拟上。若或有未经发拟，自内批者，容臣等执奏明白，方可施行，庶事得停当，而亦可免假借之弊。其推升庶官，及各项陈乞，与凡一应杂本，近年以来，司礼监径行批出，以其不费处分，而可径行也。

关于京师案件，皇帝内批之案例，兹举例说明如下：

例一：正德九年（1514）正月戊子，先是，陕西镇守太监廖堂劾奏前后任陕西巡按监察御史刘天和及王延相，"诏遣官校械系二人至京，送镇抚司拷讯，狱久未释，诸多求之，乃付法司拟罪，当赎杖还职，内批特降之。"[②] 是日，降监察御史刘天和为金坛县丞，王延相为赣榆县丞。

例二：嘉靖二年（1523）十月癸未，内批特降，"命贷重犯王钦、王锦、王铨死，各发边卫永远充军，仍免追赃。"[③] （按王钦等原已奉钦依处决，左右有为之营脱者）

第四节　都察院初审程序（附大理寺复审或复核程序）

一　都察院初审程序

明代中央的司法审判采行"平行的两组司法审判系统"。就京师案件而言，绝大多数京师案件系由刑部初审，大理寺复审。但亦有少数京师案件系由都察院初审，大理寺复审。明代中央"平行的两组司法审判系统"最初定制于洪武十七年（1384），明太祖谕法司曰："布政、按察司所拟刑名，其间人命重狱，具奏转达刑部、都察院参考，大理寺详拟。著为令。"[④] 洪武末年制定《诸司职掌》时，确立"平行的两组司法审判系统"。

明代中央三法司中，都察院是仅次于刑部的司法审判机关。大理寺虽

---

① 孙承泽：《春明梦余录》，卷二十三，《内阁一》。

② 《明武宗实录》，卷一○八，正德九年正月戊子。

③ 《明世宗实录》，卷三十二，嘉靖二年十月癸未。

④ 《明史》，卷九十四，《刑法二》。

系中央的复审或复核机关,但其司法审判权小于刑部与都察院。有明一代,刑部与都察院并称"二法司",都察院司法审判权之重可见一斑。据笔者考察,明代成化以前,都察院奉旨审理京师案件之情形较多。弘治以后,此种情形逐渐减少,刑部奉旨审理京师案件之情形更为增加,而三法司会审或多官会审亦逐渐增多。但无论如何,迄至明末,都察院仍可单独进行京师案件的司法审判,"平行的两组司法审判系统"基本上仍维持不变。

明代都察院有关京师案件的司法审判,系以奉旨审理的情节重大案件为主,这些情节重大案件如职官案件及谋反、谋叛、谋大逆案件等。大体言之,都察院审理京师案件,系以职官案件为主,民人案件次之。反之,刑部审理京师案件,则系以民人案件为主,职官案件为辅。

正德以后,都察院有关京师案件的司法审判权逐渐缩小,这可从都察院所属衙门司狱司的设官情形得到印证。《大明会典》载,明代司狱司"旧六员,嘉靖八年,革三员。万历九年,革一员,又住补一员。"① 故《大明会典》定曰:"司狱司,司狱一员。"② 有明一代,都察院的监狱始终设置著,但狱官的人数,在嘉靖八年(1529)时,由六人删为三人,在万历九年(1581)时,由三人删为一人。狱官人数的急遽删减,代表着都察院监狱囚犯人数的减少,也代表着都察院审理京师案件数量的减少。

京师案件发文到院时,由都察院十三道代管,所有发交到院的京师案件,系由都察院十三道轮流签分。都察院十三道系各自分别直接审理京师案件,原则上,都察院某道应自始至终审理签分到道之某一特定案件。遇有特殊情况(如皇帝谕令调问,或依典制应调问者等情形),已签分到道之某一特定案件,亦可能调问至他道,亦即由甲道调至乙道问拟。例如正统五年(1440)年,都察院审理某京师案件,即由山西道审理后,再移贵州道审理。③

关于都察院审理京师刑名案件的基本原则,洪武末年编定的《诸司职掌》已有规定。《诸司职掌》定曰:④

> 凡鼓下或通政司发下告人,连状到院,责令供状明白,保管听候。照出状内被告人数、入流官员,具呈本院,奏闻提取。其军民人等,给批差人提取。对理招供明白,取讫服辩,无招干连,随即保管听候。有罪

---

① 《大明会典》,卷二,《吏部一》。
② 同上。
③ 《明英宗实录》,卷七十三,正统五年十一月壬戌。
④ 《诸司职掌》,《都察院》。

人数,牢固监候,追徵所招赃仗完足,责令库子收贮。议拟罪名,开写原发事由,问拟招罪,照行事理。

徒流迁徙死罪充军人数,具写奏本。答杖以下,止具牒文,佥押完备,连囚赴堂,备说所犯情节罪名,审无异词,然后入递。将囚押送大理寺审录,候平允回报。若罪名不当,驳回再问。仍将所驳招罪,参详明白,再拟改正。或有番异,则监收听候,调别衙门再问。

其余审允人数,除答杖徒流徙罪准工囚人,备开年甲工址,略节招罪,工役限期,呈堂编发工役。的决答杖人数书写断单,开具合得罪名,会请刑部等官公同断决。取完佥批单入卷。其充军囚人,具手本,送编军御史处,照地方编发,取收管附卷。绞斩死罪,仍令司狱司转送重囚监,牢固枷收听候。大理寺依时复奏回报,具手本会请刑部等官,公同处决,仍取决讫月日批单附卷。无招踈放,并答杖的决,还职著役宁家人数。

另具公文,差人管送各该衙门,给凭发回,取批收附卷,原收赃仗,候季终通类具呈本院,出给长单,差委御史,解赴内府该库交纳足备,取获库收附卷。如有追无见赃囚人,责供明白,类行原籍追徵。及照出合问人数,随即呈提。

前项审过囚人,设有病故,请官相视明白,取获批单附卷。若干系重囚,牒报大理寺知会。候本宗事完通具结缘由,呈堂照验(余与刑部同)。

《大明会典》所载洪武二十六年(1393)定例之文字与《诸司职掌》所定都察院初审程序之文字,完全相同,兹不赘引。《诸司职掌》所定都察院初审程序,基本上沿用至明末。

都察院十三道审讯京师案件时,其审讯原则有三:1. 依告状鞫狱;2. 依法拷讯;3. 狱囚取服辩。至于都察院十三道官员审理京师案件时,应依《大明律》及《问刑条例》审理。都察院定拟判决时,应注意下列四项定拟判决原则:

(一)断罪依新颁律。

(二)引律比附,议定奏闻。

(三)断罪不得听从上司主使。

(四)断罪引律令。

上述四项定拟判决原则之详细内容,请参照本书第三章第二节三,兹不赘述。

都察院十三道审理京师刑名案件完结后,应定拟判决呈堂官(都御史及

副都御史)核阅。都察院十三道审理京师刑名案件完结后,可以有下列两种处理方式:

(一)徒流迁徙死罪充军人数,具写奏本,奏闻皇帝,将囚押送大理寺审录。

(二)笞杖以下,止具牒文,将囚押送大理寺审录。

上述第一种处理方式,即由都察院具本,奏闻皇帝,发大理寺复审。上述第二种处理方式,仅限于笞杖轻罪,都察院得止具牒文,移送大理寺复审,而无须奏闻皇帝,两种处理方式均须将人犯移送大理寺复审。

《诸司职掌》所称"鼓下",指"登闻鼓下",军民赴登闻鼓下所呈之状,称为"鼓状"。至于军民赴通政司所呈之状,称为"通状"。鼓状须由值鼓给事中奏闻皇帝,发交都察院或刑部审理。通状须由通政使司奏闻皇帝,发交都察院或刑部审理。此外,内外衙门劾奏违法官员时,皇帝常将此类案件发交都察院审理。兹将皇帝交审之鼓状案件及其他案件举例说明如下:

(一)鼓状案件

例一:宣德元年(1426)夏四月癸酉,京师民毛氏诬其夫阎群儿等九人强劫校尉陈贵家。"监察御史悉论强劫罪当斩,宣等家人击登闻鼓诉冤……给事中李庸以闻。……命行在都察院与之辨。"①

例二:宣德二年(1427)五月戊寅,富峪卫指挥使张晦死,嫡子张璿与母王氏为优给事诉之官,"事下行在刑部、晦妹夫高玘佑琼,强辩饰诈,刑部官信之,反坐王罪。王击登闻鼓诉之。下行在都察院,遂明其诬。"②

例三:宣德四年(1429)十二月辛巳,济阳卫卒李玖之女击登闻鼓诉冤,又武清县民刘全之妻亦击鼓申诉,给事中以闻。"上曰:'此二狱皆可疑。……此二狱令都察院、刑部堂上官同与之辨。'"③

(二)其他案件

例一:景泰四年(1453)六月癸巳,"辽江戍李福惠、妖僧王海等潜于旋蜂塘聚谋为乱。福惠称唐太宗后,伪号大清国……械送京师,命都察院鞫之。"④

例二:天顺四年(1460)六月庚戌,"彭城伯张瑾初收其妻朱民从嫁婢为妾。婢死,自称次妻,上章乞祭祀,礼部以无例格之。至是,为校尉所觉,六

---

① 《明宣宗实录》,卷十六,宣德元年夏四月癸酉。
② 同上书,卷二十八,宣德二年五月戊寅。
③ 同上书,卷六十,宣德四年十二月辛巳。
④ 《明英宗实录》,卷二三〇,景泰四年六月癸巳。

科十三道劾举其罪,下都察院,狱具当徒。"①

二　大理寺复审或复核程序

明代弘治以前,大理寺复审京师案件的程序,洪武末年编定的《诸司职掌》定曰②:

> 凡刑部十二部、都察院十二道、五军都督府断事官五司,问拟一应囚人,犯该死罪徒流者,具写奏本发审。笞杖罪名者,行移公文发审。俱由通政司挂号,另行入递。预先差人连案同囚,送发到寺。照依该管地方,先从左右寺审录。若审得囚无冤枉者,取讫各囚服辩在官,案呈本寺,连囚引领赴堂圆审无异。取据原衙门司狱司印信收管入卷。将囚连案责付原押人收领回监,听候发落。候递到各项奏本公文到寺,将奏本抄白立案,务要仔细参详情犯罪名,比照律条。

> 如罪名合律者,准拟。本寺依式具本,同将原来奏本缴送该科给事中,编号收掌。然后印押平允,仍由通政司回报原衙门,如拟施行。如罪名不合律者,依律照驳。亦依式具本,将原来奏本缴送该科收编,驳回原衙门再拟。如二次改拟不当,仍前驳回议拟。但三次改拟不当,照例将当该官吏,具奏送问。或中间招情有未明者,必须驳回再问。若公文不必抄白,就即立案。其参详罪名,准拟合律,照驳不合律,及送问等项,并如前行。

> 若审得囚人告诉冤枉,果有明白证佐,取责所诉词状,案呈本寺。连囚引领赴堂圆审相同,将囚连案依前发回原问衙门,听候发落。待奏本公文到寺,将原来奏本,依式具本,如前缴送该科。公文止当本寺立案,然后仰令左右寺抄案,备开囚人供词,行移隔别衙门再问。若二次番异者,再取本囚供状在官,照例具奏。会同六部、都察院、通政司等衙门堂上官圆审回奏施行。

《大明会典》所载洪武二十六年定例之文字,与《诸司职掌》所定大理寺复审程序之文字,完全相同,兹不赘引。《诸司职掌》所定大理寺复审程序,基本上沿用至弘治末年。正德初年以后,京师人犯俱不到大理寺,言词审理变为书面审理,大理寺之复审变为复核。

---

① 《明英宗实录》,卷三一六,天顺四年六月庚戌。
② 《诸司职掌》,《大理寺》。

　　依照《诸司职掌》之规定，大理寺左右寺复审都察院移送之京师刑名案件时，可以有下列三种处理方式：

　　（一）罪名合律者，准拟。

　　（二）如罪名不合律者，依律照驳，驳回原衙门再拟。（如二次改拟不当，则仍照驳，驳回再拟。如三次改拟不当，则行参驳。若人犯招情有未明者，则驳回原衙门再问。）

　　（三）若囚人告诉冤枉番异，且大理寺会审相同，将原案发回原问衙门，由大理寺行移隔别衙门再问。（如二次番异者，具奏后，会同各衙门堂上官会审，奏闻皇帝裁决。）

　　大理寺复审都察院移送之京师案件的三种处理方式（按适用期间自洪武二十六年至弘治十八年前后），其有关情形基本上与大理寺复审刑部移送之京师案件的三种处理方式相同，《诸司职掌》将两种情形一并规定于同一条文。其详细情形请参照本书第四章第三节之二，兹不赘述。惟为了解大理寺复审都察院移送之京师案件之大概情形，兹举例说明如后：

　　例一：洪武二十四年（1391）十二月甲寅，"青州益都县民以县官移失案牍连逮系都察院狱，皆诬服。大理审录其冤，诏释之，人给钞二锭遣还。"①

　　例二：宣德元年（1426）秋七月乙巳，溧阳县民史英父子恃富暴横，殴杀乡人，有司械送英父子等人至京。"上命都察院鞫之……御史鞫之，皆伏罪，应死。至大理寺审复，亦无异词，遂引奏。上召至前，亲问之。当英父子死，余罚输作，以无罪释者七人。"②

　　例三：天顺六年（1462）五月乙巳，"礼部奏：'先是，灵丘王逊烇擅令长子仕塝及仪宾张惠诣京，已执惠送锦衣卫镇抚司鞫罪，转送都察院拟律，大理寺审允，类奏系狱。今灵丘王奏女闻喜县主卒，因无丧主，岁久未葬，乞原惠罪，回还殡葬。'上特宥之。"③

　　例四：成化四年（1468）四月甲寅，西宁侯家人陈刚等有罪案发，"为锦衣卫所执。下都察院鞫之，拟刚伤人，法当死，余悉杖徒，例充边军者十人，徙口外为民者二人。大理寺详审以闻。诏刚如律，斌等仍枷锁示众一月，然后遣之。"④

　　关于大理寺复审都察院移送之京师案件，大理寺驳审，调隔别衙门问拟

　　①　《明太祖实录》，卷二一四，洪武二十四年十二月甲寅。
　　②　《明宣宗实录》，卷十九，宣德元年秋七月乙巳。
　　③　《明英宗实录》，卷三四〇，天顺六年五月乙巳。
　　④　《明宪宗实录》，卷五十三，成化四年四月甲寅。

的情形颇为少见。兹举一类似案例说明如下：①

案例：宣德六年（1431）冬十月丁亥，初，大理寺奏，"山东、江西二道御史所问强盗七人，皆是军匠，两经审录固称，盗发之日，皆在公执役，各有管领之人为证，实不为盗。命会官鞫之，至是，六部、都察院等官复奏，参验审复，七人实非盗。"上曰："御史朝廷司直之臣，凡诸司行事有是非不辩，枉直倒置，皆当执奏，乃自诬枉平人，可乎？必正其故人之罪，以戒后来。"（本案于大理寺驳审后，皇帝命会多官会审）

三　皇帝裁决

大理寺复审或复核都察院移送之京师案件完结后，大理寺应将审理情形奏闻皇帝裁决。大理寺题本经朱批后，案件即为确定。其详细内容，请参阅本书第二章第二节（内阁）及第三节（司礼监），兹不赘述。

大理寺将题本奏闻皇帝后，经内阁票拟，送皇帝（或皇帝授权的司礼监太监）裁决。皇帝所为之裁决，主要有下列几种：1. 依都察院定拟判决之裁决；2. 命法司再拟或再问之裁决；3. 命多官会审之裁决；4. 另为处置之裁决。皇帝裁决之情形请参见本书第四章第三节之三，兹不赘述。

第五节　三法司会审程序

一　三法司会审的沿革

秦汉时代，我国中央政府只有二法司，即廷尉与御史台。东汉时期，皇帝设尚书台，夺三公九卿之权，尚书台取得参与司法审判的权力。隋唐时期，三省六部之制确立，尚书省之下设刑部，有审判权，且为最高司法审判机关。至此，三法司（三个司法审判机关）制度正式形成。②

唐代三法司制度形成之初，刑部、御史台及大理寺各有其职掌，各自行使职权，并不会同审判案件。唐高宗龙朔三年（663）右丞相李义府一案始由三法司会同审判案件，当时谓之"三司推事"。

所谓"三司推事"是指刑部、御史台及大理寺三机关会同审判案件。《通典》曰："（侍御史）与给事中、中书舍人，同受表里冤讼，送知一日，谓之三司受事。其事有大者，则诏下尚书刑部、御史台、大理寺同案之，亦谓此为三司

---

① 《明宣宗实录》，卷八十四，宣德六年冬十月丁亥。
② 那思陆：《中国司法制度史》，第111页。

推事。"①

"三司受事"是由御史台、门下省与中书省的官员共同接受官民人等的讼状,与"三司推事"不同。龙朔三年以后,"三司推事"制度逐渐形成。开始之初,除三法司外,中书省及门下省官员,也有参与审判的。"三司推事"所审判的案件绝大部分都是宗室、官员犯罪的重大案件,一般人民犯罪的案件并不适用"三司推事"。②

宋代熙宁以前,于中央三法司之外另有审刑院及纠察在京刑狱司,叠床架屋,运作并非良好。这段期间,未见"三司推事"事例。元丰改制后,取消了审刑院及纠察刑狱司,简化了中央司法审判的程序,三法司也恢复了它原有的职权,惟这段期间,亦未见"三司推事"事例。元代仅设置刑部及御史台等二法司,不设大理寺,自无所谓"三司推事"。

明代恢复唐宋旧制,设大理寺,惟明代大理寺的职掌与唐宋大理寺不同。唐宋两代京师案件,由大理寺初审,再由刑部复审。明代京师案件,则由刑部(或都察院)初审,再由大理寺复审。

明代中央司法审判制度,原以"平行的两组司法审判系统"为主。如遇京师重大案件时,皇帝方命三法司会审,换言之,皇帝命三法会审京师重大案件,是极少数的特殊情形,并非常态。

《诸司职掌》并无三法司会审有关规定,惟永乐以后,即有三法司会审事例。据笔者考察,永乐至成化年间,三法司会审均系出于皇帝之谕旨,律例或典制上均无有关三法司会审之规定。弘治十三年《问刑条例》始首度明文规定三法司会审。③(详后)《大明会典》则定曰:"凡发审罪囚,有事情重大,执词称冤,不肯服辩者,(大理寺)具由奏请,会同刑部、都察院或锦衣卫堂上官,于京畿道问理。"④

《大明会典》所规定的上述三法司会审,只是明代三法司会审的一种形式而已。《大明会典》所规定的三法司会审是指,由刑部或都察院初审,再由大理寺奏请会同二法司及锦衣卫审理的形式,这种形式的三法司会审仍然是第二审。但三法司会审有时为第一审,有时为第三审,这说明了三法司会审制度,在明代并未完全定型,它以多种形式出现。明代的三法司会审制度为清代所承袭,且其会审方式在清初定型,成为京师死罪案件的第二审,经

---

① 《通典》,卷二十四,《职官六》。

② 那思陆:《中国司法制度史》,第111~112页。

③ 见弘治十三年《问刑条例》,载《中国珍稀法律典籍集成》,乙编,第二册。

④ 《大明会典》,卷二一四,《大理寺》。

皇帝裁决后,即可定案。

二 三法司会审的形式与程序

关于三法司会审的形式,弘治十三年《问刑条例》定曰:"法司遇有重囚称冤,原问官员辄难辩理者,许该衙门移文,会同三法司、锦衣卫堂上官,就于京畿道会同辩理。果有冤枉,及情可矜疑者,奏请定夺。"① 弘治十三年《问刑条例》所定的三法司会审,系第一审的三法司会审,与《大明会典》所定的第二审的三法司会审不同。《问刑条例》与《大明会典》所规定的三法司会审,只是明代三法司会审的两种形式而已。其他形式的三法司会审,无法从《问刑条例》与《大明会典》上找到,而必须从《明实录》等书发现。

明代的三法司会审,或为第一审,或为第二审,或为第三审,并无一定。兹分别举例说明如下:

(一)第一审的三法司会审

例一:宣德三年(1428)七月戊辰,"福建行都司械送谋反罪人楼濂等至京师……上命三法司讯之,皆引伏。上曰:'小人无知,不可不治,令锦衣卫械系其词,所连者悉捕之。'"② (本案系谋反案件)

例二:宣德五年(1430)九月庚戌,右都御史顾佐劾监察御史严皑等十数人。"俱谪为吏于辽东各卫。皑不受役,潜逃至,仍造词胁取财物,上命之法司鞫之,奏皑所犯应死。……上命戮于市。"③ (本案系职官犯罪案件)

例三:宣德九年(1434)二月乙亥,妖僧李皋纠集山西汾州僧了真等二十四人谋反,"事觉,有司捕得之,械送至京。上命三法司讯之有验,悉弃市。"④ (本案系谋反案件)

例四:正统元年(1436)二月丁未,给事中、御史劾应城伯孙杰"诱取良家子妾,上令戴头巾于国子监读书学礼,杰惭,不谢恩,为鸿胪寺所奏,下三法司廷鞫,论以大不敬斩,上命锢禁之。"⑤ (本案系职官犯罪案件)

(二)第二审的三法司会审

例一:宣德十年(1435)十一月乙未,"四川按察使刘润以修葺公宇,索蜀府砖瓦兽头,又挟私捶死弓兵五人。长史善士仪奏之,下都察院狱,论斩罪,

---

① 见弘治十三年《问刑条例》,载《中国珍稀法律典籍集成》,乙编,第二册。

② 《明宣宗实录》,卷四十五,宣德三年七月戊辰。

③ 同上书,卷七十,宣德五年九月庚戌。

④ 同上书,卷一〇八,宣德九年二月乙亥。

⑤ 《明英宗实录》,卷十四,正统元年二月丁未。

洵称冤,命三法司辩,言其罪实当。上从之。"① (本案系职官犯罪案件)

例二:景泰六年(1455)十一月癸未,"巡抚广东兵部右侍郎揭稽下都察院狱。以故勘死平人,论当死。稽数从狱中上疏,……诏曰:'稽坐罪不引伏,乃数连及他人,其令三法司会鞫之。'"② (本案系职官犯罪案件)

(三) 第三审的三法司会审

例一:宣德三年(1428)八月癸未,行在都察院及行在大理寺等官员审理千户刘广等人监守自盗罪,先论罪应死,后改论杖罪。"上谓三法司臣曰:'广等从重入轻,若今所拟是,则前之所拟非,亦不得无罪。尔等再推究其实以闻。'"③ (本案系职官犯罪案件)

例二:嘉靖二十六年(1547)闰九月丁亥,先是,羽林卫指挥应袭柴镇同千户徐太纠合凶徒图财谋杀七命。"法司问,坐镇首谋,凌迟,仍流其妻、子;太等为从,各斩。下大理寺评,不服,请再行勘。上曰:'兹重大惨恶狱情,已经司部该道往复勘核成招,如何又行在外勘结?令三法司尽心推鞫,务得真情,早正国法。'"④ (本案系职官犯罪案件)

据笔者考察,自永乐年间有三法司会审事例起,皇帝即乐于采行第一审的三法司会审。弘治以后定制,大理寺得具由奏请三法司会审,此种形式的三法司会审是第二审的三法司会审。又弘治七年定制,京师强盗重案,皇帝得命采行三法司会审,此种形式的三法司会审是第一审的三法司会审。

弘治以后,皇帝于京师情节重大案件仍乐于采行第一审的三法司会审。这是因为三法司可以集中一起审理案件,使得京师案件得以速审速决,提高司法审判的效率。依笔者考察,弘治以后,第一审的三法司会审及第二审的三法司会审均被采行。

《大明会典》规定:"发审罪囚,遇有重大事情,大理寺得具由奏请,会同刑部、都察院或锦衣卫堂上官,于京畿道问理。"由这项规定可以得知,三法司会审有 1. 单纯由三法司会审者;2. 除三法司外,锦衣卫亦参与会审者。大多数的三法司会审案件,采取第一种组成方式。少数情节极为重大的三法司会审案件,采取第二种组成方式。

锦衣卫是侦缉衙门,明初以来原以侦缉京师重大案件及审讯(即今之侦讯)重大案件人犯为其主要职责。锦衣卫审讯人犯完结后,应移送三法司拟

---

① 《明英宗实录》,卷十一,宣德十年十一月乙未。
② 同上书,卷二六〇,景泰六年十一月癸未。
③ 《明宣宗实录》,卷四十六,宣德三年八月癸未。
④ 《明世宗实录》,卷三二八,嘉靖二十六年闰九月丁亥。

罪,即将人犯及供招移送三法司拟罪,并不能附加参语(参酌之语,意即拟罪意见)。但成化元年(1465)以后,锦衣卫移送三法司拟罪时得附加参语。《大明会典》曰:"凡(锦衣卫镇抚司)鞫问奸恶重情,得实,具奏请旨发落。内外官员有犯送问,亦如之。旧制俱不用参语,成化元年,始令复奏用参语。"① 锦衣卫的附加参语之权等于准拟罪权,有准拟罪权的机关应视为准司法审判机关,或称为广义的司法审判机关。

明代的三法司会审如有锦衣卫参与,则人犯审讯工作多由锦衣卫担任。这类情节极为重大案件,锦衣卫与三法司的职权相同,就这类案件而言,锦衣卫是司法审判机关。明代的三法司制度几乎可称为"四法司制度"。这类案件的事例亦多,兹举例说明如下:

例一:天顺三年(1459)冬十月癸丑,定远侯石彪有罪案发,"上命佥都御史王金、锦衣卫指挥佥事逯杲往核,具实。三法司,锦衣卫会鞫,论彪强奸及故禁平人致死,罪皆应死。命仍锢禁之。"②

例二:成化十三年(1477)六月甲辰,提督东厂太监汪直衔兵部尚书项忠,汪直嗾东厂官校发项忠违法事,"上命三法司、锦衣卫会问于廷,忠抗辩不服,然众知出直意,无敢违者。狱成,左都御史李宾等具奏,忠竟黜为民"③。

例三:弘治十五年(1502)十二月辛酉,巡抚辽东都御史韩重与镇守太监梁玘相争,"事下,刑部请逮系玘、重,会都察院、大理寺、锦衣卫杂治之。"④

三法司会审的地点主要有二,一为午门,一为京畿道。兹各举一例说明如下:

例一:天顺七年(1463)十一月丁卯,掌锦衣卫事都指挥佥事门达恶大学士李贤,得李贤一小事,"奏请三法司会鞫于午门外,上遣中官裴当监鞫。"⑤

例二:嘉靖六年(1527)九月壬午,妖贼李福达案发,"命锦衣卫差官校械系各犯来京,集三法司于京畿道会审。"⑥

明代三法司会审是明代"平行的两组司法审判系统"的例外,弘治以后,三法司会审逐渐成为明代中央司法审判制度的第三组司法审判系统,审理情节重京师案件。三法司会审制度并未见于《诸司职掌》,虽然从永乐年间

---

① 《大明会典》卷二二八,《上二十二卫》。
② 《明英宗实录》,卷三〇八,天顺三年冬十癸丑。
③ 《明宪宗实录》,卷一六七,成化十三年六月甲辰。
④ 《明孝宗实录》,卷一九四,弘治十五年十二月辛酉。
⑤ 《明英宗实录》,卷三五九,天顺七年十一月丁卯。
⑥ 《明世宗实录》,卷八十,嘉靖六年九月壬午。

开始，即有三法司会审事例，但在弘治年间《大明会典》正式明文规定三法司会审制度以前，三法司会审实系典制外的产物。弘治以后，三法司会审成为制度。

对于三法司会审，永乐、宣德年间担任吏部尚书的蹇义曾直言其弊曰：①

> 旧制，刑部、都察院罪囚皆送大理寺审录，无冤，然后发落；有异词者，驳正之。法得其平，罪得其当。今大理寺乃同原问官会审，设有究（冤）抑，囚何敢辩？宜令如旧制。敢再紊成法者，罪之。

自永乐年间三法司会审事例发生后，刑部即成为三法司会审案件的主要承审机关。汇整三法司及锦衣卫的判决意见以及领衔具题奏闻皇帝裁决，都是刑部的工作。正德初年凡奉旨"送刑部拟罪"② 者，刑部得径题，奏闻皇帝裁决。刑部之权特重，即由此而来。三法司会审案件亦系如此，刑部之权大于都察院及大理寺。明代刑部之权特重的情形，嘉靖四十二年（1563）四月，刑科都给事中李瑜纠大理失平反职，言："国家设大理寺以审谳，盖付之以天下之平也。近闻该寺谳囚，非不间有参驳，苟见该部执拗，即以无词复之。甚至狱词已付廷评，而该部意有出入，辄复追取，寺臣亦径从之。此于政体果安在哉？"③

明代三法司会审的爰书（判决书）现存于世的不多。明代邓士龙所辑《国朝典故》录有正德年间刘瑾、朱宸濠谋反案件的爰书及相关史科，惟该批爰书书首文字的体例格式，与三法司题本的正本略有不同。而明代朱长祚所撰《玉镜新谭》所录有关魏忠贤谋逆案件爰书的题本，其体例格式均符合明代典制，是极为难得的史料。兹抄录全文，以供参考：

爰书　　魏中贤　　客氏　　崔呈秀

> 刑部等衙门题为遵旨会议事："河南清吏司案呈奉本部送刑科抄出本部等衙门题前事，抄部送司。该本司署司事主事杨凤翥，同本司主事袁文新、王汝受，会同湖广道监察御史曹谷、山东道监察御史吴尚默、大理寺左寺正何京、右寺副喻思愵、贵州清吏司署司事福建清吏司员外郎

---

① 孙承泽，《春明梦余录》，卷五十，《大理寺》。
② 《大明会典》，卷二一四，《大理寺》。
③ 孙承泽：《天府广记》，卷二十四，《大理寺》。

康承祖,会议得犯人三名口:魏忠贤,年六十岁,系直隶河间府肃宁县人,系净身男子,于万历年间选入皇城,历转司礼监太监,总督东厂官旗办事。客氏,年四十八岁,系定兴县人侯二妻。选乳进内,封奉圣夫人。崔呈秀,年五十五岁,系顺天府蓟州人,中万历癸丑进士,历任兵部尚书。该魏忠贤先存冒爵宁国公今问斩已处决侄魏良卿、客氏先存冒滥都督今问斩已处决男侯国兴、崔呈秀在官男崔铎,各前后招称:魏忠贤平生狡险异常,先年伏侍先帝青官些小殷勤,巧结宠爱。暨登大宝,厕身禁密,就不合踞掌东厂印信,恣意作恶。又不合串石阿乳客氏,关通线索,百般煽惑,任凭出入诏旨。官闱外廷事权,只手握定,敢有触忤,应时殄灭。又不合嗔怒左都御史杨涟等,同工部郎中万煜露章交攻罪恶,先将万煜矫旨廷杖一百棍,爪牙内监多人,拥门揪发,棍殴锥刺,不日身死。钳制九卿科道,缄口吞声,广布戳番,四处捉打事件。无端风闻小事,动辄擅用数百斤大枷,立枷九门处,枷死不下百十余人。复遣缇骑逮系杨涟、左光斗、周朝瑞、魏大中、袁化中、顾大章、王之寀、周宗建、缪昌期、夏之令等,著令锦衣卫田尔耕、镇抚司许显纯等,非刑酷拷,罗织成招,先后毙命,身无完肤,备极惨毒。又唆苏杭织造府心腹内监李实,捏疏参论都御史高攀龙、巡抚周起元、周顺昌、黄尊素、李应升等,飞遣骁悍,激变地方。高攀龙投水身死,起元等四命刑毙诏狱。又将无影诗句,逮系扬州府知府刘铎,百计诬害,密串腹弁张体乾、谷应选飘空捏坐兄呪嘴,斩绞立杀五命。又将番役搜拿顾同寅、孙文豸,旧书诗章内有讥讽忠贤字样,硬坐妖书枭斩。又诱吴养春男首讦黄山课税,坐陷养春全家毙狱。又将吏部尚书等官张问达等,捏坐赃私追比。又将守法无罪官员耿如杞、唐绍尧等,无辜逮问,坐赃悬罪。又串客氏,索取皇亲张国纪米石不遂,捏占皇店,将国纪家人立枷,毙死数命。多方摇动中宫,竟唆腹党刘志选、梁梦环诬劾国纪,径逐回籍,致遗国母忧愤。时忠贤凶狠炽发,日喉捕弁杨寰、孙云鹤将平民凭空捉拿,斩绞立枷,致死千命。恶焰熏天,震动宫闱。为因客氏悍妒,与怀宁公主母成妃李贵人及裕妃冯贵人不睦,忠贤诚恐二妃漏泄奸诡事情,不思主母分尊,辄敢大逆不道,欺瞒先帝,即时矫传假旨,将成妃革夺,裕妃逼令自尽,冤惨弥天。又不合借名内操,身典禁兵,蓄养死士千余,阴谋不轨。擅将山海、宣大等处镇,设立心腹内监数十员役镇守,所有咽喉地方,兵马钱粮漕运,处处布置私人李明道等,便其呼应。又不合同客氏将内府财物、乘舆服御及祖宗朝历代传国镇库奇珍异宝,令伊侄魏良卿与客氏男侯国兴搬盗一空,堆积私家,填屋充栋。见奉旨抄没,各城陆续进内,册籍可据。又假旨传客氏荫子,部拟一荫,尚嫌其少,再添一荫。比崔呈秀,先任淮扬巡盐御史贪污,被先任左都御史高攀龙参论罢职,勘问追赃。闻得魏忠贤专权擅政,亦不合青衣小帽,哀求庇饰,即矫旨召复原官。又不合故违交结近侍律,奴颜婢膝,结拜忠贤为义父,身为义子。尊称忠贤'尚公'、'祖爷'等名号,出入禁闼,招权纳贿,引用匪人,把持朝政。谋泄私怨,与忠贤计杀高攀龙等多命。假借门户名色,排陷善类,重则辟遣,轻则削夺。以背后讥议,怨吏部郎中苏继欧,吓令自缢。以布政丘志充买官银三千,诬卸之礼部尚书李思诚,削籍追赃,抱冤莫诉。夤缘巡视工程,骤躐工部尚书,兼衔左都御史。讣闻母忧,不肯回籍奔丧,机乘先帝弥留,兵部员缺,不繇会推,藉忠贤矫旨升补。又不合将今革任未到官伊弟崔凝秀冒升浙江总兵。又将先存今故娼贱乐户萧惟中滥推钦点密云车营都司。呈秀兄弟奸党,中外掌握兵权,要做忠贤外应。先期安排串令别案问斩孙如洌、曹代何等,称颂忠贤功德,创建生祠,僭与文庙并峙,倾动海内人心。又令其腹党参将靳廷桂为天津守祠官,游击钱体乾为河间府守祠官,都司张梦吉为蔚州守祠百户,沈尚文为浙江守祠官,到处献媚,劳民伤财,动费百万。有忠贤孽侄魏良卿,初授锦衣卫指挥,历升都督,冒封肃宁侯伯,寻冒太师、宁国公。敞建府第,广拨庄田,颁给诰券。又将伊侄四岁乳臭魏良栋,冒封太子太保、东安侯;三岁乳臭魏鹏翼,冒封太子少师、安平伯;魏志德都督同知,魏希舜左都督,魏希孔世袭左都督,魏抚民尚宝司卿,魏希孟世袭指挥同知。伊亲杨文昌太子太保、左都督,杨胤昌都督佥事,冯继先都督同知,傅之琮都督同知,董芳名都督佥事,杨昌祚都指挥使,王禄都指挥使,俱皆冒支俸禄。辄敢勒石立碑,安竖司礼监公署,心犹未厌,又唆使腹党丰城侯李承祚,疏请比徐达例,封两公世爵。崔呈秀在官长男崔铎冒厕生员,幸中顺天乡试,又将在官次男崔镗滥授锦衣卫指挥使,三男崔钥滥荫锦衣卫指挥佥事。犹复籍口叙功等项名色,与忠贤冒滥荫袭,恩赏不计其数。种种不法,恶迹贯盈。随该礼科都给事中吴弘业、云南道监察御史杨维垣前后文章参劾,该兵部接出圣谕:'朕御极以来,深思治理,乃有逆恶魏忠贤,擅窃国柄,蠹盗内帑,诬陷忠直,草菅多命,狠如虎狼。本当肆市以雪众冤,姑已从轻,降发凤阳。矧巨恶不思自惩,辄敢素蓄亡命之徒,身带凶刃,不胜其数,环拥随护,势若叛然,朕心甚恶。着锦衣卫即差的当官旗前去扭解,押赴彼处交割明白。其经过地方,着各该抚按等官,多拨官兵沿途护送,所有跟从群奸,即时擒拿具奏,勿得纵容遗患。若有疏虞,责有所归。尔兵部马上差官,星速传示各该衙门遵行。

特谕.'钦此钦遵。又该司礼监传出圣谕:'朕闻去恶务尽,御世之大权,人臣无将,有位之炯戒。我国家明悬三尺,严绳大憨,典至重也。朕览诸臣屡疏,陈列逆恶魏忠贤滔天罪状,具已洞悉。窃思先帝以左右微劳,稍假恩宠,忠贤不思尽忠报国,以酬隆遇,专一逞私植党,怙恶作奸,盗弄国柄,擅作威福,难以枚举。略数其概:将皇兄怀宁公主生母成妃李氏,假旨革夺,至今含冤未雪。威逼已封裕妃张氏,立致捐生,虽死九泉,其目未暝。借旨擅将敢谏忠直之臣,罗织削夺,惨毒备至。又复串同心腹,酷刑严拷,诬捏赃私,立毙多命。他若睿谔痛于杖下,柔良枯于立枷,臣民重足,道路以目。而奸恶乃身受三爵,并崇五等,极人臣未有之荣。通同客氏,表里为奸,当先帝弥留之时,犹复叨恩晋秩,无有纪极。今赖祖宗在天之灵,海内苍赤有幸,天厌巨恶,神夺其魄,二犯罪状,次第毕露。朕又思忠贤等不止窥攘名器,紊乱刑章,将我祖宗蓄积库贮传国奇珍异宝金银等物,朋比盗窃,几至一空。何物神奸,大胆乃尔,本当寸磔,念梓官在殡,姑置凤阳。即将三犯家产,著锦衣卫会同五城及缉事衙门,亲诣住所,将一应家赀庄田及违禁等物,尽数籍没入官,逐件从实开列来看。其原籍违式服舍等项,著落有司清查的确具奏。如有隐匿朦蔽等情,许据实纠参,一并连坐。亦有不得株累无辜。其冒滥弟侄亲属,俱发烟瘴地面,永远充军。呜呼,大奸脱距,国典用章,事丽于辟,情罪允孚。特谕.'钦此钦遵。又该吏部等衙门太子太师尚书等官房壮丽等题为遵旨会勘事,奉圣旨:'逆党崔呈秀,负国忘亲,通内擅权,虽死尚有余辜。着法司按律确拟,暴著其罪,以垂永戒。该衙门知道.'钦此钦遵。又该刑部等衙门太子太傅尚书等官苏茂相等题为遵旨会议事,奉圣旨:'奸恶魏忠贤,患通逆妇客氏,恣威擅权,逼死裕妃、冯贵人,矫旨革夺成妃名号,惨毒异常,神人共愤。朕与昭雪复号,以慰先帝在天之灵。其戕害缙绅,盗匿珍宝,未易枚举,皆繇崔呈秀表里为奸,包藏祸心,谋为不轨。仰赖宗社有福,阴谋随破,二凶天殛,人心差快。乃五虎李夔龙等,附权骤擢,机锋势焰,赫奕逼人。五彪田尔耕等,受指怙威,杀人草菅,幽圄累囚,沉冤莫白。其元凶客氏、魏忠贤、崔呈秀早定爰书,虎彪俱照各官前后参疏,著法司再行依律拟罪,以伸国法。该部知道.'钦此钦遵。通抄到部,送河南司。又该保定抚按拿解逃犯魏志德、魏良栋等,到部批送贵州司牧问间。又该顺天抚按奏称萧惟中病故缘繇在案。随该本司牌行蓟州,提解崔呈秀冒滥锦衣卫指挥佥事世袭次子崔铠到司。该本司呈堂,移咨都察院,照会大理寺,请官会审间。蒙批河南司会同贵州司奉此案呈本部咨行都察院,照会大理寺委官去。随准都察院劄委湖广道监察御史曹谷、山东道监察御史吴尚默、大理寺劄委左寺正何京、右寺副喻思慥各职名前来。该本司署司事主事杨凤翥，同本司主事袁文新、王汝受，会同湖广道监察御史曹谷、山东道监察御史吴尚默、大理寺左寺正何京、右寺副喻思慥、贵州司署司事福建司员外郎康承祖，行提魏良栋等，并崔铠一干人犯于都城隍庙，逐一研审各犯与招魏良卿等初招无异。会议得：魏忠贤，扫除官奴，客氏，舆台猥婢也。一徼庀眸之宠，亲臣自命；一恃青宫之爱，褓姆为功。忠贤藉客氏以窥伺禁闼；客氏籍忠贤以立威庭。于是谋合连环，奸同狼狈，怙势弄权，无所不至。口传诏旨，手握斜封，逢之则富贵立得，犯之则玉石俱焚。塞谏诤之路，伏、马不留；杜指摘之门，戚畹频剪。缇骑四出，海宇驿骚，几成反汗之势：钳网横加，忠良骈首，顿结飞霜之惨。宝玉大弓，盗归私室，铜符铁券，尽付佣奴。甚且矫革贵嫔，且逼死贤妃，甚且摇动中宫。罪状如斯，已不胜诛矣。乃名位过于'尚父'，祠宇逼于素王，忠贤之无将也。册号虽曰奉圣，擅宠几于耦尊，客氏之无等也。借操练之名，乘衅瑕于肘腋；假整饬之说，拥重镇于要津。阴养死士，陈兵自卫，如圣谕所云'素蓄亡命之徒，身带凶刃，不胜其数，环拥随护，势若叛然。'此其包藏祸心，尤为叵测，岂臣子所忍言耶？昔赵高煽虐，不闻倚长舌之奸；王经恃恩，未见腊刑余之毒。此二凶者，阴谋相济，几令庙社危疑，逆恶并逞，已见神天震怒，干纪犯顺，罪莫大焉。信称千古之穷奇，允当一朝而并磔者也。合引谋大逆律，二犯同谋，凌迟处死。崔呈秀枭獍其心，犬豕其行，士类比为跖、蹻，班行称为猫狢。始以呈身入幕，暂宽饕餮之诛；继而蒙面还台，益肆枭枭之气。借门户之混名，剪除异己；仰逆珰之鼻息，引用壬人。奔竞自是而成风，谠亮因之而避色。苟且充斥，肺腑昏迷，请托公行，纪纲扫地。踞柏台之长，箝制言官；擅枢密之尊，把持军府。金穴拟郭况之藏，豪奢丐邓通之宠。呼吸潜通于禁地，颦笑必窥；线索暗度于掖庭，威福立见。斯为乞灵播恶之尤矣，夫非称功颂德之首欤？母死不闻，浊乱数年之朝政；儿举作孽，惊惶一世之人心。人知呈秀之秽迹丑形，见忠贤而毕露，而不知忠贤之凶锋毒焰，因呈秀而益张也。虎噬寔云盈贯，雉经犹未蔽辜。相应比照交结近侍官员律斩。至如魏良栋、魏鹏翼、魏志德、魏希舜、魏希孔、杨文昌、魏抚民、杨胤昌、冯继先、傅之琮、董芳名、杨祚昌、王禄、魏希孟一十四名，身同厮养，纤毫无效于公家；冠类沐猴，恩荫滥膺于下贱，碑名胪列，逆恶弥彰。又如崔铎自为败种，名玷贤书，席权势而几谏不闻，受豢养而改图安在？崔铠、崔钥，黄口孺子，冒滥锦衣，逆孽之祸未央，厚毒之报甚速。以上各犯，衅缘有禁，投畀何疑？俱应仰遵圣谕：'发烟瘴地面，永远充军。'第其中魏良栋年仅四岁，魏鹏翼年仅三岁，崔铠年仅七岁，崔钥年仅三岁，蒙蒙未视，贸贸无知。加之世袭，忽若富贵之逼人；惟彼元凶，寔害无辜之赤子。倘于此四犯者，悯彼无知，宽其一面，是尤圣朝浩荡之仁，施于法外，非臣等所敢轻议也。将魏志德等取问，罪犯十七名：魏志德年六十五岁，魏良栋年四岁，魏鹏翼年三岁，魏希舜年二十一岁，魏希孔年三十一岁，魏抚民年十一岁，魏希孟年十二岁，杨文昌年十六岁，杨胤昌年十二岁，杨祚昌年九岁，冯继先年十九岁，傅之琮年十二岁，董芳名年九岁，王禄年三十岁，俱系河间府肃宁县人；崔铎年二十五岁，崔铠年七岁，崔钥年三岁，俱顺天府蓟州人。各招同议得魏忠贤等所犯。魏忠贤、客氏，俱依谋大逆者律，皆凌迟处死，决不待时。崔呈秀依诸衙门官与内官交结衅缘作弊扶同奏启者律斩。魏志德、魏良栋、魏鹏翼、魏希舜、魏希孔、魏抚民、魏希孟、杨文昌、杨胤昌、杨祚昌、冯继先、傅之琮、董芳名、王禄、崔铎、崔铠、崔钥，俱系冒滥弟侄亲族，各遵明旨，俱发烟瘴地面，永远充军。招送兵部定卫，拘佥妻解发遣。照出魏忠贤、崔呈秀俱已自缢，魏忠贤仍应戮尸凌迟，崔呈秀仍应斩首，合行原籍各抚按，于河间府及蓟州各行刑。客氏身尸无凭查戮，听候明旨发落。未到崔凝秀，候旨另结。魏志德等通取批回附卷。余无照该本司会同道、寺等官，将逆犯魏忠贤等各招罪，议拟明白。并将魏志德、崔铎等，行提前来问拟。各前罪案呈到部，该臣等会同太子太保都察院左都御史臣曹思诚、大理寺署寺事左少卿臣姚士慎等，魏忠贤等议拟前招，并审魏志德、崔铎等各招前情明白。会看得人臣无将，将则必诛，况刀锯之余役乎？魏忠贤挟先帝宠灵，箝制中外，交结客氏，睥睨宫闱。其大者如嗔怒张国纪，则立枷而杀数命，且连纵鹰犬，必摇动乎中宫，私憾成纪、裕妃，则矫诏而革封御，至摧抑难堪，竟甘心于非命。夫且不知上有君父矣，其于臣僚何有？于是，言官死杖，大臣死狱，守臣死于市曹，缇骑四出，道路惊魂，告密一开，都民重足。生祠遍海内，半割素王之宫；谀颂满公车，如同新莽之世。至尊在上，而自命'尚公'，开国何勋，而数分茅土。尚喙无耻之秽侯，欲骈九命；叠出心腹之内党，遍踞雄边。至于出入禁门，陈兵自卫，战马死士，充满私家，此则路人知司马之心，蓄谋非指鹿之下者也。天讨首加，寸磔为快。客氏妖蟆食月，翼虎生风，辇上声息必闻，禁中摇手相戒，使国母常怀乎忧愤，致二妃久抱乎沉冤。且先帝弥留之旦，诈传荫子，尚以一为嫌。私藏见籍之赃，绝代珍奇，皆出尚方之积。通天是罪，盗国难容。崔呈秀则人类鸱鹗，衣冠狗麋。谁无母子？而金绯蟒玉忍不奔丧；自有亲父，而婢膝奴颜作阉乾子。握中枢而推弟总镇，兵柄尽出其家门；位司马而仍总兰台，立威欲箝乎言路。睚眦之仇必报，威福之焰日薰。总宪凤仇，迫为池中之鬼；铨郎午吓，惊悬梁上之缳。凡逆竖之屠僇士绅，皆本犯之预谋帷幄。选娟挟妓，歌舞达于朝昏；鬻爵卖官，黄金高于北斗。假山冰泮，游釜魂销，虽已幽快于鬼诛，仍掌明章于国法。其余魏良栋、魏鹏翼、魏志德等十四名及崔铎、崔铠、崔钥等，或赤身狙狯，或黄口婴儿，济恶而玷贤书，无功而婴世爵，切应投于荒裔，以大快夫群情。既经该司会同道、寺等官议拟前来，相应题请，合候命下本部，将逆犯魏忠贤、崔呈秀行原籍抚按，魏忠贤于河间府戮尸凌迟，崔呈秀于蓟州斩首，各行刑讫，抚按具本奏闻。客氏身尸，并请敕示发落。仍将问过罪案，刊定爰书，颁布中外晓谕。其魏志德等，俱遵照前旨，发烟瘴地面，永远充军。各犯诰命，通行追夺奏缴。内魏良栋、魏鹏翼、崔铠、崔钥四名，统候圣明裁夺施明。缘系逆犯，早定爰书事理，臣等未敢擅便，谨题请旨。

严格言之，上述三法司会审后的题本只是三法司会审后定拟的判决意见。三法司题本应奏闻皇帝，经票拟后，俟皇帝裁决。皇帝（或皇帝授权的司礼监太监）朱批其裁决后，三法司定拟具题的判决意见始发生法定效力，案件始为确定。故完整的爰书应包括两个部分：1. 法司定拟判决意见具题的题本，2. 皇帝朱批的谕旨（即裁决）。为便利了解起见，兹抄录魏忠贤谋逆案件的皇帝朱批谕旨全文，以供参考：

正月二十六日具题，二十六日奉圣旨："览奏。逆恶魏中贤，扫除厮役，凭籍宠灵，睥睨宫闱，荼毒良善，非开国而妄分茅土，逼至尊而自命尚公。盗帑弄兵，阴谋不轨，串同逆妇客氏，传递声息，把持内外。崔呈秀委身奸阉，无君无亲，朋攘威福之权，大开缙绅之祸。无将之诛，国有常刑。既会议明确，著行原籍抚按，魏忠贤于河间府戮尸凌迟，崔呈秀于蓟州斩首，其客氏身尸，亦著查出，斩首示众。仍将爰书，刊布中外晓谕，以为奸恶乱政之戒。魏志德等俱依前旨，发烟瘴充军，诰命槩行追夺。其魏良栋、魏鹏翼、崔铠、崔钥既系孩稚无知，准释，以彰朝廷法外之仁。"

三 皇帝裁决

三法司会审的皇帝裁决与前述"平行的两组司法审判系统"的皇帝裁决大致相同。由刑部尚书领衔具题的三法司题本，亦须经内阁票拟后，送皇帝裁决。皇帝所为之裁决，主要有下列几种：1. 依三法司定拟判决之裁决；2.

命三法司再拟或再问;3. 另为处置之裁决。兹分述如下:

（一）依三法司定拟判决之裁决

京师案件经三法司会审后,刑部等衙门奏闻皇帝裁决,奉旨钦依(即依三法司定拟之判决),该京师案件始为结案。兹举一案例说明如下:

案例:崇祯三年(1630)十二月己酉,"刑部等衙门会谳钱龙锡之狱。以龙锡斩帅既不上闻,主款仅行私阻,律以隐匿之条,一斩洵为不枉。但辅臣在八议之列,合令荷戈远戍,以需皇仁。帝以国体虽当顾惜,成宪不可轻移,廷议既明,依拟,监候处决。"①

（二）命三法司再拟或再问之裁决

皇帝如认案件拟罪不合律,或认案情未明,皇帝得命三法司再拟或再问,兹举例说明如下:

例一:嘉靖二十七年四月丁未,"致仕大学士夏言逮至京,下镇抚司拷讯,命法司拟罪。……既而刑部尚书喻茂坚、都察院左都御史屠侨、大理寺卿朱廷立等议,言罪当死,但直侍多年,效有劳勚,据律宜在能议贵之条,且词未引伏,或有别情,非臣等所敢轻拟。上谓言辩疏已报寝,不当议复,夺茂坚等俸,让之曰:'……其更依律定拟以奏。'于是竟坐言与铫交通律斩,妻、子流二千里。"②

例二:万历二十五年九月辛丑,"三法司会审,前兵部问书石星酿患祸国,拟极边永戍。上以法司徇私朋比切责回话,石星另拟罪。"③

（三）另为处置之裁决

关于三法司会审皇帝另为处置之裁决,兹举例说明如下:

1. 加重其刑之裁决

例一:天顺七年(1463)十一月丁卯,"刑部员外郎贝钿与百户李荣善,荣死,钿淫其妻杜,因数为杜请托。(贝钿曾分别向刑部郎中冯维及孙琼关说刑案)……门达奏请三法司会鞫,论钿赎徒除名,维、琼赎杖,甄赎笞,俱还职。上特命枷钿于刑部前,发维、琼充铁岭卫军,甄如拟。钿竟死焉。"④

例二:弘治九年(1496)二月甲子,"先是,京师奸民马纪夜聚诸恶少马聪刂入民妇家,逼而淫之,劫其财,复抱持以出……三法司拟纪、聪等依强奸律绞,并劾云罪。上以纪凶恶异常,蔑视法度,命即斩之,枭首于市,家属俱发

---

① 《崇祯长编》,卷四十一,崇祯三年十二月己酉。
② 《明世宗实录》,卷三三五,嘉靖二十七年四月丁未。
③ 《明神宗实录》,卷三一四,万历二十五年九月辛丑。
④ 《明英宗实录》,卷三五九,天顺七年十一月丁卯。

边卫永远充军;聪等处绞;云逮问。"①

2．减轻其刑之裁决

例一,天顺元年(1457)秋七月癸未,"初,有贞武功伯,例给诰卷,有贞自为制文……至是上于文华殿出示三法司,命会多官拟议以闻。明日,刑部等衙门左侍郎刘广衡等论:'有贞本憸邪小人,鄙陋庸示,叨蒙圣恩,历任贤要……妄自尊大,居之不疑,不臣不忠,莫比为至。宜如律斩之市曹,为人臣欺罔之戒。'疏奏,上曰:'有贞罪固不容诛,但犯在赦前,其宥死,押发云南金齿为民。'"②

例二:弘治五年十月己未,"刑部尚书彭韶等以会审拟上监察御史李兴、彭程罪状。得旨:'李兴致死人命数多,处斩;彭程并家属发隆庆卫充军。'于是,五府、六部、英国公张懋等上疏曰:'李兴酷暴罪固不可逭,然其致死者多有罪之人,若处兴以死,则凡故杀故勘者又将何以罪之? ……'上曰:'李兴酷刑罪当死,汝等既累章论奏,姑从轻,杖之百,并家属发极边烟瘴地充军。……彭程仍充军。'"③

4．其他裁决

案例:崇祯十六年(1643)十二月戊辰,三法司奉旨会审内阁大学士周延儒案,三法司"会议得周延儒,合依大官受财枉法有禄人八十贯律,绞;焰诓骗听选官员财物例,发烟瘴地面充军终身,拘妻金解,相应题论请旨。帝言:'……姑念首辅一品大臣,著锦衣卫会同法司官,于寓所勒令自裁,准其棺殓回籍。'"④

第六节　京师案件恤刑程序——审录及五年大审

一　审录(含热审等)

(一) 审录的类型

明代典制上所称的"审录"有多种类型。笔者整理分析《大明会典》三法司中有关审录的条目后得知,明代京师案件所称的"审录"至少有四种类型(广义的审录):

---

① 《明孝宗实录》,卷一〇九,弘治九年二月甲子。
② 《明英宗实录》,卷二八〇,天顺元年秋七月癸未。
③ 《明孝宗实录》,卷六十八,弘治五年十月己未。
④ 《崇祯长编》,痛史本卷一,崇祯十六年十二月戊辰。

1. 大理寺就京师各类人犯之复审（即一般正常程序下的大理寺复审）
2. 三法司会多官就京师死罪人犯之会审（即京师死罪人犯之朝审）
3. 三法司及锦衣卫就京师情节重大案件之会问（即三法司会审）
4. 三法司每年夏季或冬季就京师各类人犯之会审（即京师各类人犯之热审或寒审）

第一种类型的审录，本书已详述于第四章第三节及第四节。第二种类型的审录，本书已详述于第四章第七节。第三种类型的审录，本书已详述于第四章第五节。本节所述之审录，系第四种类型的审录，亦即狭义的审录。

（二）审录的起源与目的

关于京师案件的审理期限，《大明令》吏令规定："凡内外衙门公事，小事伍日程，中事七日程，大事十日程，并要限内结绝。若事干外郡官司追会，或踏勘田土者，不拘常限。"违反上述规定者应予刑罚，《大明律》第 71 条（官文书稽程）定曰："凡官文书稽程者，一日，吏典笞一十，三日加一等，罪止笞四十。首领官各减一等。"

《大明令》有关结绝公事的期限，法理上亦应适用于刑名案件，但刑名案件有其特殊性，并非五日、七日或十日内可以审理完结。故《大明令》有关结绝公事的期限难以适用于刑名案件，三法司官员自亦难以适用《大明律》第71 条（官文书稽程）之规定，这是明代司法审判制度中的重大缺失。明代京师案件的审理长期拖延不决，人犯长期监禁的情形十分严重，此一现象，明人称为"淹禁"。

明代京师案件人犯淹禁的情形早在吴元年（1367）即已有之。《明太祖实录》吴元年十一月己亥载：①

> 中书参政傅瓛言，应天府有滞狱当断决者。上曰："淹滞几时矣？"曰："逾半岁。"上愀然曰："京师而有滞狱，郡县受枉者多矣。有司得人以时决遣，安得有此？"瓛顿首曰："臣等不能统率庶僚，是臣罪也。"上曰："吾非不爱其民，而民尚尔幽抑。近且如此，远者何由能知。自今狱囚审鞫明白，须依时决遣，毋使淹滞。"

又《明太祖实录》洪武十七年（1384）秋七月庚申载：②

---

① 《明太祖实录》，卷二十七，吴元年十一月己亥。
② 同上书，卷一六三，洪武十七年秋七月庚申。

命刑部虑囚。谕之曰:"今秋,暑方盛,狱囚不以时决,或致疾病殆于死亡,轻者误戕其生,重者幸以逃法,非所以明刑慎狱也。其以时决遣,毋更淹滞。"

由上述二项史料记载可以得知:吴元年,京师已发生滞狱情形,明太祖希望法司清理刑狱,依时决遣。洪武十七年秋七月,明太祖命刑部虑囚(即审录囚徒),这应是明代第一次实施审录,对象是刑部所审理的各类人犯,目的仍然是清理刑狱,依时决遣。

永乐以后,三法司审录各类人犯的事例渐多,审录时间则系四季均有。其中三法司于夏季所举行的审录,后来发展成为"热审"。永乐年间,本节所述之审录有两大类,一是一般的审录,二是夏季的审录(即热审)。永乐年间审录的事例如下:

1. 永乐二年(1404)夏四月丁丑,上谕三法司官曰:"天气向热,……今令五军都督府、各部、六科给事中,助尔等尽数目疏决之。"① (《明史·刑法志》曰:"热审始永乐二年。"即指此事也。)

2. 永乐二年(1404)冬十月丁酉,"刑部尚书郑赐等奏会诸司官录囚。"②

3. 永乐四年(1406)五月庚寅朔,上召三法司官,谕之曰:"今天气已热,除犯斩绞罪系之,其徒流以下,皆令所在发遣,庶几瘐死无及于轻罪。"③ (本件事例亦系热审事例)

4. 永乐五年(1407)八月庚子,"刑部、都察院、大理寺请录囚"④。

5. 永乐七年(1409)闰四月丙辰;"行在刑部、都察院请录囚"⑤。

6. 永乐九年(1411)三月乙丑,"三法司奏审录囚徒"⑥。

7. 永乐十二年(1414)十一月甲辰,"命法司及北京行部录囚"⑦。

明成祖曾多次就京师人犯实施审录,但其效果似乎不佳。永乐十七年(1419)十二月乙丑,监察御史邓真言十事,其五曰:"刑部、都察院职掌刑名,罪名轻重大小,必须平允,使人心悦服。今黑白不分,是非颠倒,令人抱冤负屈,无所控诉。亦有淹禁三年、五年,以至十年者,作委而不问。至审决之

---

① 《明太宗实录》,卷三十,永乐二年夏四月丁丑。
② 同上书,卷三十五,永乐二年冬十月丁酉。
③ 同上书,卷五十四,永乐四年五月庚寅朔。
④ 同上书,卷七十,永乐五年八月庚子。
⑤ 同上书,卷九十一,永乐七年闰四月丙辰。
⑥ 同上书,卷一一四,永乐九年三月乙丑。
⑦ 同上书,卷一五八,永乐十二年十一月甲辰。

际,皇上屡加戒敕,务存宽恤,所司官吏,略不究心,以致死于非辜者不少。大理寺职掌在详刑,伸冤理屈,今乃一概蒙蔽,随其轻重高下,不能有所辨理,宜若痴愚,旅进旅退,此刑官之弊也。"①

由永乐年间监察御史邓真之建言可以得知,刑部及都察院所监禁之人犯"有淹禁三年、五年,以至十年者。"二法司所监禁之未审结案件人犯,有长达十年者,人犯淹禁的情形仍然十分严重。

永乐十七年(1419)十二月庚辰,"令自今在外系囚当死者悉送京师,会官审录无冤,三复而后决之。"② 从这一年开始,直隶及各省死罪人犯须送至京师审录。《大明会典》载:"宣德八年,谕法司:'天下重囚遣的当官,分临各处,公同巡按御史详审处决。'"③ 从这项记载得知,自宣德八年(1433)起,天下重囚(即死囚)不再送京师审录。从永乐十七年至宣德七年共十四年中,天下重囚应送京师审录,因此京师各衙门监狱,囚满为患,三法司亟有必要即时决遣(处决或发遣)。宣德二年(1427),三法司即时决遣了三批京师各类人犯(含直隶及各省送至京师审录之死罪人犯)。有关事例如下:

1. 宣德二年(1427)五月乙巳,上谕三法司官曰:"今天气已热,狱囚拘系甚苦,宜早决遣,悉录所犯进来,朕亲闻之。"④(本件事例系热审事例)

2. 宣德二年五月丙午,"三法司上轻重系囚罪。"⑤(凡决遣二千一百九十余人)

3. 宣德二年六月甲戌,敕行在三法司及北京行部:"今夏,暑方殷,狱中系囚久未疏决,当思矜恤,悉录其罪以闻。"⑥(本件事例系热审事例)

4. 宣德二年六月戊寅,"三法司录轻重系囚以进。"⑦(凡决遣六百余人)

5. 宣德二年秋七月丙申,上谕三法司官曰:"今盛暑……宜即检勘,有应罚役者,即时发遣,应奏者,即具所犯来处置。"⑧(本件事例系热审事例)

6. 宣德二年秋七月庚子,"行在刑部尚书金纯、都察院左都御史刘观、行部尚书李友直等通类轻重罪囚奏请疏决。"⑨(凡决遣二千四百六十五人)

① 《明太宗实录》,卷二一九,永乐十七年十二月乙丑。
② 同上书,卷二一九,永乐十七年十二月庚辰。
③ 《大明会典》,卷二一一,《都察院三》。
④ 《明宣宗实录》,卷二十八,宣德二年五月乙巳。
⑤ 同上书,卷二十八,宣德二年五月丙午。
⑥ 同上书,卷二十八,宣德二年六月甲戌。
⑦ 同上书,卷二十八,宣德二年六月戊寅。
⑧ 同上书,卷二十九,宣德二年秋七月丙申。
⑨ 同上书,卷二十九,宣德二年秋七月庚子。

7. 宣德三年(1428)闰四月癸巳,敕行在三法司及北京行部曰:"今天气已热,狱中系囚岂无可矜者,即具所犯轻重,朕将亲阅之。"①

正统至成化年间,一般的审录渐少,夏季的审录(即热审)渐多,惟是否举行系由皇帝决定。有关事例如下:

1. 正统六年(1441)五月甲寅,"命行在刑部右侍郎何文渊、大理寺卿王文审在京刑狱,巡抚南直隶行在工部左侍郎周忱、行在刑科都给事中郭瑾审南京刑狱。"②（本件事例系热审事例,本年热审系会同内官为之。）

2. 正统九年(1444)五月己未,"上命左副都御史张琦往南京,命刑科给事中王铎同三法司堂上官录在京者,三法司复援例请内官会录,不允。"③

3. 正统十四年(1449)春夏旱灾,命内臣一员,公同三法司堂上官会审见监听决罪囚,情重者,类奏处置。④

4. 成化二十一年(1485)夏,命两京法司、锦衣卫会审见监罪囚,徒流以下,减等发落。重囚有可矜疑及枷号者,具奏定夺。⑤

5. 成化二十二年(1486)夏,谕法司:"见今雨泽少降,天气向热,内外衙门见监罪囚,恐有冤抑,两京命司礼监守备太监同三法司堂上官会审。……死罪情可矜疑者,具奏处置。徒流以下减等发落,不许迟慢。"⑥

(三) 热审

永乐至宣德年间,热审(夏季的审录)原仅系本节所述审录之一种。正统九年以后,本节所述审录渐与热审无异。弘治元年(1488),热审成为定制。《大明会典》载:"弘治元年夏,令两法司、锦衣卫将见监罪囚情可矜疑者,俱开写来看。（自后,岁以为常）"⑦

关于热审,《大明会典》定曰:⑧

> 国朝钦恤刑狱,凡罪囚夏月有热审,其例起于永乐间,然止决遣轻罪,及出狱听候而已。自成化以后,始有重罪矜疑,轻罪减等,枷号疏放,免赃诸例。每年小满后十余日,司礼监传旨下刑部,即会同都察院、

---

① 《明宣宗实录》,卷四十二,宣德三年闰四月癸巳。
② 《明英宗实录》,卷七十九,正统六年五月甲寅。
③ 同上书,卷一一六,正统九年五月己未。
④ 《大明会典》,卷一七七,《刑部十九》。
⑤ 同上。
⑥ 同上。
⑦ 同上。
⑧ 同上。

锦衣卫，复将节年钦恤事宜题请，通行南京法司，一体照例审拟具奏。

京师热审，除刑部、都察院及锦衣卫参与会审外，大理寺亦曾参与会审。《大明会典》定曰："凡每年天气暄热，奉旨审录两法司及锦衣卫罪囚。本寺堂上官公同会审。近例，每年热审，惟刑部专主其事。临期，止行手本，于本寺知会。"① 所谓近例是指正德以后的事例。

弘治元年，热审成为定制，岁以为常。但弘治年间之热审仅行于京师，不行于南京。正德元年(1506)夏四月癸丑，掌大理寺工部尚书杨守随奏：②

> 每岁天气暄热，会审罪囚事例行于在京，而不行于南京；五年一审录事例详于在京，而略于在外；事体有偏，刑或不当。宜通行南京，审囚之时，三法司一同会审，其在外审录所奏，亦照此例会审具奏。庶事体无一偏之弊，刑法合众论之公。(上从之)

嘉靖年间，热审仍"岁以为常"。嘉靖元年(1522)四月丙申，"上以天气暄热，命法司、锦衣卫见监笞罪无干证者释之，徒流以下减等，拟审发落。重囚情可矜疑并应枷号者，疏名以请。疏上，宽恤有差(自是，岁以为常)"③。

隆庆至万历年间，热审仍继续依典制举行。但至万历末年，皇帝倦于勤政，常因皇帝未下谕旨，热审未能如期举行。万历四十年(1612)六月庚午，"刑部奏：'每岁夏月，例应热审，历祀以来遵行不异，惟旧岁未奉明纶，遂成阙典。'"④

万历四十五年(1617)，大学士方从哲曾建言举行热审，惟皇帝未予采纳。万历四十五年六月庚子，"大学士方从哲言：'热审一事，行之甚易，而惠泽之及人者甚宏，在皇上不过一启口之劳，而囹圄千百人咸有更生之望，此甚盛德甚美政也。今逾时已久，而明旨未颁，于是道路之人妄相猜度。……'不报。"⑤

明代弘治以后京师案件的热审成为明代中期以后审录的主要方式。热审以外，尚有所谓"春审"及"寒审"，均系本节所述审录之一种，但其重要性远不及热审。所谓"春审"是指春季的审录。宣德七年(1432)二月庚寅朔，

---

① 《大明会典》，卷二一四，《大理寺》。
② 《明武宗实录》，卷十二，正德元年夏四月癸丑。
③ 《明世宗实录》，卷十三，嘉靖元年四月丙申。
④ 《明神宗实录》，卷四九六，万历四十年六月庚午。
⑤ 同上书，卷五五八，万历四十五年六月庚子。

"上谕行在刑部、都察院、大理寺臣曰：'今天气和煦，万物发生之时，尔法司其具系囚情状以闻，朕亲阅之。'① 同年二月甲午，"上亲阅三法司所进系罪囚状……是日决遣千余人。"② 宣德七年以后，似无春审事例。

至于所谓"寒审"是指冬季的审录，事例较多。依《明实录》的记载，永乐四年（1406）十一月己卯、永乐九年（1411）十一月乙亥、永乐十一年（1413）冬十月丙寅及宣德元年（1426）十二月丁卯，均有寒审事例。惟正统九年（1444）以后，似无寒审事例。又依《明史·刑法志》的记载，寒审事例以宣德四年之事例最著，"宣德四年冬，以天气沍寒，敕南北刑官悉录系囚以闻，不分轻重。"③

京师热审的对象，原来是京师未定案的轻罪人犯，后来扩大到京师未定案的各类人犯。京师热审原则上每年举行一次，京师热审是对于京师各类人犯的恤刑程序。它与京师五年大审不同，前者每年一次，后者每五年一次。明代京师案件司法审判常拖延时日，数年不决，各类人犯监禁于监狱中，瘐死者众。为解决此种问题遂发展出京师热审制度，惟效果不佳。明代京师热审制度，清代废弃不用。

二 五年大审

（一）五年大审的起源与目的

《大明会典》定曰："凡在京，五年大审。"④ 关于京师各类人犯五年大审的历史沿革如下：

1. 天顺四年（1460），令法司将现在监累诉冤枉者，会同三法司堂上官、刑科给事中各一员审录。⑤

2. 成化十七年（1481），命司礼监太监一员会同三法司堂上官于大理寺审录，以后每五年一次，著为令。⑥

关于成化十七年的敕令，《大明会典》另定曰："凡五年审录，成化十七年命司礼监太监一员，会同三法司堂上官，于本寺审录罪囚。以后每五年一次，著为令。"⑦ 又《明史·刑法志》亦曰："成化十七年命司礼监一员会同三

---

① 《明宣宗实录》，卷八十七，宣德七年二月庚寅朔。
② 同上。
③ 《明史》，卷九十四，《刑法二》。
④ 《大明会典》，卷一七七，《刑部十九》。
⑤ 同上。
⑥ 同上。
⑦ 《大明会典》，卷二一四，《大理寺》。

法司堂上官,于大理寺审录,谓之大审。南京则命内守备行之。自此定例,每五年辄大审。"① 由上述史料可以得知,自成化十七年始,京师各类人犯五年大审制度行于两京(北京及南京)。

五年大审又称五年审录或五年大审录。五年大审是由明初审录制度(详见前)发展出来的,明代先发展出审录制度,后发展出五年大审制度。正统九年(1444)以后,本节所述之审录发展为热审制度。京师热审每年一次,京师五年大审每五年一次。五年大审的对象是京师未定案的各类人犯,与热审的对象相同。明代京师五年大审制度,清代废弃不用。

(二) 五年大审的程序

关于京师五年大审的程序,《大明会典》定曰:"国朝慎恤刑狱,每年在京既有热审,至五年又有大审之例,自成化间始,至期,刑部题请敕司礼监官会同三法司审录。南京则命内守备会法司举行。其矜疑遣释之数恒倍于热审。"②

京师五年大审以司礼监太监为主审官,三法司堂上官不敢忤也。《明史·刑法志》曰:"凡大审录,赍敕张黄盖于大理寺,为三尺坛,中坐,三法司左右坐,御史、郎中以下捧牍立,唯诺趋走惟谨。三法司视成案,有所出入轻重,俱视中官意,不敢忤也。"③

司礼监太监奉旨主持京师五年大审始于成化十七年(1481)。《明史·刑法志》曰:"(成化)十七年辛卯,命太监怀恩同法司录囚。其后审录必以丙辛之岁。弘治九年不遣内官。十三年以给事中丘俊言,复命会审。"④

正德年间,皇帝亦曾命司礼监太监主持京师五年大审。正德六年(1511)夏四月己酉,"命司礼监太监张永同三法司堂上官审录罪囚,敕谕永曰:'……兹当天气炎热,恐轻重罪囚或有冤抑,致伤和气,特命尔同三法司堂上官从公审录。'"⑤

司礼监太监奉旨主持京师五年大审,系代表皇帝主持,其权力极大。《明史·刑法志》举出二例以证之:⑥

1. 成化时,会审有弟助兄斗,因殴杀人者,太监黄赐欲从未减。(刑部)尚书陆瑜等持不可,赐曰:"同室斗者,尚被发缨冠救之,况其兄乎?"瑜等不

---

① 《明史》,卷九十五,《刑法三》。

② 《大明会典》,卷一七七,《刑部十九》。

③ 《明史》,卷九十五,《刑法三》。

④ 同上。

⑤ 《明武宗实录》,卷七十四,正德六年夏四月己酉。

⑥ 《明史》,卷九十五,《刑法三》。

敢难,卒为屈法。

2. 万历三十四年大审,御史曹学程以建言久系,群臣请宥,皆不听。刑部侍郎沈应文署尚书事,合院寺之长,以书抵太监陈矩,请宽学程罪。然后会审,狱具,署名同奏。矩复密启,言学程母老可念。帝意解,释之。

内官曾主持五年大审者,常引为毕生之荣耀。《明史·刑法志》即曰:"内臣曾奉命审录者,死则于墓寝壁,南面坐,旁列法司堂上官,及御史、刑部郎中引囚鞠躬听命状,示后世为荣观焉。"①

京师五年大审,原则上五年一次。成化至正德年间,大体上按期举行。嘉靖至万历年间,则未必按期举行。万历三十四年(1606)五月戊寅,"刑科左给事中宋一韩言:'国家虑囚以五年一大审,今岁又当期,……二十九年大审未经举行,人情惶惑,今不宜再有稽留。'不报。"② 又万历四十五年(1617)五月己卯,"礼部署部事左侍郎何宗彦言:'……岁一热审,五年一朝审,所以理冤抑、释轻系,体上帝好生之德,而开下民自新之路者也。年来热审愆期,朝审又复格而不行……臣窃谓热审不可愆期,朝审必不可废格,……'不报。"③

第七节　京师应秋后处决死罪人犯慎刑程序——朝审

一　朝审的沿革

"秋审"制度创自明代,惟明代京师案件的秋审称为"朝审",范围小,仅行于京师死罪人犯。关于朝审制度,《大明会典》定曰④:

> 国初有大狱,则必面讯,以防搆陷锻炼之弊。其后有会官审录之例,霜降以后,题请钦定日期,将法司见监重囚,引赴承天门外,三法司会同五府九卿衙门并锦衣卫各堂上官,及科道官,逐一审录,名曰朝审。若有词不服,并情罪可矜疑,另行奏请定夺。其情真罪当者,即会题请旨处决。

---

① 《明史》,卷九十五,《刑法三》。
② 《明神宗实录》,卷四二一,万历三十四年五月戊寅。
③ 同上书,卷五五七,万历四十五年五月己卯。
④ 《大明会典》,卷一七七,《刑部十九》。

明初,京师各类人犯定案后,皇帝有时令"多官审录"罪囚,被审录之罪囚兼含死罪人犯及其他人犯。京师已定案应秋后处决死罪人犯之"多官审录",后来发展成为"朝审"。

朝审是每年霜降后,由三法司会多官审录京师应秋后处决死罪人犯的制度,其起源甚早。洪武三十年(1397)即有群臣审录京师死罪人犯之事例,《明太祖实录》载①:

> 洪武三十年八月戊戌,都察院奏:"狱囚律应死者二十四人,请以时决之。"上曰:"尔等仓卒论决,其中岂无情可矜、法可疑者?古人去求其生而不得,则死者与我皆无憾也。苟遽置于法,一有不当,误伤人命。"遂命群臣审录,果得其不当死者,皆徙戍边。

上述洪武三十年八月明太祖命群臣审录京师应秋后处决死罪人犯的事例,应系朝审(京师死罪人犯慎刑程序)的最早事例。《大明会典》将洪武三十年令各衙门详审罪囚,② 作为朝审的最早事例,应是错误的记载。这项敕令下达于洪武三十年六月辛巳朔,是针对京师各类人犯而发的,并非针对京师应秋后处决死罪人犯(重囚)而发的。

至于《大明会典》将永乐七年(1409)令多官审录囚犯③,作为朝审事例,也应是错误的记载。这项敕令也是针对京师各类人犯而发的,并非针对京师应秋后处决死罪人犯(重囚)而发的。

据笔者考察,朝审制度在洪熙元年(1425)进一步发展,《明宣宗实录》载④:

> 洪熙元年冬十月戊子,行在刑部尚书金纯、大理寺卿虞谦等奏:"真犯重囚,子殴父母,诈为制书,伪造印信,及谋人杀造意等罪,请及时决之。"上命"会公、侯、伯、五府、六部堂上官、大学士及给事中审复,可疑者再谳问,勿令含冤。自今决重囚,悉准此例。"

上述事例应即系《大明会典》所载:"洪熙元年,令公、侯、伯、五府、六部

---

① 《明太祖实录》,卷二五四,洪武三十年八月戊戌。
② 《大明会典》,卷一七七,《刑部十九》。
③ 同上。
④ 《明宣宗实录》,卷十,洪熙元年冬十月戊子。

堂上官、内阁学士及给事中,会审重囚。可疑者,仍令再问。"① 根据这项敕令,宣德以后朝审事例渐多:

1. 宣德元年(1426)各十月己巳,"南京刑部尚书赵羾等奏处决重囚。上曰:'古者狱成,公卿参听。其令刑部、都察院、大理寺会群臣再加审录,具情罪来闻。'"②

2. 宣德三年(1428)十二月乙未,"行在刑部、都察院奏决重囚,上命公、侯、伯、都督、尚书、都御史同审复,谕之曰:'古者断狱必讯于三公九卿,所以合至公,重民命,卿等往同审复,毋致枉死。'"③

3. 宣德九年(1434)十一月甲戌朔,"上阅行在刑部、都察院所具重囚罪状,谕都御史顾佐、侍郎施礼等曰:'因戏误杀人及窃盗三犯者宥死,发戍边。官吏故勘平民致死及伪造印信等罪,如旧监系。余罪犯尤重者,文武大臣会审无冤,具奏处决。'"④

4. 宣德十年(1435)二月乙丑,"敕谕刑部、都察院、大理寺、锦衣卫:'今所监重囚中……尔等即会公、侯、伯、都督、尚书、侍郎、给事中、御史公同复审。'"⑤

5. 正统三年(1438)九月己酉,"行在刑部、都察院奉旨与诸大臣会审重囚罪状,复奏,其中应死而情轻者四百余人,上命各杖一百,发戍边卫。"⑥

6. 成化六年(1470)冬十月甲寅,"三法司会官审录重囚。刑部得情真无词者八十四人,情可矜疑者二十一人,有词当鞫者二人,犯不孝罪父母息词者八人。都察院情真无词者十四人,当奏请定夺者三人。各以具狱闻。"⑦

7. 成化二十年(1484)五月甲午,"上复谕三法司曰:'见监重囚累诉冤枉者,再照例多官会审……'至是,刑部、都察院会公、侯、驸马、伯、五府、六部官审录。"⑧

8. 成化二十二年(1486)十月乙亥,"刑部、都察院各奏死罪重囚请会官审录于朝。诏:'称冤有词者,即与从公辩问,毋令受枉。'于是,审录毕,以具

① 《大明会典》,卷一七七,《刑部十九》。
② 《明宣宗实录》,卷二十二,宣德元年冬十月己巳。
③ 同上书,卷四十九,宣德三年十二月乙未。
④ 同上书,卷一一四,宣德九年十一月甲戌朔。
⑤ 《明英宗实录》,卷二,宣德十年二月乙丑。
⑥ 同上书,卷四十六,正统三年九月己酉。
⑦ 《明宪宗实录》,卷八十四,成化六年冬十月甲寅。
⑧ 同上书,卷二五二,成化二十年五月甲午。

狱上请。"①

9. 成化二十三年(1487)十月癸巳,"都察院言:'近会官审录重囚,问拟死罪情真者三十三人,请如律处决。'上曰:'各犯既情真罪当,弗可原。但宅忧中未忍行刑,姑系之。'既而,刑部亦具死罪情真者四十八人以请,复命系之。"②

天顺二年(1458)以后,京师应秋后处决死罪人犯"朝审"制度确立。《大明会典》定曰:"天顺二年,令每岁霜降后,该决重囚,三法司会多官审录,著为令。"③天顺三年(1459)后,历朝遂遵行之。

二 朝审的程序

关于朝审的程序,《大明会典》定曰:"霜降以后,题请钦定日期,将法司见监重囚,引赴承天门外,三法司会同五府、九卿衙门并锦衣卫各堂上官及科道官,逐一审录。"④

三法司会多官朝审时,三法司及锦衣卫堂官等官均应在场会同审理。天顺至成化年间,仅原问官(刑部及都察院问刑官员)在场,而原审官(大理寺审录官员)并不在场。成化十四年(1478)始规定原审官(含接管官)均应在场。成化十四年九月丙子,法司奏⑤:

> 据大理寺评事周茂建言,凡会审重狱之时,止有原问官在而无原审官。宜查囚人姓名,开报原审官执赴会审,以备询考。其言亦详审重狱之意。自今原审并接管官仍持文卷诣彼,遇囚人称冤,即按卷陈其始末,从众参详。(上从之)

根据成化十四年大理寺评事周茂的建言,朝审制度的程序进一步改革。《大明会典》载,成化十四年奏准⑥:

> 凡真犯死罪重囚,推情取具招辩,依律拟罪明白,具本连证佐干连人卷,俱发大理寺审录。如有招情未明,拟罪不当,称冤不肯服辩者,本

---

① 《明宪宗实录》,卷二八三,成化二十二年十月乙亥。
② 《明孝宗实录》,卷五,成化二十三年十月癸巳。
③ 《大明会典》,卷一七七,《刑部十九》。
④ 同上。
⑤ 《明宪宗实录》,卷一八二,成化十四年九月丙子。
⑥ 《大明会典》,卷一七七,《刑部十九》。

寺将审允缘由奏奉钦依,准拟依律处决,方才回报原问衙门监候。

（三法司）照例具奏,将犯人引赴承天门外,会同多官审录。其审录之时,原问原审并接管官员,仍带原卷听审。情真无词者,复奏处决。如遇囚番异称冤有词,各官仍亲一一照卷,陈其如末来历,并原先问审过缘由,听从多官从公参详。果有可矜可疑,或应合再与勘问,通行备由奏请定夺。

上述《大明会典》所载成化十四年奏准之敕令,其前段为京师案件之初审与复审程序,其后段则为朝审程序。朝审人犯经多官审录后,认系情真罪当者,应即处决。但朝审人犯往往妄诉冤枉,使死罪案件无法定案。成化十九年（1483）,刑部即建言此类人犯宜即处决。《明宪宗实录》载①:

> 成化十九年十月乙丑,刑部会官审囚毕,因奏重囚葛恂等十八人,皆犯杀人等罪问结,情真罪当,无可矜疑者,往往撮拾妄诉,有监候五六年或四三年,调问有三四司或五六司者,牵连证佐,不得休息,宜即处决,庶使妖恶之徒有所征戒,而死者之冤亦得申雪也。奏上,命斩之,不复辩问。

又依据嘉靖四十四年（1565）六月己卯,刑部议复刑科都给事中沈寅条陈,刑部认为"每岁霜降会官朝审,造次而毕。今后宜令一一唱名读招,参情复案,得其情真有词及可矜可疑之实,宣示所批,方行引去。"② 议入,从之。

又朝审所称"会官审录",所会之官（或多官）原仅为五府、九卿衙门并锦衣卫各堂上官及科道官。后扩大至其他各官,万历七年（1579）九月己未,刑部复刑科都给事中周良寅所陈朝审事宜,即建议停止勋臣及副将等官参与朝审。刑部认为:"每年霜降以前将见监重犯会同部、院、司、寺并锦衣卫堂上官及科道掌印官朝审,而王府带俸勋臣与带俸副将等官亦与为,所以广兼听也。今议以带衔,平居无政刑之责,不宜与会。"③ 奏上,报可。

弘治以后,三法司会多官朝审京师应秋后处决死罪人犯之事例亦多,兹选录数则如下,以示实际运作情形:

1. 弘治六年（1493）九月己未,"法司会官审录重囚三十八人。命情真

---

① 《明宪宗实录》,卷二四五,成化十九年十月乙丑。

② 《明世宗实录》,卷五四七,嘉靖四十四年六月己卯。

③ 《明神宗实录》,卷九十一,万历七年九月己未。

者处决；诉冤者重鞫；情可矜疑者发边远充军；不孝有父母息词者，即其门枷项一月，杖一百，释令养亲。"①

2. 弘治八年(1495)十月戊辰，法司会审罪囚，情真者九十一人，情可矜疑者二十九人，奏请裁处者十七人，有词者二十五人。上命情真者依律处决，情可矜疑者再奏请旨，有词者再问。法司复奏，得旨处决及监候者各十一人；免死充军者二十三人，内三人仍杖一百发遣；妇人不孝者一人，杖而释之。"②

3. 弘治九年(1496)九月乙丑，"刑部都察院会官审录重囚，情真无词者五十一人，奏请裁处者五十二人，有词者七人。上命情真者处决，有词者重鞫。奏请数内，仍处决者二十人，监候再问者十六人，免死杖一百发边远充军者七人，免死发边远充军者七人，杖一百而释之及查议再奏者各一人。"③

4. 弘治十一年(1498)十月丁卯，"三法司会官审录重囚，得情真无词者八十三人，情可矜疑者四十六人。上命情真者依律处决，情可矜疑内减死充军者二十二人，监候者十人，以废疾疏放者三人，不孝杖一百发回养亲者三人，再问者五人。"④

5. 正德二年(1507)九月庚申，"三法司会同府、部诸大臣及科、道官于承天门外审录重囚，得情有可矜疑者二十三人，父母告其不孝而复息词者六人，自宫者一十三人，有词者二人，情可矜疑者五人，具狱上请。得旨：'可矜者免死，俱充边卫军。其不孝四人，仍系狱，二人杖之百，俾归养。自宫者以年幼，亦系之，有词者再问，情可矜疑者释之。'"⑤

6. 嘉靖十六年(1537)四月辛酉，"武定侯郭勋，大学士李时、夏言奉敕同三法司会鞫重囚，当矜疑者六十八人，俱免死戍边。"⑥

至于内阁大学士(或内阁学士)参与朝审一事，始自洪熙元年(1425)⑦。"成化元年奏准，内阁不必会同审囚。"⑧ 又《明史·刑法志》曰："内阁之与审也，自宪宗(成化元年)罢，至隆庆元年，(内阁大学士)高拱复行之。故事，朝审吏部尚书秉肇，时拱适兼吏部故也。"⑨ 高拱以后，内阁不再参与朝审。

---

① 《明孝宗实录》，卷八十，弘治六年九月己未。
② 同上书，卷一〇五，弘治八年十月戊辰。
③ 同上书，卷一一七，弘治九年九月乙丑。
④ 同上书，卷一四二，弘治十一年十月丁卯。
⑤ 《明武宗实录》，卷三十，正德二年九月庚申。
⑥ 《明世宗实录》，卷一九九，嘉靖十六年四月辛酉。
⑦ 《大明会典》，卷一七七，《刑部十九》。
⑧ 同上。
⑨ 《明史》，卷九十四，《刑法二》。

宪宗成化元年以前,朝审由吏部尚书秉笔,即由其主持朝审。"至万历二十六年朝审,吏部尚书缺,以户部尚书杨俊民主之。三十二年复缺,以户部尚书赵世卿主之。"①

关于实施朝审的时间问题,一般言之,朝审时间只有一天。一日之内,审录数百死囚,自系仓促就事,徒具形式而已。弘治十七年(1504),兵科给事中潘释奏②:

> 故事,每岁朝审,率以一日竣事。然人命至重,今后该审之囚众多,如拘以一日竣事,则不得从容详审。昔太宗文皇帝因刑部等衙门大辟囚三百余人,复讯皆实,请决。复谕之,更审一日,不尽则二日、三日,虽十日何害?既而得释者二十余人。此祖宗好生之心,万世所当遵也。乞令从容研审,使无冤枉。

又嘉靖十一年(1532)刑科给事中王瑄等人奏③:

> 顷者审录重囚,原案未读,囚词未终,辄以引去,而当笔手不停披,且百五十余人造次而毕,殊非慎刑之意。乞自今廷审稍展其期,令原问衙门各以狱词朗然宣示,使多官杂议,务服其心。如有疑似,亟与分辩。

上述两位给事中均要求延长朝审的时间,均获皇帝钦依。潘释所举之例为永乐年间之事,一日之内审录三百余人,其草率可知。弘治十七年及嘉靖十一年,皇帝两度同意延长朝审时间,但未成为定制。

---

① 《明史》,卷九十四,《刑法二》。
② 《续通典》,卷一一一,《刑五》。
③ 《续文献通考》,卷一七九,《刑四》。

第五章　明代中央司法审判程序之三
——特别案件审理程序

第一节　宗室案件

一　序　言

所谓"宗室"是指明太祖朱元璋的子孙。至于"宗藩"，其义较广，与"宗室"有别。明代皇帝的嫡长子立为皇太子，其余诸子立为亲王，诸女则立为公主。亲王子孙之封爵，《大明会典》定曰[①]：

> 亲王嫡长子年及十岁，立为王世子。……亲王次嫡子及庶子，年至十岁，皆封郡王。郡王嫡长子袭封郡王，郡王受封，并郡王嫡长子袭封者，亦行册命之礼。如无嫡长子，以庶长子承袭，次嫡庶子俱授镇国将军。镇国将军之子，授辅国将军。辅国将军之子，授奉国将军。奉国将军之子，授镇国中尉。镇国中尉之子，授辅国中尉。辅国中尉以下，俱授奉国中尉。

至于亲王女之封爵，《大明会典》定曰[②]：

> 亲王女，封郡主。郡王女，封县主。镇国将军女，封郡君。辅国将军女，封县君。奉国将军女，封乡君。中尉之女，俱称宗女。世子女与郡王女同。世孙及郡王长子女与镇国将军女同。长孙女与辅国将军女同。

明太祖子孙繁衍甚众，至明末，约有宗室一万七千余人。据《春明梦余录》载："玉牒所载，亲王二十四，郡王二百五十一，镇辅、奉国将军七千一百，

---

① 《大明会典》，卷五十五，《礼部十三》。
② 同上。

镇辅、奉国中尉八千九百五十一,郡主、县主、县君七千七十三,庶人六百二十,而未封、未名者,与夫齐府之余,高墙之庶,皆不与焉。"①

关于宗室之管理,洪武时期即定有若干禁令,宣德以后,禁令渐多。至嘉靖末年,更制定《宗藩条例》以管理之。万历十年(1582),更名为《宗藩要例》。《大明会典》定曰②:

> 国家稽古法,封同姓,王二等、将军三等、中尉三等、女封主君五等,具载祖训职掌诸书。其后宗庶日蕃,禁防浸备。诸凡奏封等项,稽核尤严。嘉靖末年,定为《宗藩条例》。万历十年,删订画一,钦定名曰《宗藩要例》。

二　审理与裁决

明代宗室案件之审理与一般民人案件不同,宗室享有特权,其逮问须先奏闻皇帝,其审理常由皇亲会议。《大明律》第 3 条(八议)第一项明定"议亲",所谓"亲"是指"皇家袒免以上亲及太皇太后、皇太后缌麻以上亲,皇后小功以上亲,皇太子妃大功以上亲。"宗室系皇家袒免以上亲,属于"议亲"之范围。宗室犯罪原应依《大明律》第 4 条(应议者犯罪)规定处理。

《大明律》第 4 条(应议者犯罪)规定:

> 凡八议者犯罪,实封奏闻取旨,不许擅自勾问。若奉旨推问者,开具所犯及应议之状,先奏请议,议定奏闻,取自上裁。(议者,谓原其本情议其犯罪,于奏本之内开写,或亲,或故,或功,或贤,或能,或勤,或贵,或宾,应议之人所犯之事,实封奏闻取旨。若奉旨推问者,才方推问。取责明白招状,开具应得之罪,先奏请令五军都督府、四辅、谏院、刑部、监察御史、断事官集议,议定奏闻。至死者,唯云"准犯依律合死",不敢正言绞、斩,取自上裁。)其犯十恶,不用此律。

关于宗室犯罪之逮问、审理与裁决,除《大明律》第 4 条规定外,另有其他特别规定,洪武六年(1373),明太祖敕令:

> 凡皇亲国戚有犯,除谋逆不赦外。其余所犯,轻者,与在京诸亲会

---

①　孙承泽:《春明梦余录》,卷二十九,《宗人府》。
②　《大明会典》,卷五十五,《礼部十三》。

议。重者,与在外诸王及在京诸亲会议,皆取自上裁。其所犯之家,止许法司举奏,并不许擅自拿问。

上述洪武六年明太祖敕令系对皇亲国戚有犯而下。至于亲王有犯,其处理方式与其他皇亲国戚有犯之处理方式不同。洪武六年定①:

亲王有过,重者,遣皇亲或内官宣召。如三次不至,再遣流官同内官召之。至京,天子亲谕以所作之非。果有实迹,以在京诸皇亲及内官,陪留。十日之间,五见天子,然后发放。虽有大罪,亦不加刑,重则降为庶人,轻则当因来朝,面谕其非。或遣官谕以祸福,使之自新。

上述洪武六年明太祖之敕令,部分内容陈义过高,实际上难以落实。弘治九年(1496),明孝宗对于亲王及郡王及各府将军有犯,下达了新的敕令②:

亲王所行未善,长史等官从容谏止,至再至三不听,事情重者,密切具奏。其郡王所为不合礼度者,教授劝正,如其不听,启亲王密切戒免。如再不听,亲王具奏。事情轻者,降敕切责。若干官壸重事,差内官、皇亲前去体勘,至日处治。

亲王有过,专罪辅导官。郡王有过,专治内使教授。其亲王府辅导官,务日请王讲读经史。王子亦要读书习礼。

各府将军,该府亲、郡王自行禁治。若互相容隐,不行禁治,许镇巡等官,将所为不法事会本具奏,上请区处。

关于宗室有犯之处理,嘉靖十五年(1536)奏准:"宗室有犯事情轻者,照常奏请。犯该杀死平人,及事情重大者,从重奏请定夺。投充拨置之人,查照见行事例问拟。"③

关于宗室案件之审理,应视案件轻重而有不同。其轻者,多由三法司审理,奏闻皇帝裁决。其重者,多先差内官、皇亲前去体勘,逮赴京师后,由多官会审,奏闻皇帝裁决。至于多官会审之形式,种类繁多,并无固定之组成方式。参与会审之官员或多或少,并无一定。

---

① 《大明会典》,卷五十七,《礼部十五》。
② 同上。
③ 同上。

关于皇帝裁决宗室案件之刑罚或惩处,亦与一般民人案件不同。大体言之,除宗室犯谋反、谋大逆及谋叛罪外,宗室犯其他罪行之刑罚或惩处,较一般民人为轻。兹就宗室犯反逆等罪及其他罪行之案件分别举例说明如下,以明宗室案件之逮问、审理与裁决:

(一)宗室犯反逆等罪之案件

例一:宣德元年(1426)八月壬戌朔,汉王高煦反。明宣宗亲征,高煦出降,"为官军所执以献,文武群臣列奏其罪,请正典刑。"① 甲申,遣书报赵王高燧曰:"……朕以祖宗付托之重国家生民之计,不得已,亲率六师往问其罪,师临其境,尚拥乌合之众,敢行抗拒。赖天地眷佑宗社之灵,罪人即得。以亲亲之故,不忍弃绝,令同官眷居于北京,以全始终之恩。其余同恶者,明正典刑,胁从者,咸释不问。"②

例二:正德十五年(1520)十一月己丑,"赐宸濠死。先是,有旨召皇亲、公、侯、驸马、伯、内阁大臣、科道官俱至通州议宸濠狱。于是,列上其罪状言:'宸濠大逆不道,宜正典刑,拱樤、觐镰、宸栋、宸澜、宸㴵、宸涓、宸㵧、宸汲、宸汤、宸浐及已死拱㭬、觐铤、拱械、宸添助逆皆宜同罪。亦戮如法。'上曰:'宸濠等得罪祖宗,朕不敢赦,但念宗枝,姑从轻悉令自尽,仍焚弃其尸。'"③

例三:嘉靖二十五年(1546)十月癸亥,代府和川王府奉国将军充灼等谋反,"奏闻,上命械充灼等来京至午门前,命司礼监、驸马、五府、九卿、科道、锦衣卫官会审具服。……充灼、俊桐及充燨、俊樑、俊㮮、俊㮸、俊㭠俱令自尽,仍焚弃其尸;俊弃、俊掖虽不与闻逆谋,而亲造火箭意欲为何?降为庶人,送高墙禁锢;张文博等三十人俱依谋反律弃市,枭首于边;代府长史孙质等论死系狱,余悉如议。"④

(二)宗室犯其他罪行之案件

例一:正统三年(1438)十二月丁丑,"命廷臣、太师英国公张辅等会问辽王贵烚淫秽事,具得其实……乃诏皇亲、驸马议,宜遵祖训召王至京治罪。上是之,降敕符遣驸马都尉赵辉同内官召王至,仍录所谕诸王,令其议拟以闻。"⑤ 次年三月庚申,"上召王诣京,三法司、六科、十三道等官交章劾之。上以示王,王输情服罪。诸大臣承诏,论其罪应死。……降敕谕之曰:'……

①　《明宣宗实录》,卷二十,宣德元年八月壬戌朔。

②　同上书,卷二十,宣德元年八月甲申。

③　《明武宗实录》,卷一九四,正德十五年十一月己丑。

④　《明世宗实录》,卷三一六,嘉靖二十年十月癸亥。

⑤　《明英宗实录》,卷四十九,正统三年十二月丁丑。

重以尔得罪祖宗神明,虽奉国祀,谨遵祖训,削去王爵,降为庶人,令尔归守辽简王坟茔。'"①

例二:嘉靖二十四年(1545)九月丁丑,楚世子英耀弑父,"诏司礼监太监温祥同驸马都尉邬景和、刑部左侍郎喻茂坚、锦衣卫指挥使袁天章会镇巡等官往按其事。……于是祥等奉敕削夺英耀位号,收其宝册,拘之瓶城内,会巡抚车纯、巡按伊敏生验治徐景荣等各词服,论罪具奏。上复令法司集廷臣杂议……议入,制曰:'英耀悖逆天道,主谋弑父,罪恶无前,复载不容,既经差官勘实并多官会议明白,皆欲明正典刑,朕不敢赦,其命公朱希忠祭告皇祖,斩之于市,焚弃其尸,不许收葬。'"②

例三:嘉靖二十八年(1549)四月丁未,崇阳王显休殴死奉国将军显栲,"诏司礼监太监黄锦、刑部右侍郎傅炯、锦衣卫指挥佥事鲍瓒往按其事,悉实。狱具,法司议复以请,得旨:'显休殴死从兄,罪恶深重,令抚按会同该府官勒令自尽,荣淯、显桦、显蘡禁锢高墙,余悉如议。'"③

按《大明会典》定曰:"(宗室)凡过犯有重轻,轻者治其党与,重者发高墙或间宅,子孙降为庶人,或俱禁住。其后或以庆恩,子孙间得开释云。"④ 证诸上述案例,《大明会典》所定,大体上正确,惟亦有稍有出入之处。

第二节 职官案件

一 序 言

所谓"职官"是指文职及武职官员。文职官员简称为文官,武职官员简称为武官(《大明律》则称为军官)。职官案件是指职官犯罪案件,与一般民人案件不同,其审理程序亦有异于一般民人案件。

洪武年间,明代中央司法审判制度尚未确立,一般职官案件由法司审理。重大职官案件则多先命群臣会讯,再由皇帝亲鞫,《明史·刑法志》曰:"太祖尝曰:'凡有大狱,当面讯,防搆陷锻炼之弊。'故其时重案多亲鞫,不委法司。"⑤ 依《明史·刑法志》,重大职官案件(如职官反逆案件)多由皇帝亲鞫。惟依《明实录》中有关史料观之,皇帝亲鞫前,多命群臣会讯。兹举例说

---

① 《明英宗实录》,卷五十三,正统四年三月庚申。

② 《明世宗实录》,卷三〇三,嘉靖二十四年九月丁丑。

③ 同上书,卷三四七,嘉靖二十八年四月丁未。

④ 《大明会典》,卷五十七,《礼部十五》。

⑤ 《明史》,卷九十四,《刑法二》。

明如下：

例一：洪武三年(1370)秋七月丙辰，中书省左丞杨宪诸事不法，"太史令刘基并发其奸状及诸阴事，上大怒，令群臣按问。宪辞伏，遂与炳等皆伏诛。"①

例二：洪武十三年(1380)春正月甲午，"御史中丞涂节告左丞相胡惟庸与御史大夫陈宁等谋反及前看杀诚意伯刘基事。命廷臣审录，上时自临问之。"②

例三：洪武二十三年(1390)五月庚子，"监察御史复请按问太师李善长罪，并其从子佑伸。上不得已，下佑伸狱。会善长家奴仲廉等亦发善长素与惟庸往来状。……上曰：'太师辈果有是耶？'命廷臣讯之，具得实。群臣奏善长等当诛。上又不许，复令诸司官谳之。亨等皆具伏。"③

例四：洪武二十六年(1393)二月乙酉，凉国公蓝玉谋反，"玉乃密遣亲信召之，晨夜会私第，谋收集士卒及诸家奴，伏甲为变。约束已定，为锦衣卫指挥蒋瓛所告，命群臣讯状具实，皆伏诛。"④

皇帝亲鞫职官乙事，至洪武三十年(1397)始部分废止，仅行于武臣死罪案件。洪武三十年六月辛巳朔，"上谕刑部官曰：'自今论囚，惟武臣死罪，朕亲审之。其余不必亲至朕前，但以所犯来奏。'"⑤ 永乐以后，皇帝亲鞫重大职官犯罪案件之事例仍有，惟不多见耳。

明代文武职官如有重大功勋，皇帝得封其爵位。《大明会典》定曰："国初因前代之制，列爵五等。非有社稷军功者不封，子男后革。所封公侯伯，皆给诰券，或世，或不世，各以功次为差。"⑥ 公侯伯等爵位均系荣衔，有爵位者无论是否担任文官或武官，亦属广义之职官。兹附述于此。

二 审理与裁决

《大明律》第3条(八议)规定，八种具有特殊身分之人犯罪时，朝廷得斟酌情节，减免其刑或赦免其罪。八议之条始自曹魏，历代刑律均有此条文，《大明律》亦然。八议之人在实体法上有其特殊待遇，在程序法上亦有其特殊待遇。三品以上文武职官员属"议贵"范围，《大明律》第3条(八议)第七

---

① 《明太祖实录》，卷五十四，洪武三年秋七月丙辰。
② 同上书，卷一二九，洪武十三年春正月甲午。
③ 同上书，卷二〇二，洪武二十三年五月庚子。
④ 同上书，卷二二五，洪武二十六年二月乙酉。
⑤ 同上书，卷二五三，洪武三十年六月辛巳朔。
⑥ 《大明会典》，卷六，《吏部五》。

项明定,所谓"贵"是指"爵一品及文武职事官三品以上,散官二品以上者"。三品以上文武职官员适用《大明律》第4条(应议者犯罪)之规定。(详见前节)

《大明律》第5条(职官有犯)规定:

> 凡京官及在外五品以上官有犯,奏闻请旨,不许擅问。六品以下,听分巡御史、按察司叩取问明白,议拟闻奏区处。若府州县官犯罪,所辖上司不得擅自勾问。止许开具所犯事由,实封奏闻。若许准推问,依律议拟回奏,候委官审实,方许判决。其犯应该笞决、罚俸、收赎纪录者,不在奏请之限。若所属官被本管上司非理凌虐,亦听开具实迹,实封径直奏陈。

《大明律集解附例》本条纂注释曰:"京官兼大小而言,指四品以下及未入流者,若三品以上,则应议之人矣。有犯兼公私言,下条准此。奏闻请旨,谓径直参奏请旨提问也。闻奏区处,谓问完奏知候旨处分也。区是分别事情,处是决断其罪。"[①]

《大明令》刑令民官犯赃条规定:

> 凡六品以下官员,(除)犯赃罪至徒流者,台宪就便断罪外,其余干系处重罪名,并五品以上,追问明白,奏闻区处。杂犯六品以下,行省、按察司断决,五品以上,移文会议,申台奏闻。

据笔者考察,《大明律》第5条(职官有犯)是有实际效力的条文,而《大明令》刑令民官犯赃条的规定,永乐以后,似成具文。按洪武十三年,已废行中书省及御史台。洪武十五年,更置都察院。《大明令》之规定与实际上的官制并不符合,已无法遵行。

(一)文职官员案件

中下层文职官员案件,多系由刑部或都察院审理,奏闻皇帝裁决。兹举例说明如下:

例一:宣德五年(1430)三月丁卯,山西越城县知县张秉有罪案发,"行在刑部论,于律当斩。上曰:'县令民父母,当爱民如子,今以私意杀一家二人,

---

① 《大明律集解附例》,卷一,《应议者有犯条》。

是民贼也。无故伤人畜产,食人瓜果尚有罪,况杀人乎?斩之如律。'"①

例二:宣德六年(1431)九月乙亥,"温州府知府何文渊以乐清县知县徐文朴贪酒酷刑,杖杀无罪之人,械送至京。上命刑部罪之如律。"②

至于上层文职官员案件,则多系先由法司会同群臣鞫问,再由法司定拟判决意见,奏闻皇帝裁决。兹举例说明如下:

例一:宣德三年(1428)六月己亥,行在工部尚书吴中有罪案发,"锦衣卫指挥王裕知而不奏。事觉,命法司及群臣鞫问有验,法司论中监守盗官物,结交内官,当斩;裕不奏,当连坐。上曰:'中,皇祖旧臣,姑宥之,但罢其少保职,仍罚尚书俸一年,下裕于狱。'已而宥之。"③

例二:正统五年(1440)秋七月戊申,武安侯郑能有罪案发。"指挥张广等发其事,六科十三道交章劾之。上命多官鞫问,法司论罪赎斩,例当发充军。上曰:'能于法虽述,但念前人之劳,姑降为事官,发独立功赎罪。'"④

例三:天顺元年(1457)正月丁亥,"命斩于谦、王文、王诚、舒良、张永、王勤于市,籍其家。谪陈循、江渊、俞士悦、项文曜充铁领卫军,罢萧镃、商辂、王伟、古镛、丁澄为民。上初命群臣杂治谦及循等罪,群臣言:'谦与文、渊及诚、良、永、勤,景泰中串同故都督黄𤩽构成邪议,更立东宫,寻又逢迎黜汪后,循、镃、辂不能阻而附之。谦、文欲树私党,举文曜、伟、镛、澄进用。比因景泰皇帝不豫,在廷文武群臣合嗣请立皇储,而谦、文、诚、良、永、勤意欲别图,迟疑不决。已而群情欲迎皇上,乃图为不轨,纠合逆旅,欲擒杀总兵等官迎立外藩。循镃、辂、渊、士悦、伟、镛、澄、文曜俱知逆谋而不告言,谦等坐谋反,凌迟处死,循等坐谋反知情故纵斩'。章既上,越二日乃有是命。"⑤

例四:天顺元年(1457)正月甲午,"景泰初,(昌平侯杨)俊为宣府参将,分守永宁、怀来。闻北虏欲奉驾还,密戒军士毋轻纳。及驾还,又言:'是将为祸本。'俊又负气,与张轨等素不相能,至是,轨等数以俊为言。时俊已得罪,罢侯家居,遂征下锦衣卫狱,狱具,上曰:'俊情罪深重,论法当凌迟处死,姑斩之。其子珍革爵,发广西边卫充军。'"⑥

(二)武职官员案件

《大明律》第3条(八议)及第4条(应议者犯罪)除适用于文职官员外,

---

① 《明宣宗实录》,卷六十四,宣德五年三月丁卯。

② 同上书,卷八十三,宣德六年九月乙亥。

③ 同上书,卷四十四,宣德三年六月己亥。

④ 《明英宗实录》,卷六十九,正统五年秋七月戊申。

⑤ 同上书,卷二七四,天顺元年正月丁亥。

⑥ 同上书,卷二七四,天顺元年正月甲午。

亦适用于武职官员案件。此外，《大明律》第 6 条(军官有犯)亲定：

> 凡军官犯罪,从本管衙门开具事由,申呈五军都督府,奏闻请旨取问。若六部、察院、按察司并分司及有司,见问公事,但有干连军官及承告军官不公不法等事,须要密切实封奏闻,不许擅自勾问。若奉旨推问,除笞罪收赎,明白回奏,杖罪以上,须要论功定议,请旨区处。其管军衙门首领官有犯,不在此限。

《大明令》刑令军官犯赃条规定：

> 凡军官有犯取受,在内除都督府并各卫指挥、千户,从御史台奏闻,六品以下,议拟施行。在外监察御史巡历去处,军官有犯取受者,密切实封,呈台奏闻,区处施行。

据笔者考察,《大明令》刑令军官犯赃条的规定,永乐以后,似成具文。按洪武十三年,已废御史台。洪武十五年,更置都察院。《大明令》之规定与实际情形不符合。

关于武职官员案件的"奏闻请旨取问",洪武年间曾有多项补充规定：

1. 洪武三年(1370)六月丁卯,诏："自今武官有犯,非奏请不得逮问。"①

2. 洪武三年十二月戊辰,诏："军官有犯,必奏请然后逮问。"②

3. 洪武十四年(1381)二月甲申,诏刑官："自今武官三品以上有犯者,必奏请得旨,乃鞫之。四品以下有犯,所司就逮问定罪议功,请旨裁决。若文职有犯,干涉武官三品以上者,亦须奏请,毋擅问。"③

洪武年间,五军都督府原设有断事官,掌理武职官员案件。建文中,革断事官及五司官,明成祖即位,亦未复设。武职官员案件已移由刑部及都察院审理。关于直隶及各省武职官员案件之审,各省都指挥使司,其下仍设有断事司,而直隶各卫指挥使司仍设有镇抚司。各省都指挥使司断事司与直隶各卫指挥使司镇抚司审理武职官员案件完结后,应奏闻皇帝,送刑部或都察院复核。关于京师武职官员案件之审理,或由刑部或都察院初审,大理寺复审。或由三法司会审,或由多官会审。兹举例说明如下：

---

① 《明太祖实录》,卷五十三,洪武三年六月丁卯。

② 同上书,卷五十九,洪武三年十二月戊辰。

③ 同上书,卷一三五,洪武十四年二月甲申。

例一：宣德五年(1430)秋七月辛酉，松潘卫指挥吴玮有罪案发，"(都察院)四川道御史论玮应斩，上命公、侯、伯、五府、六部、都察院、大理寺、锦衣卫、六科给事中会问，还奏，玮皆引伏。上曰：'死有余责矣。'命斩于市，籍其家。"①

例二：天顺八年(1464)二月丙申，"贵州都匀卫带俸都指挥佥事门达有罪，论斩系狱。达既被调，科道官以其罪不止此，交章劾之。有旨命都察院会五府、六部、通政司、大理寺、六科、十三道官廷鞫之。……上命达坐斩，如所拟律，追其家私以万计。"②

例三：成化二十三年(1487)七月乙巳，都指挥使朱远与指挥周铎妻张氏有奸情，周铎恶张氏，出之。张氏遂谋于远，诬告周铎杀人于缉事官校。"事闻，命三法司、锦衣卫官会鞫。铎苦拷讯，不得已诬服。上览狱案疑焉，命从公会鞫于廷，毋得顾忌枉人。会铎家方击登闻鼓诉冤，乃逮远等廷鞫之，犹未有以白也。上复命司礼监官监鞫，始尽得陷铎状。兴竟坐罪，远冠带闲住。其余连坐者拟罪有差。"③

第三节　京控案件

一　序　言

所谓"京控"是指直隶及各省军民人等赴京师呈控。依《大明律》第355条(越诉)规定："凡军民词讼，皆须自下而上陈告。若越本管官司，辄赴上司称诉者，笞五十。若迎车驾及击登闻鼓申诉而不实者，杖一百；事重者，从重论，得实者，免罪。"依本条规定，直隶及各省军民人等京控前，须自下而上陈告。直隶及各省案件经地方司法审判机关审理完结后，当事人或其亲属如认原审审断不公，得赴京师呈控，谓之"京控"。京控与上控不同，京控系指当事人或其亲属赴京师呈控，上控则系指当事人或其亲属赴地方各级衙门逐级呈控。

直隶及各省军民人等赴京师呈控，有向通政使司递状呈控者，有击登闻鼓呈控者，有直接向皇帝叩阍者(叩阍又有多种方式)。就广义言之，依上述方式呈控者，均可谓之京控案件。但为便利起见，本节所述之京控案件不包

---

① 《明宣宗实录》，卷六十八，宣德五年秋七月辛酉。
② 《明宪宗实录》，卷二，天顺八年二月丙申。
③ 同上书，卷二九二，成化二十三年七月乙巳。

括叩阍案件。京师军民人等亦得击登闻鼓呈控,但此种案件非属本节所述之京控案件。

关于明代设置登闻鼓一事起于洪武元年(1368)。洪武元年十二月已巳,"置登闻鼓于午门外,日令监察御史一人监之。凡民间词讼皆自下而上,或府、州县省官及按察司不为伸理,及有冤抑重事不能自达者,许击登闻鼓,监察御史随即引奏,敢沮告者死。其户婚、田土细事皆归有司,不许击鼓。"① 后登闻鼓直鼓工作移至六科。《明史·刑法志》所载大致相同,兹不赘引。

宣德二年六月丙子,"直登闻鼓给事中以所受词上闻。上因谕之曰:'朝廷虚刑狱有冤,下情不能达,故设登闻鼓。然前代置院设官,托耳目于一人,非兼听广览之道。我国家命六科给事中轮直,最得其当。尔等无畏权势,无易孤茕,惟其所言,即时为达。庶几事无壅蔽,幽隐毕闻。况给事中为朝廷近侍,诚能效职,当显用。尔无或阿比,以忝所任。'"②

二　审理与裁决

关于六科受理登闻鼓案件之程序,《大明会典》定曰:"凡登闻鼓楼,每日各科轮官一员。如有申诉冤枉,并陈告机密重情者,受状具题本封进。其诉状人先自残伤者,参奏。"③ 六科给事中具题本封进奏闻皇帝时,应定拟受理或不受理意见,供皇帝裁决。

关于通政使司受理登闻鼓案件之程序,直隶及各省军民人等赴通政使司递状呈控时,通政使司应将"陈情伸诉"案件奏闻皇帝,亦应定拟受理或不受理意见,供皇帝裁决。

六科给事中或通政使定拟受理或不受理意见,应依《大明律》及《问刑条例》办理。《大明律》第 355 条(越诉)明定违反者应予刑罚。惟何者应受理,何者不应受理,《大明律》并未明文规定。《问刑条例》则有多项规定,明定京控案件之受理或不受理。《问刑条例》越讼条附例规定:

(一)江西等处客人在于各处买卖生理,若有负欠钱债等项事情,止许于所在官司陈告,提问发落。若有蓦越赴京奏告者,问罪,递回。奏告情词,不问虚实,立案不行。

(二)凡土官衙门人等,除叛逆机密,并地方重事,许差本等头目赴京奏

---

① 《明太祖实录》,卷三十七,洪武元年十二月己巳。
② 《明宣宗实录》,卷二十八,宣德二年六月丙子。
③ 《大明会典》,卷二一三,《六科》。

告外,其余户婚、田土等项,俱先申合干上司,听与分理。若不与分理及阿徇不公,方许差人奏告,给引照回,该管上司,从公问断。若有蓦越奏告,及已奏告,文书到后三月,不出官听理,与已问理,不待归结,复行奏告者,原词俱立案不行。

(三)各处军民词讼,除叛逆机密等项重事,许其赴京奏告,其有亲邻全家被人残害及无主人命,官吏侵盗系官钱粮,并一应干己事情,俱要自下而上陈告。若有蓦越奏告者,俱问罪。……若将不干己事,混同开款奏告者,法司参详,止将干己事件开款施行,其不干己事者,明白开款,立案不行。

(四)为事官吏、军民人等,赴京奏诉一应事情,审系被人奏告,曾经巡抚、巡按或两京法司见问未结者,仍行原问各该衙门,并问归结。若曾被人在巡抚巡按官或两京法司具告,事发却又朦胧赴隔别衙门告理,或隐下被人奏告缘由,牵扯别事赴京奏行别衙门勘问者,查审明白,俱将奏告情词,立案不行。仍将犯人转发原问衙门,收问归结。若已将巡抚、巡按官或两京法司问结发落,人犯赴京奏诉冤枉者,方许改调无碍衙门,勘问办理。

(五)各处军民奏诉冤枉事情,若曾经巡按御史、布、按二司问理,及法司查有原行见监重囚,或在配所拘役等项,令家人抱赍奏告者,免其问罪,给引照回。其被人诬枉重情,见监未结,法司查无原行者,并军役、户婚、田土等项干己事情,曾经上司断结不明,或亲身及令家人、老幼、妇女抱赍奏告者,各问罪,给引照回,奏词转行原籍官司,候人到提问。

登闻鼓案件如奏旨钦依(即同意受理),各科直鼓官应将鼓状(鼓下词状)批送问刑衙门,或送刑部,或送都察院。刑部或都察院处理京控案件,或奏请皇帝差官赴直隶或外省调查审理京控案件,或奏请皇帝发交直隶或外省官员处理,"系按察司问结者,行于巡按;巡按问结者,行于巡抚,或行南京法司问理。"[1]

又击鼓鸣冤一事,常被京师奉旨处决人犯(含立决人犯及秋后处决人犯)家属利用,藉以拖延执行死刑并期望获得复审机会。《明宣宗实录》载:[2]

> 宣德五年(1430)十二月丁亥,直登闻鼓给事中年富奏:"重囚二十七人以奸盗当决,击鼓诉冤切详。各犯临刑畏死,烦渎朝廷,不可宥。"上曰:"登闻鼓之设,正以达下情,何谓烦渎? 自今凡死囚击鼓诉冤者必

---

① 见《大明律直引》所载《问刑条例》,转引自黄彰健:《明代律例汇编》,下册,第992页。
② 《明宣宗实录》,卷七十三,宣德五年十二月丁亥。

如例录词以进,令法司与辩,若蒙蔽及阻遏,罪直鼓者。"

弘治年间,《大明会典》定曰:"如决囚之日,有(击登闻鼓)诉冤者,受状后,批校尉手传令停决候旨。"① 本项规定颁行后,京师待决死囚家属常利用本项规定于决囚当日击鼓鸣冤,滋生弊端。嘉靖七年(1528)遂修定为:"重囚家属于临决前一日,即诉鼓状,薄暮封进。"② 万历年间,击鼓喊冤者众,弊端丛生。万历十八年(1590)四月癸酉,禁擅击登闻鼓。令各王府宗事军民人等,非系重大事情,蓦越禁地击鼓称冤者,依律重惩。③

关于京控案件之情形,兹举例说明如下:

例一:宣德六年(1431)十一月己丑,"初,福建汀州府知府宋忠还乡,过黄州遇劫盗被杀,忠子瑛闻于官,而所乘舟漂流至黄石港,港旁居民陈礼等十有七人毁而分之。官遣人捕盗,得所毁舟板,遂执礼等为盗,械送至京。都察院悉坐劫盗死罪。礼等屡述冤抑,都察院行湖广复勘,巡按御史陈沐及三司官不为详核,皆指为实盗。礼既死狱中,余俟决。礼之弟复击登闻鼓诉冤。上遣监察御史胡智往湖广,同三司堂上公正官躬至其地询察。"④

例二:正德十年(1515)冬十月己卯,监察御史李穗巡按山西,拷讯刘澄等人致死,又笞死连瑀等人,"澄子瑶,宁化王府仪宾也,使人击登闻鼓诉冤,瑀家亦赴诉。诏以人命至重,遣刑部郎中徐珙及锦衣卫官往按之。"⑤

第四节　叩阍案件

一　序　言

所谓"叩阍"是指军民人等诣阙自诉,即向皇帝申诉冤枉。依笔者考察,明代叩阍之方式主要有二:一为赴宫门叫诉冤枉,一为迎车驾申诉。叩阍者或为京师军民人等,或为直隶及各省军民人等。直隶及各省军民人等叩阍,就广义言之,亦系京控案件。但为便利起见,上节所述之京控案件不包括本节所述之直隶及各省军民人等叩阍案件。

---

① 《大明会典》,卷二一三,《六科》。
② 同上。
③ 《明神宗实录》,卷二二二,万历十八年四月癸酉。
④ 《明宣宗实录》,卷八十四,宣德六年十一月己丑。
⑤ 《明武宗实录》,卷一三〇,正德十年冬十月己卯。

二 审理与裁决

因叩阍案件方式不同,其审理程序亦稍有不同。兹分述如下:

(一) 赴宫门叫诉冤枉:

《问刑条例》越诉条附例规定:"擅入午门、长安等门内,叫诉冤枉,奉旨勘问得实者,问罪,枷号一个月。若涉虚者,仍杖一百,发口外卫分充军。其临时奉旨,止将犯人拿问者,所诉情词不分虚实,立案不行。仍将本犯枷号一个月发落。"依本条规定,军民人等赴宫门叫诉冤枉,原则上应予受理。惟无论案件虚实均有刑罚。实者,枷号一个月。虚者,杖一百,发口外卫分充军。兹举例说明如下:

例一:成化四年(1468)五月庚午,"山东费县知县殷礼为人所诬,事下按察司逮问,县民走京师伏阙讼其冤者前后数百人,并列上其所行便民二十二事。诏都察院议之。"①

例二:成化十八年(1482)十一月辛亥,陕西巩昌卫指挥使王昶有罪案发,"都察院奏,移巡抚都御史委官按问,坐昶监守自盗罪。昶复令家人讼冤阙下,差锦衣卫千户李珑往讯之,得实,昶以公事杖杀人罪当徒,他事皆诬。珑还奏,因劾各委官按罪失当。得旨:'俱下巡按御史治罪,余悉准拟。'"②

例三:正德六年(1511)六月丙戌,大理寺评事洪聪,"以进士还乡,同里人有讼,疑聪主之,随聪至京,怀奏词于长安西门,候聪朝退,持之声冤,校尉执其人以闻,与聪俱下锦衣狱,寻递福建勘问,坐聪请托,降二级调外。"③

例四:正德十三年(1518)二月癸卯,"初宝抵人薛凤鸣者,既以罪削仕籍家居,无赖益甚,出入诸贵幸门下,倚凭声势,而(掌锦衣卫事)朱宁通其爱妾,故尤庇之,尝与弟凤翔有怨,嗾缉事者发其阴事,收诣刑部,当刑部拟有冤,并捕凤鸣鞫之,凤鸣使其妾怀状赴长安门诉屈,因自缢死。门者以状闻,仍坐凤翔死,而出凤鸣。"④

(二) 迎车驾申诉:

《大明律》第 215 条(冲突仪杖)规定:"凡有申诉冤抑者,止许于仗外俯伏以听。若冲入仪仗内而诉事不实者,绞。得实者,免罪。"依本条规定,军民人等迎车驾申诉,原则上应予受理。但弘治十三年《问刑条例》冲突仪仗

---

① 《明宪宗实录》,卷五十四,成化四年五月庚午。

② 同上书,卷二三四,成化十八年十一月辛亥。

③ 《明武宗实录》,卷七十六,正德六年六月丙戌。

④ 同上书,卷一五九,正德十三年二月癸卯。

条附例:"圣驾出郊,冲突仪仗,妄行奏诉者,追究主使、教唆捏写本状之人,俱问罪,各杖一百,发边卫充军。所奏情词不分虚实,立案不行。"依本条规定,则军民人等迎车驾申诉,所奏情词,立案不行,即不予受理。是则弘治十三年以后,《大明律》第 215 条(冲突仪仗)受理军民人等迎车驾申诉之规定,已成具文。兹举例说明如下:

案例:成化二十二年(1486)十一月丙寅,"四川按察司副使王轼按嘉定州同知盛崇仁赃罪,崇仁逃赴京,使其弟俟驾出称冤伏前,锦衣卫执之。命刑部郎中同锦衣卫百户往会巡按御史逮轼验问,崇仁实未尝受赃,但坐诬告人罪当徒;轼以风宪官失入人罪当杖。因械至京,下刑部重鞫。得旨:'准拟崇仁赎罪毕,降官二级,调除边任。'"①

此外,《问刑条例》越讼条附例规定:

　　在外刁徒,身背黄袱,头插黄旗,口称奏诉,直入衙门,挟制官吏者,所在官司,就拿送问。若系干己事情及有冤枉者,照常发落。不系干己事情,别无冤枉,并追究主使之人,一体问罪。属军卫者,俱发边卫充军;属有司者,俱发口外为民。

依本条规定,明代禁止军民人等直接向皇帝奏诉,违反者应问罪。军民人等拟直接向皇帝奏诉,虽非叩阍案件,但因有类于叩阍案件,特附述于此。

---

① 《明宪宗实录》,卷二八四,成化二十二年十一月丙寅。

第六章　结　　论

第一节　明代中央司法审判制度的特点

明太祖驱逐蒙元,建立大明帝国。明代的政治制度(含司法审判制度,以下同),上承宋元,下启有清,具有关键性的地位,明代的政治制度继受了宋元政治制度的架构,但也创制了若干新的政治制度。这些政治制度上的变革不但对明代的政治发生巨大影响,也对明代的司法审判发生重大影响。在君主政治的时代,政治制度的变革必然影响到司法制度。

明代的司法审判制度有继受前朝的,也有明代创制的。继受前朝的部分并不是全盘继受,而是有所损益。至于明代创制的部分,更成为明代司法审判制度的特点,这些司法审判制度上的特点又为清代所继受,深刻影响到清代的司法审判制度。

明代中央司法审判制度有下列特点:

一　皇帝直接统领三法司,皇帝拥有最高的司法审判权

洪武十三年(1380)胡惟庸案件发生后,明太祖罢中书省,废宰相,由皇帝直接统领六部。太祖及成祖时期尚能直接裁决章奏,宣德以后,内外章奏多先由内阁票拟,再呈皇帝裁决。明代内阁系皇帝之秘书处,内阁大学士则类似皇帝之秘书,内阁大学士之主要职掌为“票拟”,明代内阁因掌握票拟权,故其权力日益扩大。三法司有关司法审判之章奏,须经内阁大学士票拟,再送皇帝裁决。

明代皇帝勤政者少,内外章奏内阁票拟后,多委由司礼监太监代批。司礼监太监因取得“批红”权,其地位遂凌驾于内阁之上。明太祖罢中书省,废宰相的结果是,国家的统治权力相当程度地落入司礼监的手中,司礼监太监藉著皇帝的名义,参与司法审判,影响司法审判。明代的“帝权”没有“相权”的制约,帝权的发展达到极致,帝权成为至高无上的,在司法审判上也是如此。

二　三法司组成"平行的两组司法审判系统"，一组由刑部及大理寺组成，一组由都察院及大理寺组成

《明史·刑法志》曰："三法司曰刑部、都察院、大理寺。刑部受天下刑名，都察院纠察，大理寺驳正。"①《明史·刑法志》对于三法司职掌分工的叙述过于简略，无法正确叙述三法司职掌分工的实际状况。关于都察院的职掌，仅用"纠察"一词概括是绝对不足的。都察院是一个兼理刑名的司法审判机关，其重要性与刑部难分轩轾。

洪武年间因大理寺多次反复革置，且因设磨勘司及审刑司，故三法司之职掌分工，未有定制。洪武二十六年（1393），明太祖颁行《诸司职掌》，《诸司职掌》一书对于三法司的职掌分工作了明确的规定。

依《诸司职掌》的规定，三法司组成"平行的两组司法审判系统"。一组由刑部及大理寺组成，审理之案件以民人案件为主，职官案件次之。一组由都察院及大理寺组成，审理案件以职官案件为主，民人案件次之。

就直隶及各省案件而言，刑部或都察院职司第一次复核，大理寺职司第二次复核，再奏闻皇帝裁决。就京师案件而言，刑部或都察院职司初审，大理寺职司复审。又就京师案件而言，明人称刑部及都察院为"问刑衙门"，称大理寺为"审录衙门"。刑部及都察院官员常被称为"问刑官"，大理寺官员常被称为"审录官"。

洪武二十九年（1396），大理寺又罢，故《诸司职掌》所定的制度并未能继续施行。建文初复置大理寺，永乐初仍置大理寺。但永乐年间，三法司并未依《诸司职掌》运作。迟至永乐十九年（1421）始奏准："刑部、都察院问拟囚犯，仍照洪武年间定制，送本寺审录发遣。"② 自永乐十九年后，明政府正式全面施行"平行的两组司法审判系统"，这两组司法审判系统基本上沿用至明末。惟刑部及大理寺的一组，其司法审判权日渐增大，反之，都察院及大理寺的一组，其司法审判权日渐减小。

三　刑部的组织变更，编制扩大，设十三司，分掌京师、直隶及各省刑名案件之审理

刑部在唐宋时期编制不大，唐代刑部设刑部司、都官司、比部司及司门司等四司，掌"天下刑法及徒隶、勾复、关禁之政令。"宋代元丰改制后，刑部

---

① 《明史》，卷九十四，《刑法二》。
② 《大明会典》，卷二一四，《大理寺》。

亦设刑部司、都官司、比部司及司门司等四司,其职掌与唐代四司略同。洪武六年(1373),刑部设总部、比部、都官部、司门部等四子部,洪武二十三年(1390)分四部为河南、北平、山东、山西、陕西、浙江、湖广、广东、广西、四川、福建十二部。洪武二十九年(1396)改为十二清吏司,宣德十年(1435),定为十三清吏司。各清吏司,郎中一人,员外郎一人,主事二至三人,官员人数达六十一人。①

唐宋时期,刑部所属四司系依业务性质而分工。明代刑部,起初亦分为四司,与唐宋刑部相同。洪武二十三年(1390),明代刑部组织变更,编制扩大,不再依业务性质而分工,改依地方机关设置情形(十三布政使司)而分工,刑部十三司分掌京师、直隶及各省刑名案件之审理。明代的这项变革,改变了唐宋以来刑部所属机构的设置情形。明代的这项变革是因应当时的需要,基本上是一项有价值的变革。

就直隶及各省案件而言,刑部职司第一次复核。就京师案件而言,刑部职司初审。刑部是专理刑名的司法审判机关,与都察院之兼理刑名不同,亦与大理寺之仅司"驳正平反"不同。正德以后,刑部之权扩张。《大明会典》载:"近例,凡奉旨送法司问者,由本寺详审具题。送刑部拟罪者,则该部径题。"②(此所谓近例,应系指正德初年。)正德初年,部分京师重大案件由二审变为一审,得由刑部审理完结后,不经大理寺复审,直接具题皇帝裁决。这种由刑部审理后迳题皇帝的方式,较为快速便捷,有利于京师案件之速审速决,皇帝乐于采行,正德以后"部权特重",即系因此之故。

四 都察院的组织变更,编制扩大,设十三道,分掌京师、直隶及各省刑名案件之审理

御史台在唐宋时期编制不大,唐代御史台设台院(四人)、殿院(六人)及察院(十人)等三院。宋代元丰改制后,御史台亦设台院(一人)、殿院(二人)及察院(六人)等三院,职官人数更少。元代御史台则扩大组织,除中央设御史台(中台)外,于地方设二行御史台(南台及西台)及二十二道提刑按察司(后改称肃政廉访司),组织编制较唐宋大为增加。

吴元年(1364)置御史台,洪武十三年(1380)罢御史台。洪武十五年(1382)更置都察院,设监察御史八人,秩正七品。分监察御史为浙江、河南、山东、北平、山西、陕西、湖广、福建、江西、广东、广西、四川十二道。

---

① 参见《大明会典》,卷二,《吏部一》。
② 同上书,卷二一四,《大理寺》。

宣德十年(1435),始定为十三道。十三道监察御史一百十人,浙江、江西、河南、山东各十人,福建、广东、广西、四川、贵州各七人,陕西、湖广、山西各八人,云南十一人。①

唐宋时期,御史台所属三院系依业务性质分工。明代都察院组织变更,编制扩大,不再依业务性质分工,改依地方机关设置情形(十三布政使司)而分工,都察院十三道分掌京师、直隶及各省刑名案件之审理,这项变革扩大了明代都察院的权力。在司法审判上,都察院是兼理刑名的司法审判机关,都察院及大理寺组成一组司法审判系统。

就直隶及各省案件而言,大多数案件(以民人案件为主)固由刑部职司第一次复核,但少数案件(以职官案件为主)系由都察院职司第一次复核。就京师案件而言,大多数案件(以民人案件为主)固由刑部职司初审,但少数案件(以职官案件为主)系由都察院职司初审。

正德以后,都察院有关京师案件的司法审判权逐渐缩小。明代都察院设有监狱,原设有狱官六人,嘉靖八年(1529),革三员。万历九年(1581),再革一员,并停止进用一员,故仅余狱官一员。② 由狱官人数的急遽删减,可以得知因都察院所审理之京师案件数量减少,以致狱囚减少。据笔者考察,嘉靖以后,都察院及大理寺这一组司法审判系统已居于次要地位。

五 大理寺恢复设置,掌理京师案件之复审暨直隶及各省案件之第二次复核

元以少数民族入主中国,对于金及南宋的司法制度并未完全继受。元代不设大理寺,其可能原因是认为大理寺与刑部的职掌重叠,并无需要单独设置。大理寺是由古代廷尉系统演变而来的司法审判机关,有其历史传统上的意义,故明太祖建国后,即恢复设置大理寺。

元代不设大理寺达九十年,大理寺在司法审判上的历史经验无法传承。明太祖虽恢复设置大理寺,但明初君臣对于唐宋大理寺司法审判上的运作,似乎所知有限。大理寺应否设置及其职权与定位,洪武、永乐年间始终无法确定。

吴元年置大理司,洪武元年(1368)革。洪武十四年(1381)复置大理寺,洪武二十九年(1396)又罢。建文初复置,永乐初仍置大理寺。③ 大理寺的反

① 《明史》,卷七十三,《职官二》。
② 参见《大明会典》,卷二,《吏部一》。
③ 参见《明史》,卷七十三,《职官二》。

复革置,表明大理寺存废问题困扰著明太祖。洪武二十六年(1393),明太祖颁行《诸司职掌》,初步确定了三法司的职掌分工,也初步确定了大理寺的定位。但洪武二十九年,大理寺又被罢革,《诸司职掌》规定的典制未能继续施行。据笔者考察,自永乐十九年(1421)起,《诸司职掌》规定的典制才恢复施行,大理寺的职权与定位自此获得确定。

就直隶及各省案件而言,刑部或都察院职司第一次复核,大理寺职司第二次复核。就京师案件而言,刑部或都察院职司初审,大理寺职司复审。弘治以前,大理寺审理(复审)京师案件时,人犯应到大理寺。正德以后,大理寺审理(复核)京师案件时,"人犯俱不到寺"。言词审理成为书面审理,大理寺司法审判权因之缩减。

明代大理寺是慎刑机关,其主要职掌是驳正及平反冤狱,与唐宋大理寺的职掌差异极大。就京师案件而言,三法司中,刑部及都察院是问刑衙门,大理寺是审录衙门。二法司官员是问刑官,大理寺官员是审录官。但事实上,洪武二十六年,《诸司职掌》所定大理寺"参驳"、"番异调问"及"圆审"等规定,正德以后,极少遵行,几成具文。

六 "三法司会审(会核)"进一步制度化,成为明代司法审判的重要方式

唐代"三司推事"是由刑部、都察院及大理寺共同审理皇帝交议的重大案件。唐代"三司推事"是临时性的审判方式,并非常态,亦非制度。唐代的"三司推事"至多多可以认为是一种司法审判上的惯例。宋代元丰改制后,亦有不少"三司推事"事例,但亦非制度化的作法。换言之,宋代的三司推事也只是惯例而已。

明代重新建置中央三法司后,为了迅速审理京师案件起见,京师案件"三法司会审"方式。三法司会审(会核)是中央三个司法审判机关共同审理案件,有合议制的精神。执行上未必理想,但立意是好的。

律例或典制上应无三法司会审有关规定,惟永乐以后,即有三法司会审事例。据笔者考察,永乐至成化年间,三法司会审均系出于皇帝之谕旨。弘治年间,《大明会典》始首度明文规定三法司会审。

明代的三法司会审制度,或为第一审,或为第二审,或为第三审,它以多种形式出现,并未完全定型。明代的三法司会审制度为清代所承袭,成为清代京师死罪案件的必要审判方式。

七 内阁有票拟权,得参与司法审判

中国自古以来,历代丞相均参与司法审判。历代丞相的司法审判权时大时小,惟确有司法审判权。丞相(或丞相机关)虽非狭义的司法审判机关,但确系广义的司法审判机关。秦汉两代,丞相因"掌丞天子,助理万机",故得参与司法审判。一般言之,仅参与重大案件之司法审判而已。晋设尚书省,亦参与司法审判。唐代行三省制,三省长官俱为宰相,得复核三法司呈报之司法案件。宋代仍行三省制,宋神宗元丰改制后,三省长官复核三法司呈报之司法案件之情形,与唐代大体相同。元代行一省制,中书令亦得复核法司呈报之司法案件。故在明太祖洪武十三年以前,丞相(或丞相机关)得参与司法审判,系广义的司法审判机关。

明太祖洪武十三年,罢中书省,废丞相。另设殿阁大学士协助皇帝处理题奏本章,并进而协助皇帝处理国家政务(含司法审判)。历代丞相(或丞相机关)所拥有的司法审判权,明代内阁大学士(或内阁)大体上也都拥有。明代内阁大学士(或内阁)协助皇帝行使司法审判权,或是公开的(显性的),或是不公开的(隐性的)。

明代内阁是明代创制的政治制度,它对于明代的政治制度有巨大影响,也对于明代的司法审判制度有所影响。三法司是狭义的司法审判机关,内阁则属于广义的司法审判机关。

在典制下,阁臣没有司法审判权,但透过票拟权,阁臣取得了司法审判权。又阁臣如能取得皇帝之信任与授权,阁臣即能取得生杀予夺之权。

内阁大学士之主要职掌,系为皇帝处理题本,大多数有关司法审判之题本均经由内阁大学士票拟。透过票拟,内阁大学士得以参与司法审判,内阁大学士得以审核三法司所定拟之决定是否允当或合法。

内阁大学士等司法审判上之职权有四:

(一)复核各省、直隶及京师案件。

(二)奉旨会审京师死罪案件(即天顺以后之朝审案件)。

(三)奏旨会审大狱(即重大案件)。

(四)皇帝最终裁决时提供有关司法审判之处理意见。

八 司礼监常获皇帝授权,代表皇帝批朱,得参与司法审判

明太祖朱元璋于洪武十三年(1380)胡惟庸案后,罢中书省,废宰相,由皇帝直接统领六部,处理国家政务。但国家政务繁剧,各部院及各省每日具题之题本数量高达二三百本以上。在洪武及永乐时期,已开始进用翰林学

士数人,票拟内外章奏,呈皇帝裁决。此即所谓"票拟"。宣德以后,历朝皇帝不如太祖及成祖之勤政。内阁票拟之后,亦鲜少亲批,大多委由司礼监代为批红,即委由司礼监太监以朱笔批于章奏之上。司礼监太监因取得代皇帝批红之权,遂成为皇帝以外最有权力之人。皇帝的司法审判权也落入司礼监之手。

司礼监与内阁都是皇帝的秘书机关,司礼监属内廷,内阁属外廷。明代朝廷内外所有章奏,先由内阁票拟,送文书房(管文书官),再送司礼监(掌印太监或秉笔太监)核阅,再送皇帝御览。皇帝御览后,除少数章奏亲批外,绝大部分章奏,皇帝授权司礼监(掌印太监或秉笔太监)批朱,批朱后再送文书房(管文书官),再送内阁知悉。从这个公文处理过程中,可以看出司礼监是处于承上启下的重要地位。

就司法审判而言,三法司就京师徒罪以上案件或直省死罪案件拟罪后,以题本奏闻于皇帝,先经内阁票拟,再由司礼监(掌印太监或秉笔太监)代表皇帝批朱。经过这样的程序,司法案件才得到了最终的裁决。司礼监代表皇帝批朱,决定司法案件题本是否发生效力,其重要性可知。

在司法案件题本的批朱外,司礼监(掌印太监等)还有许多其他有关司法审判的职权,如(一)奉旨会审大狱,(二)奉旨主持五年大审,(三)奉旨会审热审案件。此外,司礼监提督太监还拥有对所有二十四衙门的宦官犯罪案件的司法审判权。由司礼监这些有关司法审判的职权看来,司礼监虽非狭义的司法审判机关,但确系广义的司法审判机关。

又司礼监(掌印太监或秉笔太监)得直接掌控东厂。京师或直省的一切情节重大案件,均由东厂(或锦衣卫)审讯在先,审讯完结后,方移送三法司拟罪,再奏闻皇帝裁决,多由司礼监代表皇帝批红。

九 东厂是侦缉衙门,得奉旨会审大狱

东厂是明代司礼监直属的侦缉衙门。永乐七年(1409)"始令中官刺事"[①]。永乐十八年(1420)"始设东厂"[②]《明史·职官志》曰:"提督东厂,掌印太监一员,掌班、领班、司房无定员。贴刑二员,掌刺缉刑狱之事。旧选各监中一人提督,后专用司礼(监)秉笔(太监)第二人或第三人为之。"[③]

东厂最高长官为掌印太监,全称为"钦差提督东厂官校办事太监",简称

---

① 《明会要》,卷三十九,《职官十一》。
② 《明史》,卷七,《成祖三》。
③ 同上书,卷七十四,《职官三》。

"提督东厂",又尊称为"督主"或"厂公"。提督东厂的掌印太监之下,设有掌刑千户、理刑百户各一员。档头百余名,番子千余名。《明史·刑法志》则曰:"凡中官掌司礼监印者,其属称之曰宗主,而督东厂者曰督主。东厂之属无专官,掌刑千户一,理刑百户一,亦谓之贴刑,皆(锦衣)卫官。其隶役悉取给于(锦衣)卫,最轻黠狡巧者乃拨充之。役长曰档头,帽上锐,衣青素褋褶,系小絛,白皮靴,专主伺察。其下番子数人为干事。"[①]

东厂于司法审判上亦有其职权,除侦查阶段不论外,东厂于审判阶段有:1.移送拟罪,2.监视审讯,3.奉旨会审大狱等权力。东厂移送京师案件至刑部或都察院时,二法司畏东厂,不敢更易案情或罪名,常依东厂侦讯所得,定拟罪名。

十　锦衣卫亦系侦缉衙门,常与三法司共同审理案件,其司法审判权与三法司相当

锦衣卫是与东厂齐名的侦缉衙门,"东厂"和"锦衣卫"合称"厂卫"。《明史·刑法志》曰:"(锦衣)卫之法亦如厂,然须具疏乃得上闻,以此,其势不及厂远甚。"[②] 东厂与锦衣卫恒相勾结,狼狈为奸。

锦衣卫为上二十六卫之一,属于亲军卫,亲军诸卫职司"分掌宿卫"。但锦衣卫与他卫不同,职掌有异,地位亦特别重要。《明史·职官志》曰:"锦衣卫主巡察、缉捕、理诏狱,以都督、都指挥领之,盖特异于诸卫焉。"[③] 锦衣卫原系军事机关,但因皇帝之信任,职掌扩大至司法审判。

《大明会典》曰:"洪武十五年,设镇抚司。……其北镇抚司,本添设,专理诏狱。"[④] "锦衣卫狱"(或简称锦衣狱)实即"北镇抚司狱"(或简称镇抚司狱),亦即世所称"诏狱"。皇帝将职官交付审判前,常先将职官"下诏狱"。北镇抚司隶属于锦衣卫,就体制上言,北镇抚司应由锦衣卫指挥使监督,镇抚应听命于卫指挥使,实则不然。

明代成化以后,北镇抚司独立性及权力愈来愈大。《明史·刑法志》即曰:"(成化)十四年增铸北司印信,一切刑狱毋庸白本卫。即卫所行下者,亦径自上请可否,卫使毋得与闻。故镇抚职卑而其权日重。"[⑤]

明代法定的审判机关是三法司。依体制言,锦衣卫审讯之后,须送三法

① 《明史》,卷九十五,《刑法三》。
② 同上。
③ 同上书,卷七十六,《职官五》。
④ 《大明会典》,卷二二八,《上二十二卫》。
⑤ 《明史》,卷九十五,《刑法三》。

司拟罪。但实际上,锦衣卫权力极大,三法司的拟罪权被直接或间接的侵夺。直接的侵夺是由皇帝直接授权锦衣卫拟罪,不交由三法司拟罪。间接的侵夺是由锦衣卫移送法司拟罪时附以参语(拟罪意见),三法司畏其权势,不敢变更平反,锦衣卫等于有了准拟罪权。锦衣卫有拟罪权及准拟罪权,实系司法审判机关。

第二节　明代中央司法审判制度的缺失与弊病

明太祖建立大明帝国后,期望恢复唐宋旧制,建立一套可大可久的典章制度(包括司法审判制度),为大明帝国奠定千秋万世的基业。洪武十三年,罢中书省,废宰相,政归六部,由皇帝直接统领六部。洪武二十六年,颁行《诸司职掌》,详细规定了三法司的职掌分工,初步建立明代中央司法审判制度。洪武三十年,颁行《大明律》。

弘治十五年(1502),《大明会典》纂成。正德四年(1509)颁行。《大明会典》,系依《诸司职掌》一书发展而成,以六部职官为纲,分述各衙门的职掌及历年事例。在三法司的条目下,明确规定三法司的组织及职掌,完整建立明代中央司法审判制度。

明代中央司法审判制度之建立,是以《诸司职掌》、《大明律》、《问刑条例》及《大明会典》等典制的规定为基础的,体系完备,规模宏大。但这一套中央司法审判制度有其缺失,亦有其弊病。兹分述如下:

一　皇帝独揽国家大权(含司法审判权),得最终裁决司法案件

明太祖洪武十三年,罢中书省,废丞相,政归六部。一切国家政务,皇帝亲自裁决,大权独揽,明代皇帝的权力达于有史以来的巅峰。帝权与相权相互制衡的机制完全丧失,帝权成为至高无上的权力。在司法审判上,皇帝容易滥用其有关司法审判的权力。

明代的皇帝在司法审判上有着巨大的权力,无论在侦查、审判及执行中,皇帝的裁决是具有决定性的。以京师案件而言,在侦查阶段,皇帝可以命锦衣卫或东厂拘拿、逮捕、缉捕、监禁及审讯(即今之侦讯)人犯。在审判阶段,皇帝得将案件发交刑部或都察院初审,再发交大理寺复审。正德以后,遇有情节重大案件,皇帝发交刑部案件审理完结后,刑部得迳题皇帝裁决。又遇有特殊案件时,皇帝得不经内阁票拟,迳以内批或中旨裁决。

又即使对一般京师案件,刑部或都察院初审完结,大理寺复审完结后,皇帝得为:1.依刑部定拟判决之裁决,2.命法司再拟或再问之裁决,3.命

多官会审之裁决,4. 另为处置之裁决。其中另为处置之裁决,又可分为:1.加重其刑之裁决,2. 减轻其刑之裁决,3. 赦免之裁决等。在执行阶段,皇帝亦得赦免或减轻其刑,不受案件已经皇帝裁决定案之拘束。依明代典制,皇帝是全国至高无上的、唯一的最高大法官。

　　在司法审判上,明代皇帝最可议者为其拥有"请旨发落"及"拟罪来说"两项权力。《大明会典》定曰:"凡律内该载请旨发落者,本寺具本开写犯由罪名奏闻,取自上裁。"① 换言之,人犯是否处刑及刑度为何,均须奏闻,由皇帝裁决。又《大明会典》载:"(弘治)十三年议准,两法司囚犯,若奉特指令……拟罪来说者,具本发本寺审允,奏请发落。"② 换言之,人犯未审讯前,皇帝即可令法司拟罪,这项规定是"未审先判",是违反基本法理的。这项规定,清代废弃不用。

二　刑部为三法司之首,部权特重,缺失亦多

　　刑部不但是中央的最高司法审判机关之一,也是京师的地方司法审判机关。就直隶及各省案件而言,刑部职司第一次复核,大理寺职司第二次复核。就京师案件而言,刑部职司初审,大理寺职司复审。唐代京师案件,大理寺是初审机关,刑部是复审机关。宋代元丰改制后,大理寺与刑部之分工,大致与唐代相同。明代变更唐宋旧制,京师案件由刑部初审,大理寺复审。表面看来,刑部审级较低(第一审),大理寺审级较高(第二审),但在实际运作上,刑部的司法审判权始终大于大理寺。

　　刑部系京师案件之初审机关,在司法审判上,主要有下列缺失:

　　(一) 审理期限问题

　　《大明令》虽规定:"凡内外衙门公事,小事伍日程,中事七日程,大事十日程,并要限内结绝。"但实际上,刑部官员审理案件难以办到,常有一、二年未能结案者,人犯淹禁问题愈形严重,以致后来必须实施审录及五年大审来清理刑狱。明代官员虽屡次建言依限结绝案件,但均无效果。嘉靖年间,大理寺卿刘玉建言,法司问事,"大事限二十日,中事十日,小事限五日。"③ 但刑部官员亦难办到。

　　(二) 结案权限问题

　　明代州县案件,笞杖罪以下,州县官即可结案执行。至京师案件则不

---

① 《大明会典》,卷二一四,《大理寺》。
② 同上。
③ 孙承泽:《春明梦余录》,卷五十,《大理寺》。

然,笞杖罪案件,刑部初审完结后,须送大理寺复审,再奏闻皇帝裁决。换言之,即使是笞杖轻罪案件,刑部尚书亦无权结案执行,其权力反不如州县官。这项不合理的规定一直沿用至明末。

（三）司法审判权扩张问题

明代采行"平行的两组司法审判系统",刑部及大理寺为一组,都察院及大理寺为另一组。正德以后,皇帝发交都察院及大理寺这一组的案件逐渐减少。反之,皇帝发交刑部及大理寺这一组的案件逐渐增加,刑部的司法审判权渐次扩张。此外,正德初年以后,遇有情节重大案件,皇帝令"送刑部拟罪"者,即由刑部直接具题,奏闻皇帝裁决,不必经由大理寺复审。上述情况,对于"平行的两组司法审判系统"有所侵害。

三 都察院兼理刑名,与刑部合称二法司,缺失亦多

都察院系监察机关,亦系兼理刑名的司法审判机关。依《诸司职掌》所定,都察院及大理寺所组成的一组司法审判系统,是与刑部及大理寺所组成的一组司法审判系统并驾齐驱的,两组的重要性无分轩轾。就京师案件而言,都察院是初审机关,与刑部相同。刑部审理京师案件所发生的缺失,都察院大部分亦有之,如审理期限问题及结案权限问题。

与刑部不同的是,都察院有司法审判权缩小的问题。《诸司职掌》载:"洪武二十六年定,凡鼓下或通政司发下告人,连状到院,……本院奏闻提取。"[①] 换言之,都察院审理的案件以登闻鼓案件及皇帝交审之通政司奏闻案件。登闻鼓案件由都察院初审,应属无可更易。但通政司奏闻皇帝之案件,皇帝是否交审于都察院,则皇帝尚有裁量之权。此外,正统以后,六科十三道等官劾奏职官案件,皇帝或交都察院初审,或交刑部初审,并无一定。

据笔者考察,洪武至宣德年间,皇帝发交都察院初审的案件颇多,发交之案件以职官案件为主。都察院除职司纠察职官外,亦常奉旨审理职官案件。正统至弘治年间,皇帝发交都察院初审的案件亦不在少数。正德以后,则逐渐减少。此外,京师情节重大案件由三法司会审,逐渐形成制度。三法司会审时,由刑部主审,都察院及大理寺的司法审判权均逐渐缩小。上述情况,亦对于"平行的两组司法审判系统"有所侵害。

---

① 《诸司职掌》,《都察院》。

四 大理寺职司驳正及平反冤狱,但刑部及都察院对大理寺的职掌并不尊重及配合,明代中期以后,大理寺的部分重要职掌几成具文

元代不设大理寺,达九十年。宋代大理寺运作方式,明初君臣似乎所知有限。明太祖建国之初,拟恢复唐宋旧制,吴元年(1367)即设大理司,洪武元年(1368)革。洪武十四年(1381)复置大理寺,洪武二十九年(1396)又罢。建文初复置,永乐初仍置大理寺。对于大理寺的存废及其职掌与定位,明太祖似乎是犹疑不定的。洪武二十六年(1393),明太祖颁行《诸司职掌》,大理寺的职掌与定位得以初步确定。大理寺的运作方式是明初君臣的创制。

洪武二十九年,大理寺第二次被罢革,因此,《诸司职掌》所定典制未能继续施行。后至永乐十九年(1421),《诸司职掌》所定典制才恢复施行。依《诸司职掌》所定,大理寺之职掌主要有三:1. 驳正,2. 参驳,3. 番异调问,4. 各衙门堂上官圆审。除驳正一项,大理寺尚可正常执行外,其余三项职掌多已无法执行,几乎成为具文。兹分述如下:

(一)有关参驳部分

《诸司职掌》定曰:"候(刑部或都察院)三次改拟不当,照例将当该吏具奏送问。"[①] 这项规定在正统至弘治年间即少有事例。正德以后,更是鲜见施行。按刑部或都察院均为正二品衙门,大理寺为正三品衙门,以正三品衙门的地位参劾正二品衙门认事用法不当,实有其困难之处。嘉靖年间大理寺卿刘玉即曰:[②]

> 法司所以专理刑名,至于大理寺,职司参驳,关系尤重。凡任两寺官,非精律例,见出原问官员之上,何评其轻重,服其心乎?近见两寺官,其间历年既久,谙谏事体,尽心职业者固多;亦有初入仕途,律之名例尚未通晓,即欲断按庶狱,未免有差。原问官因得指摘罅漏,借为口实。至于参驳,本寺亦不降心听从,辄逞雄辩,往复数次,淹累囚众。至不得已,只得将就允行。亦有彼此腾谤,遂相挤陷,本缘公务,反成私隙,以致刑狱不清,多此故也。

(二)有关"番异"、"调问"部分

《诸司职掌》规定,囚人告诉冤枉,一次番异时,大理寺圆审(会审)相同

---

① 《诸司职掌》,《大理寺》。
② 孙承泽:《春明梦余录》,卷五十,《大理寺》。

后,行移隔别衙门再问。二次番异时,大理寺会同各衙门堂上官圆审(会审)后,奏闻皇帝裁决。但《大明会典》则定曰:"(凡两法司发审罪囚,)其或情词有异,议拟未当,囚犯番异,文移舛错,……候(大理寺)圆审相同,或参驳,或调问。"① 依《诸司职掌》规定,大理寺仅为调问。但依《大明会典》规定,大理寺得或为参驳,或为调问。

正德初年以后,因大理寺审理京师案件时,人犯俱不到寺,大理寺之审理系书面审理,而非言词审理。有关"番异"、"二次番异"的规定,已无适用可能。大理寺虽仍有"调问"一事,但并非因人犯番异而起。

(三) 有关各衙门堂上官圆审部分

《诸司职掌》定曰:"若二次番异者,再取本囚供状在官,照例具奏,会同六部、都察院、通政司等衙门堂上官员审,回奏施行。"② 前已言之,正德初年以后,因大理寺审理京师案件时,人犯俱不到寺,大理寺之审理系书面审理,而非言词审理。有关"番异"、"二次番异"的规定,已无适用可能。

又《大明会典》定曰:"凡发审罪囚,有事情重大,执词称冤,不肯服辩者,(大理寺)具由奏请,会同刑部、都察院或锦衣卫堂上官,于京畿道问理。"③ 因正德初年以后,人犯俱不到寺,故本项规定所称"执词称冤,不肯服辩"系人犯在刑部初审时所为。遇有此种情形时,大理寺得具由奏请实行三法司会审。由本项规定可以证明,所谓"各衙门堂上官圆审"一项规定,根本是具文。

明代正德以后,大理寺的职权渐不受刑部及都察院尊重,大理寺对于这种情形亦莫可奈何,大理寺官员往往屈从刑部定拟之判决意见。嘉靖四十二年(1563)四月,刑科都给事中李瑜纠大理失平反之职,言:④

> 属者刑部开送囚数,动计五百余人,岂皆情罪允当无一可议者乎? 抑犹有过犯由于灾眚,而情法属于可疑者乎? 臣等看详章奏,多称冤抑,间尝随时抄发,未见该部一为议行。国家设大理寺以审谳,盖付之以天下之平也。近闻该寺谳囚,非不间有参驳,苟见该部执拗,即以无词复之。甚至狱词已付廷评,而该部意有出入,辄复追改,寺臣亦径从之。

---

① 《大明会典》,卷二一四,《大理寺》。
② 《诸司职掌》,《大理寺》。
③ 《大明会典》,卷二一四,《大理寺》。
④ 孙承泽:《天府广记》,卷二十四,《大理寺》。

五 内阁始终不是典制下的丞相机关,无法制衡皇帝的最高司法审判权

明太祖为彻底废除丞相制度,预防后代子孙复置丞相,洪武二十八年(1395)敕谕群臣曰:"以后嗣君并不许立丞相,臣下敢有奏请设立者,文武群臣即时劾奏,处以重刑。"[①] 因为有明太祖这项敕谕,所以有明一代始终未复置丞相,但国家政务繁钜,皇帝必须有人协助处理政务,皇帝只好另设机关及官员协助处理政务。明宣宗以后,内阁逐渐类似中书省,内阁大学士逐渐类似左右丞相。明代内阁大学士虽无丞相之名,却有丞相之实。有明一代,内阁始终不是典制下的丞相机关,各部院不是内阁的下级机关。各部院各自行使职权,各部院大臣各自向皇帝负责。

明代内阁不是典制下的丞相机关,内阁大学士也不是典制下的丞相。所谓"典制"是指"典章制度",也就是"祖宗法"。"非典制下的"这项性质,成了内阁及内阁大学士的致命伤,内阁的首辅很容易因此招致政敌的攻击。明世宗朝,杨继盛奏劾权相严嵩即曰:[②]

> 高皇帝罢丞相,设立殿阁之臣,备顾问、视制草而已,嵩乃俨然以丞相自居。凡府部题复,先面白而后草奏。百官请命,奔走直房如市。无丞相名,而有丞相权。天下知有嵩,不知有陛下。是坏祖宗之成法。大罪一也。

明神宗朝,刘台上书论劾辅臣张居正"擅作威祖,蔑祖宗法"。[③] 刘台曰:

> 臣闻进言者皆望陛下以尧、舜,而不闻责辅以皋、夔。何者?陛下有纳谏之明,而辅臣无容言之量也。高皇帝鉴前代之失,不设丞相,事归部院,势不相摄,而职易称。文皇帝始置内阁,参预机务。其时官阶未峻,无专肆之萌。二百年来,即有擅作威福者,尚惴惴然避宰相之名而不敢居,以祖宗之法在也。乃大学士张居正偃然以相自处,自高拱被逐,擅威福者三四年矣。谏官因事论及,必曰:"吾守祖宗法。"臣请即以

---

① 《明太祖实录》,卷二三九,洪武二十八年六月己丑。
② 《明史》,卷二〇九,《杨继盛传》。
③ 《明神宗实录》,卷四十六,万历四年正月丁巳。

祖宗法正之。①

杨继盛劾严嵩的第一项大罪是"坏祖宗之成法"。刘台劾张居正的罪名是"偃然以相自处","蔑祖宗法"。杨继盛的劾严嵩及刘台的劾张居正,就法言法,是站得住的。内阁大学士不是典制下的丞相,这注定了内阁大学士难脱"名不正,言不顺"的窘境。

在司法审判上,内阁大学士虽有票拟权,得参与司法审判。但所有有关司法审判的题本,必须先送司礼监,由司礼监送皇帝裁决。皇帝或亲批,或授权司礼监太监代表皇帝批朱。内阁大学士的票拟权无法制衡皇帝的批朱权。黄宗羲曰:"有明之无善治,自高皇帝罢丞相始也。"② 在司法审判上,黄宗羲的评语也可以套用。

六 司礼监常获皇帝授权,得代理皇帝批朱,裁决司法案件,是明代司法制度的重大弊病

洪武时期司礼监的职掌为宫廷礼仪等事项,并无特殊重要之职掌。宣德以后,司礼监大受亲信。司礼监的职掌由宫廷礼仪转为处理章奏及代为批朱,这是明代政治制度的重大弊病,也是明代司法制度的重大弊病。司礼监太监是皇帝的亲信,替皇帝处理政务,替皇帝批朱。《明史·职官志》即曰:"凡内官,司礼监掌印(太监),权如外廷元辅(指首席内阁大学士);掌东厂(太监),权如总宪(指左都御史)。秉笔、随堂视众辅(指内阁大学士)。"司礼监太监有宰相之实,权势显赫,可以说是"一人之下,万人之上"。

司礼监对三法司的司法审判影响颇巨,尤以正德以后为然。明熹宗时,朱国弼即上疏直言:"朝廷之设三法司也,原以伸冤理枉,持天下之平。自忠贤当权,而三法司又为忠贤颐指气使之衙门也。"③

司礼监与内阁共同协助皇帝处理政务,司礼监主内,内阁主外,两者都是皇帝的秘书机关。但内阁只有票拟权,司礼监有批朱权。批朱权是皇帝裁决国家政务(含司法审判)的最高权力,司礼监行使批朱权是得到皇帝授权的,是代表皇帝行使的。批朱权当然压倒票拟权,内阁亦不得不受制于司礼监,内阁大学士亦不得不听命于司礼监太监。

《明史·职官志》曰:"凡内官司礼掌印(太监),权如外廷元辅(指首辅),

---

① 《明史》,卷二二九,《刘台传》。
② 黄宗羲:《明夷待访录》,《置相》。
③ 朱长祚:《玉镜新谭》,《僭窃》。

掌东厂(太监),权如总宪(指左都御史)。秉笔、随堂视众辅(指内阁大学士)。"① 事实上,多数时候,司礼监太监的权力大于内阁大学士,司礼监的权力大于内阁。即使是明代最有权力的权相张居正,也必须争取司礼监太监冯保的支持。黄宗羲即认为明代太监有宰相之实,黄宗羲曰②:

> 吾以谓有宰相之实者,今之宫奴也。盖大权不能无所寄;彼宫奴者,见宰相之政事坠地不收,从而设为科条,增其职掌,生杀予夺,出自宰相者,次第而尽归焉。

黄宗羲甚至认为宰相和六部官员只是太监的奉行之员,黄宗羲曰③:

> 奄宦之祸,历汉、唐、宋而相寻无已,然未有若有明之为烈也。汉、唐、宋,有干与朝政之奄宦,无奉行奄宦之朝政。今夫宰相六部,朝政所自出也;而本章之批答,先有口传,后有票拟;天下之财赋,先内库而后太仓;天下之刑狱,先东厂而后法司;其它无不皆然。则是宰相六部,为奄宦奉行之员而已。

七　东厂及锦衣卫系侦缉衙门,均得参与司法审判,侵夺三法司的司法审判权

明代法定的中央司法机关是三法司(刑部、都察院、大理寺),但在三法司之外,明代皇帝大多宠信东厂及锦衣卫,厂卫为皇帝侦防一切,有权逮捕拘禁、侦讯、审判以及执行刑罚。东厂及锦衣卫是明代司法制度的两项弊病。《明史·刑法志》即曰:"刑法有创之自明,不衷古制者:廷杖、东西厂、锦衣卫、镇抚司狱是已。是数者,杀人至惨,而不丽于法。踵而行之,至末造而极。举朝野命,一听之武夫宦竖之手,良可叹也。"④

京师或直省的一切情节重大案件,案件的前段由东厂或锦衣卫审讯,案件的中段由三法司拟罪,案件的后段由司礼监批朱。司礼监与厂卫关系密切,审理情节重大案件时,司礼监与厂卫常是同一立场的,三个机关,上下联

---

① 《明史》,卷七十四,《职官三》。
② 黄宗羲:《明夷待访录》,《置相》。
③ 同上书,《奄宦上》。
④ 《明史》,卷九十五,《刑法三》。

手,制造冤狱,迫害忠良,而皇帝也常利用司礼监与厂卫打击政治反对势力。在这种情形之下,明代司法审判制度的败坏,也就可见一斑了。

有明一代,厂卫荼毒官民,横行不法,朝臣亦有直言指斥者。隆庆年间的舒化和崇祯年间的刘宗周,可以作为代表。

隆庆初年,刑科给事中舒化言:①

> 厂卫徼巡辇下,惟诘奸究、禁盗贼耳。驾驭百官,乃天子权,而纠察非法,则责在台谏,岂厂卫所得干?今命之刺访,将必开罗织之门,逞机阱之术,祸贻善类,使人人重足累息,何以为治?且厂卫非能自廉察,必属之番校,陛下不信大臣,反信若属耶?

隆庆中,舒化又言:②

> 朝廷设立厂卫,原以捕盗、防奸细,非以察百官也。驾驭百官,乃天子之权;而奏劾诸司,责在台谏,朝廷自有公论。今以暗访之权归诸厂卫,万一人非正直,事出冤诬,是非颠倒,殃及善良,陛下何由知之?且朝廷既凭厂卫,厂卫必委之番役。此辈贪残,何所不至。人心忧危,众目睚眦,非盛世所宜有也。(上命付司知之。)

明思宗崇祯九年(1636),工部左侍郎刘宗周言:③

> 厂卫司讥察,而告讦之风炽,诏狱及士绅,而堂廉之等夷。……三尺法不伸于司寇,而犯者日众。诏旨杂治五刑,岁躬断狱以数千,而好生之德意泯。

东厂与锦衣卫是侦缉衙门,侵夺三法司的司法审判权。又厂卫多与司礼监勾结串连,狼狈为奸。明代司法审判的败坏与政治的腐败,都与厂卫有关。故明人沈起堂谓:"明不亡于流寇,而亡于厂卫。"④ 确属的论。

---

① 《明史》,卷二二〇,《舒化传》。
② 孙承泽:《春明梦余录》,卷六十三,《锦衣卫》。
③ 《明史》,卷二五五,《刘宗周传》。
④ 朱彝尊:《静志居诗话》,卷二十二。

重要参考书目

一 律例典章部分

长孙无忌等撰、刘俊文点校：《唐律疏议》，北京：法律出版社，1999 年 9 月。

窦仪等撰、薛梅卿点校：《宋刑统》，北京：法律出版社，1999 年 9 月。

刘惟谦等撰、怀效锋点校：《大明律》，北京：法律出版社，1999 年 9 月。（本书附《大明令》及《问刑条例》）

高举发刻：《大明律集解附例》，台湾地区：学生书局，1970 年 12 月。

戴金编次：《皇明条法事类纂》，台湾地区：文海出版社，1985 年 8 月。（本书收于《中国珍稀法律典籍集成》，乙编，第四—六册。）

徐鉴发刻：《刑台法律》，明刻本。

态鸣岐辑：《昭代王章》，台湾地区："国立中央"图书馆出版，正中书局印行，1981 年 8 月。

雷梦麟撰，怀效锋、李俊点校：《读律琐言》，北京：法律出版社，2000 年 1 月。

李善长等撰：《大明令》，载《皇明制书》中。

明太祖敕定：《诸司职掌》，台湾地区："国立中央"图书馆出版，正中书局印行，1981 年 8 月。

明太祖撰：《御制大诰》四编，载《中国珍稀法律典籍集成》，乙编，第一册。

明太祖敕定：《教民榜文》，载《中国珍稀法律典籍集成》，乙编，第一册。

明英宗敕定：《宪纲事类》，载《中国珍稀法律典籍集成》，乙编，第二册。

李春芳等撰：《宗藩条例》，载《中国珍稀法律典籍集成》，乙编，第二册。

傅凤翔辑：《皇明诏令》，载《中国珍稀法律典籍集成》，乙编，第三册。

张卤辑：《皇明制书》，台湾地区：成文出版社，1969 年。

明太祖敕撰：《皇明祖训》，载《皇明制书》中。

李东阳等奉敕撰，申时行等奉敕重修：《大明会典》，台湾地区：新文丰出版公司，1976 年 7 月。

徐本等奉旨纂刻，田涛、郑秦点校：《大清律例》（乾隆五年刊刻），北京：

法律出版社,1999 年 9 月。

嵩孚等奉旨纂刻,张荣铮、刘勇强、金懋初点校:《大清律例》(道光六年刊刻),天津:天津古籍出版社,1993 年 12 月。

薛允升撰,怀效锋、李鸣点校:《唐明律合编》,北京:法律出版社,1999年 1 月。

黄彰健编著:《明代律例汇编》,台湾地区:"中央"研究院历史语言研究所,1979 年 3 月。

刘海年、杨一凡主编,杨一凡、曲英杰、宋国范点校:《中国珍稀法律典籍集成》,乙编,北京:科学出版社,1994 年。

二 官修史书部分

姚广孝等编撰:《明太祖实录》,台湾地区:"中央"研究院历史语言研究所校印,中文出版社发行,1962 年。

张辅等编撰:《明太宗实录》,台湾地区:"中央"研究院历史语言研究所校印,中文出版社发行,1962 年。

蹇义等编撰:《明仁宗实录》,台湾地区:"中央"研究院历史语言研究所校印,中文出版社发行,1962 年。

杨士奇等编撰:《明宣宗实录》,台湾地区:"中央"研究院历史语言研究所校印,中文出版社发行,1962 年。

孙继宗等编撰:《明英宗实录》,台湾地区:"中央"研究院历史语言研究所校印,中文出版社发行,1962 年。

刘吉等编撰:《明宪宗实录》,台湾地区:"中央"研究院历史语言研究所校印,中文出版社发行,1962 年。

李东阳等编撰:《明孝宗实录》,台湾地区:"中央"研究院历史语言研究所校印,中文出版社发行,1962 年。

费宏等编撰:《明武宗实录》,台湾地区:"中央"研究院历史语言研究所校印,中文出版社发行,1962 年。

徐阶等编撰:《明世宗实录》,台湾地区:"中央"研究院历史语言研究所校印,中文出版社发行,1962 年。

张居正等编撰:《明穆宗实录》,台湾地区:"中央"研究院历史语言研究所校印,中文出版社发行,1962 年。

顾秉谦等编撰:《明神宗实录》,台湾地区:"中央"研究院历史语言研究所校印,中文出版社发行,1962 年。

顾秉谦等编撰:《明光宗实录》,台湾地区:"中央"研究院历史语言研究所校印,中文出版社发行,1962年。

温体仁等编撰:《明熹宗实录》,台湾地区:"中央"研究院历史语言研究所校印,中文出版社发行,1962年。

张廷玉等撰:《明史》,台湾地区:鼎文书局,1994年8月第八版。

三 专书部分

陈洪谟:《治世余闻》,北京:中华书局,1996年5月。

陈洪谟:《继世纪闻》,北京:中华书局,1996年5月。

余继登:《典故纪闻》,北京:中华书局,1996年5月。

陆容:《菽园杂记》,北京:中华书局,1996年5月。

朱长祚:《玉镜新谭》,北京:中华书局,1996年5月。

李清:《三垣笔记》,北京:中华书局,1996年5月。

李清撰,陆有珣等校注:《折狱新语注释》,长春:吉林人民出版社,1987年10月。

邓士龙撰,许大龄、王天有等点校:《国朝典故》,北京:北京大学出版社,1993年4月。

黄宗羲:《明夷待访录》,台湾地区:三民书局,1995年7月。

沈德符:《万历野获编》,北京:中华书局,1985年5月。

孙承泽撰,王剑英点校:《春明梦余录》,北京:北京古籍出版社,1992年12月。

孙承泽:《天府广记》,台湾地区:大立出版社,1980年11月。

龙文彬:《明会要》,台湾地区:世界出版社,1972年10月。

杨雪峰:《明代的审判制度》,台湾地区:黎明文化事业公司,1981年12月第三版。

尤韶华:《明代司法初考》,厦门:厦门大学出版社,1998年11月。

程维荣:《中国审判制度史》,上海:上海教育出版社,2001年8月。

那思陆、欧阳正合著:《中国司法制度史》,台湾地区:空中大学印行,2001年2月。

那思陆:《清代中央司法审判制度》,台湾地区:文史哲出版社,1992年3月。

苏亦工:《明清律典与条例》,北京:中国政法大学出版社,2000年1月。

张晋藩、怀效锋主编:《中国法制通史》,第七卷(明代),北京:法律出版社,1999年1月。

怀效锋:《明清法制初探》,北京:法律出版社,1998年12月。

关文发、颜广文：《明代政治制度研究》，北京：中国社会科学出版社，1996 年 5 月。

张治安：《明代政治制度研究》，台湾地区：联经出版公司，1992 年。

杜婉言、方志远：《中国政治制度通史》，第九卷（明代），北京：人民出版社，1996 年 12 月。

谭天星：《明代内阁政治》，北京：中国社会科学出版社，1996 年。

王其榘：《明代内阁制度史》，北京：中华书局，1989 年 1 月。

王天有：《明代国家机构研究》，北京：北京大学出版社，1992 年 9 月。

丁易：《明代特务政治》，北京：群众出版社，1983 年。

靳润成：《明朝总督巡抚辖区研究》，天津：天津古籍出版社，1996 年 8 月。

张哲郎：《明代巡抚研究》，台湾地区：文史哲出版社，1995 年 9 月。

吴晗：《朱元璋传》，胜利出版社，1948 年。

晁中辰：《明成祖传》，台湾地区商务印书馆，1996 年台湾地区初版。（1994 年 1 月北京初版）

樊树志：《万历传》，台湾地区商务印书馆，1996 年台湾地区初版。（1994 年 4 月北京出版）

朱东润：《张居正大传》，武汉：湖北人民出版社，1985 年。

高其迈：《明史刑法志注释》，北京：法律出版社，1984 年。

四　其他

嵇璜等纂：《续通典》，台湾地区商务印书馆，1987 年 12 月第一版。

嵇璜等纂：《续通志》，台湾地区商务印书馆，1987 年 12 月第一版。

嵇璜等纂：《续文献通考》，台湾地区商务印书馆，1987 年 12 月第一版。

李国祥、杨昶主编：《明实录类纂》（司法监察卷），武汉：武汉出版社，1994 年 11 月。

李国祥、杨昶主编：《明实录类纂》（宗藩贵戚卷），武汉：武汉出版社，1995 年 11 月。

李国祥、杨昶主编：《明实录类纂》（北京史料卷），武汉：武汉出版社，1992 年 6 月。

李国祥、杨昶主编：《明实录类纂》（河北天津卷），武汉：武汉出版社，1995 年 6 月。

不著撰人：《兵部问宁夏案》，台湾地区："国立中央"图书馆出版，正中书局出版，1981 年 8 月。

不著撰人：《刑部问宁夏案》，台湾地区："国立中央"图书馆出版，正中书局出版，1981 年 8 月。

清高宗敕撰：《明臣奏议》，商务印书馆，1963 年—1939 年。

法史论丛已出书目